Axel Mangelsdorf und Petra Weiler (Hrsg.)

Normen und Standards für die digitale Transformation

Normen und Standards für die digitale Transformation

Werkzeuge, Praxisbeispiele und Entscheidungshilfen für innovative Unternehmen, Normungsorganisationen und politische Entscheidungsträger

Herausgegeben von
Axel Mangelsdorf und Petra Weiler

DE GRUYTER
OLDENBOURG

ISBN 978-3-11-060811-3
e-ISBN (PDF) 978-3-11-062905-7
e-ISBN (EPUB) 978-3-11-062952-1

Library of Congress Control Number: 2018959431

Bibliografische Information der Deutschen Nationalbibliothek
Die Deutsche Nationalbibliothek verzeichnet diese Publikation in der Deutschen Nationalbibliografie; detaillierte bibliografische Daten sind im Internet über http://dnb.dnb.de abrufbar.

Umschlaggestaltung: iStock/Getty Images Plus
Satz: le-tex publishing services GmbH, Leipzig
Druck und Bindung: CPI books GmbH, Leck

www.degruyter.com

Vorwort

Normen und Standards sind ein wichtiger Teil unserer Wirtschaftsordnung. Die Wettbewerbsfähigkeit der deutschen Wirtschaft hängt maßgeblich davon ab, wie schnell es uns gelingt, neue Ideen in Produkte, Verfahren und Dienstleistungen umzusetzen. Das gilt auch für neue datengetriebene Dienstleistungen, die Smart Services, die im Rahmen des Technologieprogramms Smart Service Welt vom Bundesministerium für Wirtschaft und Energie (BMWi) gefördert werden und in dessen Rahmen dieses Buch entstanden ist.

Normen und Standards können dabei als Katalysator helfen, Innovationen schneller und breiter am Markt zu etablieren. Unternehmen mit innovativen smarten Geschäftsmodellen finden jedoch eine immer komplexere Standards- und Normenlandschaft vor. Auf der einen Seite werden immer mehr Standards in einer Vielzahl von Gremien und Konsortien erarbeitet. Auf der anderen Seite gefährden fehlende Normen und Standards aber auch die Rechtsunsicherheit bezüglich der Rolle von standardessentiellen Patenten den Fortschritt in der Digitalisierung.

Für die Unternehmen ist damit nicht nur die Anwendung von Normen und Standards, sondern auch die aktive Teilnahme an der Gestaltung von Normungs- und Standardisierungsprozessen ein wichtiges strategisches Mittel. Sie erlauben ihnen, ihre Innovationskraft zu wahren und am Puls der Zeit zu bleiben. Unternehmen, die sich in diesem Prozess engagieren, profitieren u. a. vom direkten Informationsaustausch mit anderen interessierten Marktteilnehmern. Vor allem die Entwicklung von Interoperabilitätsstandards steht im Vordergrund bei der erfolgreichen Etablierung von Smart-Service-Geschäftsmodellen.

Das Buch „Normen und Standards für die digitale Transformation“ leistet einen wichtigen Beitrag, um die Komplexität der Normungs- und Standardisierungslandschaft besser zu durchdringen. Die Autoren aus Wissenschaft und Praxis liefern Unternehmern, Normungsorganisationen und politischen Entscheidungsträgern konkrete Entscheidungshilfen und Anregungen. In diesem Buch werden z. B. Tools zur Recherche und Analyse von Normen und Standards vorgestellt und diskutiert, aber auch Hinweise auf Hilfestellungen für die Entscheidung, in welchem Normungs- und Standardisierungsgremium man sich engagieren sollte, gegeben. Ein Entscheidungsbaum kann Unternehmen bei der Abwägung zwischen Normung und Patentierung unterstützen. Ferner werden konkrete innovative Methoden zur Konsensfindung in der Normung vorgestellt.

Im Zuge der digitalen Transformation werden auch neue Player – wie die Open-Source-Communities – für die Normung und Standardisierung wichtiger, so dass auch in diesem Kontext Entscheidungen gefragt sind. Schließlich spielt das Thema Cybersicherheit für Unternehmen und andere Organisationen eine immer größere Rolle, so dass folglich auch hier Normen und Standards an Relevanz gewinnen.

https://doi.org/10.1515/9783110629057-201

Allen Leserinnen und Lesern des Buches „Normen und Standards für die digitale Transformation“ wünsche ich eine aufschlussreiche Lektüre.

Berlin im September 2018 — Knut Blind

Autoren

Nizar Abdelkafi

Dr. Nizar Abdelkafi ist stellvertretender Abteilungsleiter „Unternehmensentwicklung im internationalen Wettbewerb“ und Leiter der Gruppe Geschäftsmodelle: Engineering und Innovation am Fraunhofer IMW sowie Dozent an der Professur für Innovationsmanagement und Innovationsökonomik an der Universität Leipzig. Er hat Industrial Engineering an der National Engineering School Tunis studiert sowie das Managementorientierte Betriebswirtschaftliche Aufbaustudium an der Technischen Universität München (TUM) absolviert. Seine Doktorarbeit hat er an der Technischen Universität Hamburg-Harburg (TUHH) zum Thema Varianteninduzierte Komplexität in der kundenindividuellen Massenproduktion mit Auszeichnung abgeschlossen. Im April 2018 hat Nizar Abdelkafi an der Universität Leipzig im Fach Betriebswirtschaftslehre habilitiert. Seine Forschungsschwerpunkte sind digitalunterstütze Geschäftsmodelle, Standardisierung und Patentierung sowie Innovations- und Nachhaltigkeitsmanagement. Er veröffentlichte seine Forschungsarbeiten in zwei Monographien, zahlreichen Tagungsbänden und mehreren internationalen Zeitschriften wie z. B. im International Journal of Innovation Management, im IEEE-Transactions on Engineering Management sowie im Journal of Cleaner Production and Supply-Chain-Management: an International Journal.

Knut Blind

Prof. Dr. Knut Blind hat Volkswirtschaftslehre, Politikwissenschaft und Psychologie an der Universität Freiburg studiert. Während seines Studiums hat er ein Jahr an der Brock University in Kanada verbracht und mit dem Bachelor of Administration abgeschlossen. Schließlich hat er sowohl sein Diplom als auch seine Promotion in Volkswirtschaftslehre an der Universität Freiburg abgeschlossen. Zwischen 1996 und 2010 arbeitete er für das Fraunhofer Institut für System- und Innovationsforschung in Karlsruhe. In der Zwischenzeit hat Knut Blind an der Universität Kassel habilitiert und wurde im April 2006 zum Professor für Innovationsökonomie an der Fakultät für Wirtschaft und Management an der Technischen Universität Berlin ernannt. Zwischen 2008 und 2016 hatte er auch den Stiftungslehrstuhl für Standardisierung an der Rotterdam School of Management der Erasmus Universität Rotterdam inne. Im April 2010 ist er zum Fraunhofer Institut für Offene Kommunikationssystem FOKUS in Berlin gewechselt, wo er inzwischen im Innovationsmanagement zuständig ist. Auf seine Initiative hin wurde im Jahr 2012 das Berliner Innovationspanel gestartet, in dessen Rahmen jährlich über 5.000 Berliner Unternehmen zu ihren Innovationsaktivitäten befragt werden. Im gleichen Jahre hat er zusammen mit dem Deutschen Institut für Normung e. V. das Deutsche Normungspanel ins Leben gerufen.

https://doi.org/10.1515/9783110629057-202

Mirko Böhm

Mirko Boehm ist Open-Source-Contributor, hauptsächlich als Softwareentwickler und Vortragender. Er ist Mitglied des KDE-Projekts seit 1997 und war mehrere Jahre Vorstandsmitglied des KDE e. V. Als Lehrbeauftragter unterrichtet er zu Fragen von Open Source und geistigem Eigentum an der TU Berlin. Als gewählter Fellowship Representative ist er Mitglied der Hauptversammlung der FSFE (Free Software Foundation Europe e. V). Mirko Boehm ist Co-Founder und CEO von Endocode, Director der Linux System Definition des Open Invention Network und Fellow der Openforum Academy. Er lebt in Berlin.

Davis Eisape

Davis Eisape studierte Wirtschaftsingenieurwesen mit dem Schwerpunkt Informations- und Kommunikationstechnologien, Entrepreneurship und Marketing auf Diplom an der Technischen Universität Berlin. Er arbeitete für eine Berliner Erfinderberatung, bevor er in die Geschäftsentwicklung von DIN Deutsches Institut für Normung e. V. wechselte. Hier entwickelte er einen Standardisierungsleitfaden für Start-ups, die Plattform DIN-Connect, das gleichnamige Förderprogramm für frühe und innovative Standardisierungsaktivitäten, und veröffentlichte Artikel zur Innovationsförderung bei DIN e. V. sowie zum Thema Patente und Normung. Anschließend arbeitete er Produktmanager im Volkwagenkonzern, wo er sich weiterhin neben Fahrzeugfunktionen mit Normung und Standardisierung als Verwertungsinstrument für technische Innovationen und Erfindungen beschäftigte. Derzeit ist er Stratege in der Konzernleitung der Deutschen Bahn und entwickelt neue Mobilitätskonzepte und Geschäftsmodelle. Als Gastwissenschaftler forscht er am Lehrstuhl für Innovationsökonomie an der Fakultät für Wirtschaft und Management an der Technischen Universität Berlin und hält Gastvorlesungen.

Olaf-Gerd Gemein

Olaf-Gerd Gemein ist Business Architekt und Serial Entrepreneur mit der Vision ein *change catalyst* zu sein. Mit mehr als 30 Jahren Praxiserfahrung in diversen Märkten in Europa, Asien, Nord- und Südamerika sowie Kanada hat er hunderte von Projekten im IKT-Sektor unterstützt. Bei seinen Aufgaben ging es zumeist um ein *lift-up* von Start-Up- und Innovationsclustern, Aufbau von Netzwerken, Produkten und Dienstleistungen sowie um die Entwicklung von Markteinführungsstrategien. Er ist Mitgründer des Smart City Lab in Hamburg und London – ein Thinktank mit Fokus auf Beratungsdienstleistungen für Smart Cities hinsichtlich der Bereitstellung technischer Ressourcen wie Cloud-Computing, Internet of Things (IoT) und Open Data/Big Data sowie der Beratung von Innovationsclustern/Living Labs in Städten und von Bürgerinitiativen Er ist gleichzeitig Mitglied des Vorstandes der FIWARE Foundation e. V. Berlin, Vorsitzender des Smart Cities Mission Support Committee und beteiligt in der weltweiten Open & Agile Smart Cities Initiative. Er initiierte die Projekte Smart Orchestra und Smart MaaS (Smart Mobility as a Service), welche im Rahmen des Technologieförderprogramms „Smart Service Welt“ aktuell gefördert werden.

Claudia Koch

Claudia Koch ist seit 2016 für die Bundesanstalt für Materialforschung und -prüfung im Bereich Konformitätsbewertung und Akkreditierung tätig. Am Lehrstuhl für Innovationsökonomie der Technischen Universität Berlin promoviert sie zum Thema Herausforderungen und neue Wege der Standardisierung im Kontext von Industrie 4.0. Daneben ist sie Lehrbeauftragte für Qualitätsinfrastruktur. Claudia Koch hat Betriebswirtschaftslehre mit Schwerpunkt Finanzmanagement, Marketing und Umweltmanagement an der Martin-Luther-Universität Halle-Wittenberg studiert und anschließend mit Aufenthalt an der Southwest University of Political Science and Law Chongqing (China) ein Masterstudium in International Economic and Business Law abgeschlossen. Danach hat sie mehrere Jahre in internationalen mittelständischen Unternehmen sowie einer Forschungseinrichtung für Digital Engineering gearbeitet.

Axel Mangelsdorf

Dr. Axel Mangelsdorf ist promovierter Volkswirt. Seit 2017 ist er als Berater für die VDI/VDE Innovation + Technik GmbH tätig und arbeitet schwerpunktmäßig in normungs- und standardisierungsbezogenen Projekten. Zuvor arbeitete er als Berater und wissenschaftlicher Mitarbeiter zu innovationspolitischen Fragestellungen. Im Auftrag des Deutschen Instituts für Normung e. V. (DIN) hat er beispielsweise die Studie „Gesamtwirtschaftlicher Nutzen der Normung“ miterstellt. Darüber hinaus berät Axel Mangelsdorf internationale Organisationen wie die Weltbank und die Welthandelsorganisation zu innovationspolitischen und außenhandelsbezogenen Themen. Er veröffentlicht seine Forschungsarbeiten regelmäßig in referenzierten Fachzeitschriften.

Mona Mirtsch

Mona Mirtsch studierte Betriebswirtschaftslehre mit den Schwerpunkten Internationales Management und Marketing an der Europa-Universität in Frankfurt/Oder. Während ihres Studiums hat sie ein Jahr an der San Diego State Universität in den USA verbracht und mit dem Master of Science in Business Administration abgeschlossen. Zwischen 2006 und 2010 arbeitete sie für einen internationalen Konsumgüterhersteller und zwischen 2010 und 2017 war sie in einem KMU im Bereich Metallumformung u. a. für das Qualitätsmanagement zuständig. Seit 2017 ist sie für die Bundesanstalt für Materialforschung und -prüfung im Referat Konformitätsbewertung und Akkreditierung tätig. Am Lehrstuhl für Innovationsökonomie der Technischen Universität Berlin promoviert sie im Bereich Standardisierung und Konformitätsbewertung und hält dort Vorlesungen im Bereich Qualitätsinfrastruktur und strategische Normung.

Tim Pohlmann

Dr. Tim Pohlmann hat an der Universität zu Marburg und University of Kent BWL mit dem Studienschwerpunkt Technologie- und Innovationsmanagement studiert. Nach seinem Studium hat er als wissenschaftlicher Mitarbeiter am Lehrstuhl für Innovationsökonomie an der Technischen Universität Berlin bei Professor Knut Blind promoviert. Im Anschluss arbeitete er als Mitarbeiter der Law and Economics Group of Patents an der MINES ParisTech. Anfang 2014 gründete er die IPlytics GmbH. Tim Pohlmann ist an mehreren Studien zu Patenten, Standards und Marktanalysen involviert, u. a. für die WIPO, die Europäische Kommission sowie für das Bundesministerium für Wirtschaft und Technologie (BMWi).

Thomas Schulz

Thomas Schulz studierte Maschinenbau mit den Schwerpunkten Planung von Fertigungsprozessen, Produktionslogistik, Informationstechnologie und Regelungstechnik an der Technischen Universität Budapest. Danach war er in verschiedenen mittelständischen sowie Großunternehmen tätig. Er verfügt heute über langjährige Erfahrung in der digitalen Transformation in der Fertigungs- und Prozessindustrie. Als Mitglied der Plattform Industrie 4.0 ist er Autor und Mitautor zahlreicher Publikationen. Er ist im Autorenteam der DIN SPEC 91345 Referenzarchitekturmodell Industrie 4.0 (RAMI 4.0).

Inhalt

Teil II: **Normen und Standards erstellen**

Abbildungsverzeichnis

https://doi.org/10.1515/9783110629057-203

Tabellenverzeichnis

https://doi.org/10.1515/9783110629057-204

Axel Mangelsdorf

1 Einleitung

Die digitale Transformation der Unternehmenswelt umfasst den grundlegenden Wandel durch die Etablierung neuer interbasierten Technologien (Schallmo et al. 2017). Unternehmen und ganze Industrien stehen dabei vor der Herausforderung, entlang der gesamten Wertschöpfungskette die Potentiale der Informationstechnologien zu nutzen. Radikal neue Technologien wie Big Data Analytics, Cloud-Computing, Künstliche Intelligenz, maschinelles Lernen, Online-Plattformen, Social Media und Roboter werden in verschiedensten Varianten in nahezu allen Wirtschaftsbereichen eingesetzt und ermöglichen die intelligente Fertigung (Smart Manufacturing oder Smart Production), datenbasierte Dienstleistungen (Smart Services), intelligente Gebäude (Smart Buildings bzw. Smart Homes im Endverbraucherbereich), intelligente Landwirtschaft (Smart Agriculture) und intelligente Stromnetze (Smart Grid). Mit den internetbasierten Technologien realisieren Unternehmen Produktivitätssteigerungen, erschaffen innovative Produkte und Dienstleistungen und zerstören dabei sogar alte Märkte und lassen neue entstehen.

Normen und Standards spielen bei der digitalen Transformation eine entscheidende Rolle. Schnittstellenstandards, Normen für Qualität und Sicherheit, Standards als Grundlage für Zertifizierung und ethische Standards sind nur einige Beispiele, ohne die die digitale Transformation undenkbar wäre. Schnittstellen- oder Kompatibilitätsstandards sind besonders wichtig. Die Vernetzung von Produkten und System ist Kern der digitalen Transformation und standardisierte Schnittstellen ermöglichen erst den Datenaustausch. Ebenso ermöglich die Existenz von Kompatibilität- oder Schnittstellenstandards die Realisierung von Netzwerkeffekten. Netzwerkeffekte beschreiben die Korrelation zwischen dem Nutzen des Netzwerks und der Anzahl der Anwender: Je größer die Anzahl der Anwender eines kompatiblen Netzwerkes, desto größer ist der Nutzen für die Anwender. Kompatibilität herstellen ist jedoch nicht genug. Anwender und Verbraucher müssen Vertrauen in Sicherheit und Qualität von Produkten und Dienstleistungen haben. Sicherheits- und Qualitätsstandards – auch und vor allem, wenn sie Grundlage von Zertifizierung durch Dritte sind – können sicherstellen, dass Unternehmen und Plattformanbieter Mindestanforderungen einhalten. Normen und Standards sind oder umfassen Instrumente, um Regulierungsaspekte von Cybersicherheit und Datensicherheit zu adressieren. Schließlich ermöglicht die Produktion von standardisierten Produkten die Realisierung geringer Produktionskosten durch Skaleneffekte.

Es existieren zwar bereits Normen und Standards für die digitale Transformation. Normungsbedarf besteht jedoch für viele weitere Felder. Diese reichen von der Standardisierung von Begriffen über Referenzmodellen und Schnittstellen bis zur IT-Sicherheit, wie die Normungsroadmap von DIN und DKE (2018) zeigt. Doch nicht nur

https://doi.org/10.1515/9783110629057-001

die Wirtschaft als Ganzes benötigt Standards für die digitale Transformation, sondern auch Unternehmen haben die strategische Bedeutung von Normen und Standards erkannt und beteiligen sich immer aktiver in der konsortialen Standardisierung oder formellen Normung.

Vor diesem Hintergrund wird in diesem Buch die Bedeutung von Normen und Standards sowie der Normung und Standardisierung für die digitale Transformation erörtert. Das Buch ist in zwei Kapitel unterteilt. Teil I thematisiert die Anwendung von Normen und Standards und Teil II adressiert die Erstellung von Normen und Standards. In Kapitel 2 zeigt Axel Mangelsdorf verschiedene Tools zur Recherche und Analyse von Normen und Standards. Zudem wird eine Entscheidungshilfe skizziert, die Unternehmen helfen soll, zu entscheiden, in welchen Standardisierungskonsortien sich Unternehmen beteiligen sollen oder ob sogar eine Neugründung eines Konsortiums sinnvoll ist. In Kapitel 3 thematisiert Claudia Koch die Anwendung von Normen und Standards in der additiven Fertigung („3D-Druck"). Die Fallstudie zeigt, dass Normen für die Verbreitung neuer Technologien eine wichtige Rolle spielen und wie verschiedene Arten von Normen in den Phasen der Innovation unterschiedliche Funktionen haben. Die Bedeutung von Normen für Referenzarchitekturmodelle und Verwaltungsschalen für die strukturierte Vorgehensweise in der Normung im Bereich Industrie 4.0 und Smart Services wird von Thomas Schulz in Kapitel 4 hervorgehoben. Das Referenzarchitekturmodell RAMI4.0 zeichnet sich im Vergleich zu anderen Modellen durch Smart-Service-Fähigkeit aus. Das heißt, in RAMI4.0 wird berücksichtigt, dass intelligente internetbasierte Dienste integriert und abgebildet werden können. Teil II widmet sich der Erstellung von Normen und Standards. Der gesamte Teil zeigt, dass Normen und Standards nicht allein Mehrwert für Unternehmen generieren, sondern im Zusammenspiel im Innovationssystem ihre Wirkung entfalten. Olaf-Gerd Gemein stellt in Kapitel 5 ein praxisbewährtes Verfahren zur Konsensfindung in der IKT-Standardisierung vor. Die Pivotal Points of Interoperability und andere Verfahren werden bei der Suche nach Interoperabilitätslösungen eingesetzt. Blind und Abdelkafi entwerfen in Kapitel 6 einen Entscheidungsbaum, mit dessen Hilfe Unternehmen entscheiden können, ob sie ihre Innovationen eher als Patent anmelden, in die formelle Normung einbringen, in einem Standard integrieren oder eine hybride Strategie wählen, also Normung und Patentierung verbinden wollen. In Kapitel 7 zeigt Tim Pohlmann das Zusammenspiel von Normen und Standards in den sogenannten standardessentiellen Patenten. Dabei zeigt sich einerseits, dass die Integration von Normen und Standards in Patenten für Technologieinhaber bedeutet, Lizenzeinnahmen zu erzielen. Andererseits können die Lizenzgebühren für standardessentielle Patente so hoch sein, dass sie die Geschäftsmodell von Smart Services gefährden. Eine Umfangreiche Analyse der Rolle von Normungs- und Standardisierungsorganisationen auf der einen Seite und der Open-Source-Community auf der anderen Seite wird erstmals in diesem Buch in Kapitel 8 vorgenommen. Die Autoren Mirko Böhm und Davis Eisape zeigen, dass in den softwarebezogenen neuen Technologien, wozu auch Smart Services gehören, neben Normungs- und Standardisierungsorganisationen auch die Open-Source-Community Ergebnisse mit „standardisierender Wirkung" produziert. Daraus entsteht die Frage, wie Normungs- und Standardisierungsorganisationen und Open-Source-Community zusammenarbeiten können. Die Autoren zeigen, dass beide gleichzeitig sowohl Wettbewerber sind als auch komplementäre Produkte produzieren. Mona Mirtsch legt schließlich in Kapitel 9 die Bedeutung von Normen und Standards für die Cybersicherheit und Konformitätsbewertung dar. Dabei zeigt sich, dass das heutige Konformitätsbewertungssystem mit dem starken Fokus auf produktbasierte, statische Prüfung in der digitalen Transformation und insbesondere in Bezug auf Cybersicherheit einer Anpassung bedarf. Für Technologien mit sehr schnellen Innovationszyklen, wie Smart Services, bedarf es zum Beispiel dynamischer Zertifizierungen. Zertifizierungssysteme für Qualitätseigenschaften von IoT-Geräten und Infrastrukturen in Bezug auf die funktionalen und nicht funktionalen Eigenschaften von IoT-Lösungen werden zum Beispiel im Smart-Service-Projekt IOT-T entwickelt (IOT-T 2018).

Teil I: **Normen und Standards anwenden**

Wie wichtig ist die Anwendung von Normen und Standards für deutsche Unternehmen? Nach einer Befragung des IW Köln (Engels 2017) geben 85 % der Unternehmen an, dass Standards eine wichtig Rolle bei der Digitalisierung haben. Haben Unternehmen sich bereits aktiv mit der Digitalisierung beschäftigt und eine Digitalisierungsstrategie implementiert, steigt der Anteil der Unternehmen, die Standards als wichtig halten. Offensichtlich lernen Unternehmen, während sie die Digitalisierung planen, die Wichtigkeit von Standards zu schätzen. Umgekehrt zeigen Unternehmensumfragen des IW Köln, dass fehlende Standards eine Barriere für die Umsetzung der unternehmensinternen Digitalisierung darstellen. Die Bedeutung von Standards und Normen wird differenziert nach formalen Normen und Konsortialstandards werden seit dem 2013 regelmäßig im Rahmen des Deutschen Normungspanels abgefragt (DNP 2017). Dabei zeigt sich, dass formale Normen über alle Jahre stets als wichtig eingestuft werden. Konsortialstandards werden dagegen im Vergleich als weniger wichtig bewertet und auch eingesetzt.

Welchen Einfluss hat die Implementierung von Normen und Standards für die Verwirklichung von Unternehmenszielen? Die Ergebnisse der Unternehmensbefragungen (Engels 2017, DNP 2017) zeigen hier durchweg ein positives Bild:

- Normen und Standards unterstützen die Optimierung von Forschungs-, Entwicklungs-, und Innovationsaktivitäten. Das gilt für formelle Normen und Konsortialstandard, wobei erstere als wichtiger gesehen werden.
- Durch die Anwendung von Normen und Standards können Unternehmen Produktivitätssteigerungen realisieren und ihre Wettbewerbsfähigkeit steigern.
- Durch Normen und Standards wird Interoperabilität hergestellt.
- Normen und Standards ermöglichen den Markzutritt und bieten Unternehmen Rechtssicherheit.

Wie können Unternehmen die relevanten Normen und Standards für ihre Interessen finden? Welche Rolle spielen Normen und Standards in innovativen digitalen Industrien? Wie helfen Normen und Standards für Referenzarchitekturen die Normung für die digitale Transformation zu organisieren? Um diese Fragen zu beantworten, werden im Teil I „Normen und Standards anwenden“ folgende Themen in den drei Kapiteln vertieft behandelt. In Kapitel 2 stellt Axel Mangelsdorf systematisch dar, wie Normen und Standard mit Hilfe von Online-Tools gesucht werden. Es werden zum einen bewährte Suchwerkzeuge vorgestellt, die auf den Webseiten der Normungsorganisationen zur Verfügung gestellt werden und zum anderen kostenpflichtige Tools vorgestellt, mit dessen Hilfe sich nicht nur Normen und Standards effizient suchen, sondern auch hinsichtlich der technischen Relevanz und Marktdurchdringung analysieren lassen. In Kapitel 3 untersucht Claudia Koch die Herausforderungen in der Additiven Fertigung („3D-Druck“) als ein Beispiel für die Bedeutung von Normen und Standards in der digitalen Transformation. Dabei wird deutlich, dass Normen und Standards die Verbreitung von Innovationen fördern, aber dennoch noch viele Normen fehlen. Das Kapitel veranschaulicht, dass Normen und Standards nicht vom Innovationssystem getrennt betrachtet werden können, sondern in Wechselwirkung mit anderen Aktivitäten verschiedener Interessensgruppen auftreten. Damit sich neue Technologien erfolgreich am Markt durchsetzen, wird empfohlen, dass umfassende Normungs- und Standardisierungsstrategien von Beginn an entwickelt werden sollten. In diesem Zusammenhang legt Thomas Schulz in Kapitel 4 die Bedeutung der Normen und Standards für Referenzarchitekturen für die digitale Transformation dar. Die Norm für das Referenzarchitekturmodell RAMI 4.0 zeigt, wie die Normung und Standardisierung in der digitalen Transformation strukturiert werden kann. Vor allem für die Herstellung von Interoperabilität sind die Referenzarchitekturen eine wichtige Voraussetzung. Neben RAMI existiert ein weiteres Referenzarchitekturmodell, das vom Industrial Internet Consortium (IIC) entwickelt wurde. In dem Beitrag werden beide Ansätze miteinander verglichen. Dabei zeigt sich, dass das Referenzarchitekturmodell RAMI 4.0 nicht nur für Industrie-4.0-Ansätze Mehrwert generiert, sondern auch als Smart Service anschlussfähig gelten kann.

Axel Mangelsdorf

2 Normen und Standards recherchieren und analysieren

2.1 Einleitung

In diesem Kapitel werden Suchwerkzeuge, Methoden und Praxistipps für die Recherche von Normen und Standards vorgestellt. Das Kapitel ist wie folgt aufgebaut. Zunächst wird begrifflich definiert, was unter Normen und Standards zu verstehen ist. Es werden die Begriffe Werknorm, Konsortialstandard und formale Norm definiert und voneinander abgegrenzt. Anschließend wird die Syntax von Normen erklärt und das Klassifikationssystem von Normen dargelegt. Schließlich werden die wichtigsten Online-Tools für die Recherche von Normen und Standards vorgestellt. Eine Beispielrecherche zeigt die verschiedenen Merkmale dieser Tools.

Normen und Standards können anhand der Normenpyramide unterteilt werden (Abbildung 2.1). Werknormen werden ausschließlich unternehmensintern entwickelt. Werknormen werden unternehmensintern eingesetzt oder regeln die Kooperation mit anderen verbundenen Unternehmen, z. B. Zulieferern. Konsortialstandards sind das Ergebnis von Standardisierungsbemühungen in einer ausgesuchten Gruppe von Unternehmen, die sich in einem temporären informellen Konsortium zusammengefunden haben. Formelle Normen werden im Vollkonsens von interessierten Kreisen in formellen Normungsorganisationen wie DIN und DKE getroffen. Ebenso wie bei Werknormen und Konsortialstandards ist die Anwendung von formellen Normen freiwillig. Werden Normen jedoch in Gesetzen genannt oder sind Grundlage privater Verträge, können sie auch verbindlichen Charakter bekommen. Zum Zeitpunkt der Veröffentlichung definieren Normen den Stand der Technik, wenn sie z. B. Prüfverfahren, Sicherheitsanforderungen oder empfohlene Eigenschaften enthalten.

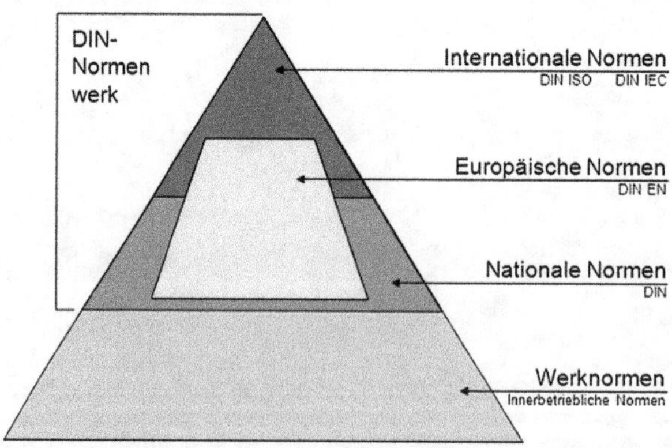

Abb. 2.1: Normenpyramide (Quelle: Friedel und Spindler (2016)).

https://doi.org/10.1515/9783110629057-002

Formale Normen werden in nationalen, europäischen oder internationalen Normungsorganisationen erstellt. Auf der nationalen Ebene sind das das DIN Deutsche Institut für Normung e. V. und die DKE Kommission Elektrotechnik Elektronik Informationstechnik in DIN und VDE. DIN, als Dienstleister organisiert, steuert und moderiert die Normungsprozesse. DIN ist als nationale Normungsorganisation in den europäischen und internationalen Normungsgremien anerkannt. Rund 30.000 Expertinnen bilden die interessierten Kreise und bringen ihr Wissen in den Normungsprozess ein. Die DKE ist die nationale Organisation für die Normung in den Bereichen Elektrotechnik, Elektronik und Informationstechnik. DKE ist ein Organ des DIN und des VDE Verbands der Elektrotechnik Elektronik Informationstechnik e. V. Die in der DKE erarbeiteten Normen sowie elektronischen Sicherheitsnormen bilden als VDE Bestimmungen das VDE-Vorschriftenwerk. Auf der europäischen Ebene bilden das European Committee for Standardization (CEN), das European Comitee for Electrotechnical Standardization (CENELEC) und das European Telecommunications Standards Institute (ETSI) die europäischen Normungsorganisationen. Auf internationaler Ebene findet Normungsarbeit in der International Organization for Standardization (ISO), der International Electrotechnical Commission (IEC) sowie der Normungsabteilung der International Telecommunications Union (ITU) statt. Nationale Normungsinstitute können Mitglieder bei ISO und IEC werden und damit internationale Normen beeinflussen.

Während viele formale Normungsorganisationen oft schon seit mehr als 100 Jahre existieren, sind konsortiale Standardisierungsorganisationen ein relativ neues Phänomen. Besonders in der durch schnelle Innovationszyklen gekennzeichneten Informations- und Kommunikationstechnologie (IKT) Industrie können die auf Konsensus basierenden formalen Normungsorganisationen mit der Marktdynamik nicht mithalten (Pohlmann 2014). Schnelllebige Märkte benötigen flexible Lösungen, um Standards zu setzen. In den letzten zwanzig Jahren konnten Standardkonsortien und Foren oft flexibler und schneller Standards setzten als formale Normungsorganisationen. Die Landschaft der konsortialen Standardisierung ist heterogen, was die technische Spezialisierung, Struktur, Mitglieder und Umgang mit rechtlichem Eigentum angeht. Konsortiale Standardisierungsorganisationen müssen nach Definition von CEN/ISSS (2009) folgende Bedingungen erfüllen, um als solche zu gelten: Die Organisation muss eine internationale Ausrichtung haben und darf kein Instrument einzelstaatlicher Politik sein. Die Mitgliederstruktur in einer konsortialen Standardisierungsorganisation muss dementsprechend auch international ausgerichtet sein. Die Organisation darf des Weiteren nicht von einem einzelnen Unternehmen, einer Regierung oder Interessensgruppe einer bestimmten proprietären Technologie gegründet worden sein und muss zu wichtigen Gebieten der Standardisierung beitragen.

Auf den Wettbewerb mit den Konsortien haben die formellen Normungsorganisationen reagiert. Unternehmen und andere interessierte Kreise können nun in formellen Normungsorganisationen neben formellen Normen auch Standards entwickeln. Als Publikationsform werden sie auf nationaler Ebene DIN SPECs, auf der europäischen Ebene CEN Workshop Agreements und auf der internationalen Ebene ISO Publicly Available Specifications oder ISO Technical Specifications genannt.

2.2 Normen-Benennungssystem

Normen und Standards folgen zur Wiederkennung und Systematisierung einem Benennungssystem oder Identifizierungszeichen. Normen und Standarddokumente können anhand einer Reihe von Buchstaben und Ziffern identifiziert werden. Jede Komponente hat dabei eine bestimmte Bedeutung. Folgende Norm ist ein Beispiel:

Bsp.: DIN EN ISO/IEC 27001:2017-06

- DIN = Deutsches Institut für Normung, ist die Normungsorganisation, die für die Norm verantwortlich ist.
- EN = Europäische Norm. Europäische Normen sind Normen, die von den drei europäischen Normungsorganisationen ratifiziert worden sind.
- ISO/IEC = International Organization for Standardization/ International Electrotechnical Commission. Die Norm wurde als internationale Norm entwickelt.
- 27001: Nummer der Norm. Europäische Normen werden in der Regel fortlaufend nummeriert, einige Nummernbereiche sind Normen aus bestimmten Normungsorganisationen vorbehalten.
- 2017-06: Auf die Normnummer folgt nach einem Doppelpunkt das Ausgabejahr sowie der Kalendermonat der aktuellen Fassung.
- Die Kombination DIN EN ISO/IEC (auch als Normnummer bezeichnet) bedeutet, dass es sich um eine deutsche Norm handelt, die auf Grundlage einer europäischen Norm erstellt wurde und diese wiederum auf einer internationalen Normen beruht. Die Normnummern zeigen den Ursprung der Norm. Zum Beispiel zeigt DIN CWA, dass es sich um die Übernahme einer europäischen Spezifikation (CEN Workshop Agreement) handelt. DIN ISO weist auf die Übernahme einer ISO Norm hin. DIN VDE sind Normen mit Themen der Elektrotechnik, Elektronik oder Informationstechnik und werden gemeinsam von DIN und VDE durch die DKE bearbeitet. VDE ist der Verband der Elektrotechnik Elektronik Informationstechnik e. V. Die Deutsche Kommission Elektrotechnik Elektronik Informationstechnik in DIN und VDE wird als Organisation vom VDE getragen. Die DKE ist gleichzeig ein Geschäftsbereich der DKE und ein Normenausschuss im DIN.

2.3 International Classification for Standards (ICS)

Normen werden nach einem internationalen Klassifikationssystem, dem International Classification for Standards (ICS) gegliedert. Die ICS-Klassifikation wird auf dem Deckblatt einer Norm angezeigt, ist aber nicht im Benennungssystem zu sehen. Da Normendatenbanken das ICS-System als Grundlage zur Klassifizierung nutzen, soll das System kurz vorgestellt werden. ICS ist eine hierarchisch aufgebaute Klassifikation mit drei Ebenen. Die jeweiligen Ebenen sind in Form von Ziffern dargestellt. Die erste Ebene hat eine zweistellige Ziffer. Z. B. steht die ICS Klassifikation 33 für „Telekommunikation, Audiotechnik, Videotechnik", die Unterklasse 33.020 für „Telekommunikation im Allgemeinen" und die Unterklasse 33.120.20 für „Drähte, Symmetrische Leitungen, Geschirmte Leitungen." Derzeit gibt es 40 zweistellige Oberklassen (von 01 „Allgemeines. Terminologie. Normung. Dokumentation" bis 97 „Private und kommerzielle Hauswirtschaft, Unterhaltung, Sport"). Die komplette ICS-Klassifizierung steht kostenfrei auf der ISO-Seite als PDF-Datei zum Download zur Verfügung (ISO 2015).

2.4 Recherche-Tools für Normen

Um relevante Standards oder Normen zu finden, stehen verschiedene Recherche-Tools zur Verfügung. Zum einen bieten die nationalen, europäischen und internationalen Normungsorganisationen Recherche-Tools auf ihren Webseiten an. Neben Normen können dort auch die technischen Komitees recherchiert werden. Zum anderen fassen spezielle Normendatenbanken wie Perinorm technische Regeln, Normen, Standards und andere Spezifikationen zusammen. Im Folgenden werden diese Recherche-Tools vorgestellt.

Tabelle 2.1 listet die Links zu den Recherche-Tools der Normungsorganisationen auf. Für die Recherche nach DIN-Normen ist die Website des Beuth Verlags die relevante Adresse. Die Website des Beuth Verlags bietet neben der einfachen Normensuche weitere Features. Der „Normen-Ticker" informiert registrierte Nutzer über den Gültigkeitsstatus von Normen und technischen Regeln. Ebenso können historische Dokumente, d. h. zurückgezogene Normen recherchiert werden. Nach einer Registrierung können die Volltexte der DIN SPECs kostenlos heruntergeladen werden. Die erweiterte Suche des Beuth Verlags erlaubt zudem die Recherche nach anderen nationalen Normen wie z. B. nach französischen und amerikanischen Normen sowie europäischen und internationalen Normen. Kostenpflichtige Volltexte können über den Webshop bezogen werden.

Das Recherche-Tool von CEN erlaubt die Recherche nach europäischen Normen und anderen Produkten, wie z. B. CWAs. Über eine Suchmaske können Stichworte eingegeben werden. Das Recherche-Tool erlaubt ebenfalls die Suche nach Normen in bestimmten ICS-Klassifikationen oder Wirtschaftsbereichen. In den Suchergebnissen wird dem Nutzer das jeweilige technische Komitee angezeigt, durch das die Norm erarbeitet wurde. Wird eine europäische Norm in einer europäischen Richtlinie genannt und erhält damit quasi verpflichtenden Status, wird im Suchergebnis die Richtlinie angezeigt. Volltexte können über die CEN-Seite nicht erworben werden. Das Recherche-Tool steht dazu lediglich in englischer Sprache zur Verfügung.

Das Recherche-Tool von CENELEC ist ähnlich aufgebaut wie das Tool von CEN, verfügt jedoch über einige zusätzliche Features. Die Eingabemaske ermöglicht die Suche

Tab. 2.1: Normenrecherche-Tools von Normungsorganisationen (Quelle: Eigene Darstellung).

Normungsorganisation	Website	Recherche Tool
National		
DIN – Deutsches Institut für Normung e. V.	www.din.de	https://www.beuth.de/de
DKE – Kommission Elektrotechnik Elektronik Informationstechnik im DIN und VDE	www.dke.de	https://www.beuth.de/de
Europäisch		
CEN – Europäisches Komitee für Normung	www.cen.eu	https://standards.cen.eu/
CENELEC – Europäische Komitee für elektrotechnische Normung	www.cenelec.eu	https://www.cenelec.eu/dyn/www/f?p=104:105:3109594195593201::::FSP_LANG_ID:25
ETSI – European Telecommunications Standards Institute	www.etsi.org	http://www.etsi.org/standards-search
International		
ISO – International Organization for Standardization	www.iso.org	https://www.iso.org/search.html
IEC – International Electrotechnical Commission	www.iec.ch	https://webstore.iec.ch/
ITU – International Telecommunication Union	www.itu.int	https://www.itu.int/itu-t/recommendations/index.aspx

nach Stichworten, ganzen Sätzen und die Option, bestimmte Stichwörter auszuschließen. Normen können nach ICS- und Wirtschaftsklassifikation gesucht werden. Zudem erlaubt die Suche die Auflistung aller Normen, die in einer bestimmten europäischen Direktive genannt werden.

Das European Telecommunications Standards Institute (ETSI) bietet ein Recherche-Tool für Telekommunikationsstandards an. Auf der Seite „Search and Browse Standards" können Nutzer Stichwörter in eine Maske eingeben oder verschiedene Cluster („Better Living with ICT", „Interoperability") auswählen. In der Ergebnisanzeige können die Nutzer anschließend die Ergebnisliste filtern, u. a. nach Erstellungsdatum, typischen Stichwörtern („5G"), Standard-Typen (ETSI Standard, ETSI Guides) und technischen Komitees. Das Recherche-Tool bietet neben dem technischen Komitee weitere Informationen über die Hintergründe und Entstehungsgeschichte eines Standards an. Diese reichen vom Anwendungsgebiet über den Standard unterstützende Unternehmen bis zum Namen des technischen Leiters des Gremiums. In der erweiterten Suche („Advanced Search") stehen noch weitere Filter (Umweltaspekte, Verbraucheraspekte) zur Verfügung. ETSI-Standards aus der Ergebnisliste können als PDF- und Word-Dateien kostenfrei heruntergeladen werden.

Die internationalen Normungsinstitute ISO, IEC und ITU bieten ebenfalls Recherche-Tools auf ihren Websites an. Bei ISO sind zwei Suchervarianten in englischer Sprache möglich. In der einfachen Suche können die Nutzer neben Normen auch nach „Pages", (Websites of der ISO Homepage), „News", (normenbezogenen Nachrichten), „Publications" (kostenfreie Publikationen mit Hintergrundinformationen zu bestimmten Normen von ISO) und „Documents" (sonstige kostfreie ISO Dokumente) filtern. Im Bereich der erweiterten Suche können die Benutzer in einer Maske direkt nach der Normennummer („ISO number") suchen. Bestimmte Schlüsselbegriffe („Keywords") können ebenso als Suchkriterium angegeben werden. Die Suche lässt sich über die ICS-Nummer, ISO-Komitees, Sprache und Datum weiter einschränken. Benutzer können über den verlinkten Webstore die Normen als PDF erwerben. Der Kauf von IEC Normen als PDF oder in Papierform ist möglich. Ähnlich wie ISO bietet IEC Suchmasken in vereinfachter und erweiterter Version an. Unter der erweiterten Suche bei ITU finden die Benutzer die Möglichkeit nach ITU-Standards zu suchen. ITU-Standards heißen dort ITU-T Recommendations (Empfehlungen). ITU-Standards können kostenfrei heruntergeladen werden. Davon ausgenommen sind Standards, die zusammen mit ISO und IEC veröffentlicht wurden.

Neben den Recherche-Tools der Normungsorganisationen gibt es weitere kostenpflichtige Datenbanklösungen, die Informationen aus mehreren Normungsorganisationen sowie zum Teil aus der konsortialen Standardisierung vereinen. Die bekannteste Normendatenbank ist die Perinorm (Perinorm 2018). Die Datenbank durch den Beuth Verlag betreut und fasst bibliografische Normeninformationen von 23 Ländern sowie den europäischen Normungsorganisationen CEN, CENELC, ISO und IEC zusammen. Die Datenbank umfasst insgesamt 2 Mio. Dateneinträge zu Normen, technischen Regeln, Rechts- und Verwaltungsvorschriften mit technischem Bezug. Die Datenbankmaske stellt den Nutzern 35 verschiedene Suchfelder zur Verfügung. Eine Freitextsuche ermöglicht die Eingabe von Stichwörter aus dem Titel oder dem Abstrakt der Norm. Mit Hilfe von Ländercodes kann die Suche auf bestimmte Länder oder auf europäische oder internationale Normen begrenzt werden. Ebenso ist die ICS Klassifikation anwendbar. Das Feld „Internationale Übereinstimmung" erlaubt den Nutzern die Harmonisierung von rein nationalen Normen (z. B. DIN) mit internationalen und europäischen Normen nachzuvollziehen. Bei europäischen Normen ist es möglich zu sehen, ob und welche EU-Richtlinie diese Normen zitieren und damit eine quasi rechtsverbindlichen Charakter bekommen. Perinorm erlaubt die Benutzung von Platzhalterzeichen. Damit können mehrere Elemente mit vergleichbaren, aber nicht identischen Daten gesucht werden. Logische Operatoren (UND; ODER; OHNE) ermöglichen die Verknüpfung von Suchbegriffen aus verschiedenen Suchfeldern. So können zum Beispiel nur Normen gesucht werden, die aktuell sind (d. h. nicht zurückgezogenen wurden) und aus einer bestimmten ICS-Klasse stammen, die Wortgruppe „Internet der Dinge" enthält aber nicht das Wort „Sicherheit". Perinorm kann mit erweiterter Lizenz auch unternehmenseigene Werksnormen integrieren. Damit ist Perinorm nicht nur ein Recherche-

Tool, sondern kann gleichzeitig auch als Normenmanagementsystem verwendet werden.

Mit der kostenpflichtigen Plattform IPlytics können nicht nur Normen und Standards recherchiert werden, sondern auch Verknüpfungen mit weiteren Indikatoren eines Innovationssystems analysiert werden (IPlytics 2018). Mit der Plattform können Nutzer Technologietrends und Marktentwicklungen abrufen und grafisch darstellen. Auch die Beobachtung der Rechte an geistigem Eigentum von Wettbewerbern ist möglich. Die Datenbank enthält Informationen zu ca. 90 Mio. Patenten, 60 Mio. wissenschaftliche Zeitschriftenartikel, 3 Mio. Unternehmensprofile, 2 Mio. Normen und Standards sowie 250.000 standardessentielle Patente (SEPs). Patentinformationen enthalten neben Patenanmeldungen auch Informationen über Patentverkäufe und Patentstreitigkeiten. Die Unternehmensprofile beinhalten Finanzdaten, Angaben zu Firmenübernahmen und -zusammenschlüsse sowie Start-Up-Gründungen. Informationen zu Normen und Standards sind ähnlich wie in der Perinorm Datenbank aufgelistet, jedoch ermöglicht die IPlytics-Plattform auch die Analyse von Standards. Benutzer können grafisch darstellen, welche Normen zu einem bestimmten Technologiefeldern (z. B. Internet der Dinge, Car-to-X-Kommunikation) aktuell von großer Relevanz sind. Relevanz wird im IPlytics-Analyse-Tool u. a. gemessen durch die Anzahl der Normenzitate. Eine Norm ist in einem technologischen Feld umso wichtiger, je häufiger die Norm von anderen Normen zitiert wird. Die Relevanz einer Norm ist ebenfalls als hoch anzusehen, wenn sie in wissenschaftlichen Publikationen zitiert wird.

2.5 Recherche-Tools für konsortiale Standards

Die Anzahl und Struktur der konsortialen Standardisierung ist unübersichtlich und in ständiger Veränderung. Die Website ConsortiumInfo.org des Technologie- und Anwaltsunternehmens Gesmer Updegrove LLP (Updegrove 2013) unternimmt einen Versuch, die Konsortien zusammenzutragen, thematisch einzuordnen und auf aktuelle Änderungen hinzuweisen. ConsortiumInfo.org listet derzeit (Stand Juli 2018) über 1.100 Konsortien. Die Website wird ständig aktualisiert und Nutzer können selbst Vorschläge für die Aufnahme neuer Konsortien machen. Für jedes Standardisierungskonsortium bietet ConsortiumInfo.org eine Übersicht über den eigenen Tätigkeitsbereich des Konsortiums, Informationen zu Standards (auf ConsortiumInfo.org „Specifications“ genannt) und Links zum Umgang des Konsortiums mit geistigem Eigentum. ConsortiumInfo.org gibt Unternehmen und Personen konkrete Hilfestellung, ob es sich lohnt einem Konsortium beizutreten. Dafür wurde eine Art Checkliste mit Faktoren entwickelt, die von den Teilnehmern in Betracht gezogen werden sollen. Die Faktoren im Einzelnen sind:

- Reputation: Welche Unternehmen sind bereits Mitglieder im Konsortium bzw. welche Technologieanbieter fehlen? Sind bereits die „Big Player“ der Industrie in einem Konsortium, ist die Wahrscheinlichkeit hoch, dass die in diesem Konsortium entwickelten Standards sich am Markt durchsetzen.

- Offenheit des Konsortiums: Gibt es im Konsortium bereits eine Dominanz bestimmter Unternehmen? In diesem Fall ist die Wahrscheinlichkeit hoch, dass eher wenig Einfluss auf den Inhalt der Standards genommen werden kann.
- Personelle Ressourcen: Wie gut ist das Konsortium mit qualifiziertem Personal ausgestattet? Die Wahrscheinlichkeit, dass ein Konsortium mit ausschließlich freiwilligen Mitarbeitern scheitert ist höher als bei Konsortien mit fest angestellten Mitarbeitern. Ebenso ist von Bedeutung, dass die teilnehmenden Unternehmen regelmäßig qualifizierte Mitarbeiter zur Teilnahme in die technischen Komitees entsenden.
- Starke Führungspersönlichkeiten: Der Erfolg von Konsortien hängt oft mit dem Engagement des Konsortiumführers zusammen. Erfolgreiche Standardkonsortien hatten in der Vergangenheit oft starke und respektierte Persönlichkeiten als Vorsitzende.
- Effiziente Komiteearbeit: Ist der technische Prozess in den technischen Komitees effizient und angemessen schnell?
- Konsortiumsstrategie: Gibt es eine formulierte Strategie und einen Ausführungsplan? Sind Strategie und Ausführungsplan angemessen für die Zielerreichung des Konsortiums?
- Umgang mit geistigem Eigentum: Welche Rolle spielen Patente und welche Lizenzpolitik wird angestrebt? Wie ist der Umgang mit Open Source?
- Stabilität: Einige Konsortien werden gegründet, um einen einzelnen Standard zu erstellen, während die meisten Konsortien auf Langfristigkeit ausgerichtet werden. Unternehmen sollten in Betracht ziehen, dass zur erfolgreichen Etablierung von Standards auch langfristige und regelmäßige Updates gehören.

Updegrove (2013) schlägt zur Entscheidungsfindung ein mehrstufiges System vor. Zunächst sollen Unternehmen im ersten Schritt intern unternehmensspezifische Ziele für die Teilnahme in einem Konsortium definieren. Dazu gehört auch, ein Budget aufzustellen. In einem zweiten Schritt soll ein Szenario für die Teilnahme entwickelt werden. Dem Unternehmen muss klarwerden, welche Rolle es im Konsortium spielen soll. Mögliche Rollen sind beispielsweise die des Technologieführers, des Mitläufers oder Beobachters. Für jede mögliche Rolle sollen die Unternehmen Ziele definieren, die während der Teilnahme im Konsortium erreicht werden sollen. Im selben Schritt sollen nun mögliche Alternative Standardisierungskonsortien ausgewählt und anhand eines Punktesystems bewertet werden. Dabei werden für verschiedene Faktoren (Reputation, Offenheit, Umgang mit geistigem Eigentum, Kosten der Teilnahme etc.) Punkte von 1 bis 10 vergeben und ein Ranking der Alternativen erstellt. Anhand des Rankings wird entschieden, in welchem Konsortium sich das Unternehmen engagieren sollte. Hier soll auch in Betracht gezogen werden, dass auch die Neugründung eines Standardisierungskonsortiums eine Alternative darstellt. Im dritten Schritt sollte nach der Auswahl des Standardisierungskonsortiums die unternehmensinterne Definition von Zielen (z. B. Förderung bestimmter Technologie, Beobachtung von Technologie der Wettbewerber, Verhinderung bestimmter Inhalte) erfolgen, die während der Teilnahme erreicht werden sollten. Im selben Schritt sollte ebenfalls entschieden werden, welche Mitgliedschaftsstufe gewählt werden soll. Die meisten Konsortien unterscheiden verschiedene Mitgliedschaftsstufen, die sich durch den Einfluss auf die Standardisierung auszeichnen (z. B. Voting Member, Non-voting Member, Observing Member etc.). Die Mitgliedschaftsstufen haben auch eine Bedeutung für die Gebühren, die Konsortien in der Regel für die Mitgliedschaft erheben. Dabei gilt, je höher der Einfluss im Konsortium, desto höher die Gebühr. Typische Gebühren reichen von etwa 10.000 $ bis 60.000 $, in einigen Fällen auch 200.000 $. Dementsprechend sollten die Unternehmen in diesem Schritt auch ein unternehmensspezifisches Budget für die Teilnahme an der konsortialen Standardisierung erstellen. Nach etwa zehn Monaten sollte evaluiert werden, ob die Investition in die Teilnahme an der konsortialen Standardisierung erfolgsversprechend war und den Erwartungen entsprochen hat.

Im Vergleich zu den formellen Normungsorganisationen bieten die Recherche-Tools der meisten Konsortien weniger technische Möglichkeiten. Konsortien sind meist weit jünger und weitaus kleiner als formelle Normungsorganisationen und entwickeln weniger Standards und Spezifikationen. Dementsprechend ist die Suche nach den konsortialen Standards weniger technisch ausgeprägt. Eine Ausnahme davon ist die Institute of Electrical and Electronics Engineers Standards Association (IEEE-SA). IEEE-SA ist eine globale Standardisierungsorganisation, die zum Beispiel Technologien wie Ethernet oder WLAN standardisiert hat. Das IEEE-SA Recherche-Tool hat ähnliche Funktionen, wie das der formellen Normungsorganisationen. In der Suchmaske können zum einen Stichwörter gesucht werden und zum anderen über eine Themenliste bestimmte Technologiebereiche ausgewählt werden (von Aerospace bis Wireless). Die IEEE-SA Standards können im IEEE-Webshop erworben werden. Neben IEEE-SA sind in Tabelle 2.2 beispielhaft fünf Standardisierungskonsortien aus dem Bereich Internet der Dinge inklusive deren Recherche-Tools für Standards aufgeführt. Die Internet Engineering Task Force (IETF) ist ein Konsortium mit dem Ziel der technischen Weiterentwicklung des Internets. Die Gruppe erstellt technische Standards, vor allem Internetprotokollstandards und Transportprotokolle. Alle Standards und aktuellen Entwürfe sind auf der Seite RFC Editor (RFC Request for Comments) als TXT oder PDF-Datei verfügbar. Die Organization for the Advancement of Structured Information Standards (OASIS) erstellt vor allem Dokumentenstandards im E-Business-Bereich. Zu den bekanntesten OASIS-Standards zählt das Open Document Format (ODF). Alle von OASIS entwickelten Standards sind auf der OSIS-Homepage gelistet und können kostenfrei heruntergeladen werden. OASIS bietet zu jedem Standard zusätzliche Informationen an, wie beispielsweise das technische Komitee und Laisons mit anderen Standardisierungsorganisationen. oneM2M ist ein weltweit aktives Standardisierungskonsortium im Bereich der Maschine-zu-Maschine-Kommunikation und dem

Tab. 2.2: Recherche-Tools der konsortialen Standardisierungsorganisationen (Quelle: Eigene Darstellung).

Standardisierungskonsortium	Website	Recherche Tool
IEEE Standards Association (IEEE-SA)	http://standards.ieee.org/	http://standards.ieee.org/findstds/index.html
Internet Engineering Task Force (IETF)	https://www.ietf.org/	http://www.rfc-editor.org/standards
Organization for the Advancement of Structured Information Standards (OASIS)	https://www.oasis-open.org/	https://www.oasis-open.org/standards
oneM2M	http://onem2m.org/	http://onem2m.org/technical/published-drafts
World Wide Web Consortium (W3C)	https://www.w3.org	https://www.w3.org/TR

Internet der Dinge. oneM2M Standards thematisieren Programmierschnittstellen, Sicherheitslösungen und Interoperabilität für Anwendungen und spezifische Dienstleistungen wie zum Beispiel Smart Cities, Smart Grid und vernetzte Fahrzeuge. Alle Spezifikationen sind auf der oneM2M Seiten kostenfrei verfügbar. Das Standardisierungskonsortium W3C oder auch World Wide Web Consortium ist eines der ältesten Konsortien. Zu den bekanntesten W3C-Standards gehören die HTML (Hypertext Markup Language) und XML (Extensible Markup Language). Standards werden bei W3C Empfehlungen genannt. Die Standards sind sowohl in der Entwurfsphase als auch in der Endversion kostenfrei auf der W3C Seite einsehbar.

Claudia Koch

3 Normung für neue Technologien am Beispiel Additiver Fertigung

3.1 Einleitung

Die Additive Fertigung (AF) ermöglicht eine bisher nicht gekannte, weitgehende Flexibilisierung und Individualisierung der industriellen Produktion. Durch die Integration in Smart Services und die Etablierung neuer, hybrider Geschäftsmodelle auf Basis einer Kombination aus Produkt, Dienstleistung und IT hat sie das Potential, die Wertschöpfung fundamental zu verändern (Thomas et al. 2015). Seit ihrer Einführung in den 1980er Jahren hat die Technologie eine bemerkenswerte Entwicklung genommen. Prognosen gehen davon aus, dass der Umsatz von AF-Gütern und -Dienstleistungen bis zum Jahr 2021 auf 21 Milliarden USD steigen wird (Wohlers 2014; EFI 2015). Dies wurde durch umfangreiche Forschung und Entwicklung ermöglicht, die zu verbesserten und innovativen Prozessen und Anwendungen sowie zu immer weiter sinkenden Anschaffungs- und Druckkosten führte. Als Technologie für die schnelle Fertigung von Prototypen und Modellen (Rapid Prototyping) gestartet, hat sich die AF zu einem Fertigungsverfahren in vielfältigen Branchen wie der Luft- und Raumfahrt, Automobilindustrie oder Biomedizin entwickelt. Zuletzt wurden 3D-Drucker auch für Endverbraucher immer interessanter (Gao 2015; Rayna und Striukova 2016). Im Zuge des Trends zur kundenindividuellen Massenproduktion und der fortschreitenden Digitalisierung industrieller Prozesse kann die AF wesentliche Beiträge zu einer flexibleren Produktion ohne größere Kostennachteile leisten (acatech 2016). Trotz dieser Aussichten und der bereits erzielten Fortschritte befindet sich die AF noch immer in einem frühen Reifestadium und hat sich noch nicht umfassend durchgesetzt. Eine der häufig genannten Barrieren ist das Fehlen von Normen und Standards, die nicht nur reproduzierbare und beständige Prozesse sowie Schnittstellen zur Gewährleistung eines effizienten Produktionsprozesses und Einbindung in die Wertschöpfungskette ermöglichen, sondern auch die gewünschte Qualität produzierter Teile und Produkte und deren Qualifizierung unterstützen würden (Bourell et al. 2009; Kotrba 2015; Fornea und van Laere 2015; SASAM 2015).

Die wichtige Rolle von Normen und Standards für die Entwicklung von Innovationen ist in der Forschung und Praxis anerkannt (Blind und Gauch 2009; Berman 2012; Sherif 2001; Swann 2010; Tassey 2000). Dennoch bleibt es schwierig, den Normungsbedarf während der Entstehung einer neuen Technologie vorherzusagen, da Innovationsprozesse und Standardisierung komplexe und dynamische Phänomene sind. Mit der zunehmenden Komplexität und schnellen Entwicklung moderner technologischer Systeme und industrieller Prozesse steigt jedoch der Bedarf für eine zeit-

https://doi.org/10.1515/9783110629057-003

nahe und effiziente Standardisierung (Ho und O'Sullivan 2016). Ein tieferes Verständnis für die Dynamik zwischen Normen und Innovationen kann nicht nur strategisches Roadmapping für die Normung unterstützen, sondern auch die Gesamtentwicklung einer neuen Technologie fördern (Ho und O'Sullivan 2016; AMSC 2017).

Dieser Beitrag diskutiert die Entwicklung von AF-Standards und -Normen vor dem Hintergrund der bestehenden wissenschaftlichen Theorie zur Rolle verschiedener Arten von Normen und Standards bei der Verbreitung einer neuen Technologie (Blind und Gauch 2009) – und trägt damit zu einem besseren Verständnis der komplexen Dynamik zwischen Innovation und Normung bei.

3.2 Theoretischer Hintergrund

Aufstrebende Technologien wie die AF entwickeln sich über Jahre oder Jahrzehnte hinweg in verschiedenen Phasen, die durch ständige technologische und kommerzielle Fortschritte gekennzeichnet sind, bis sie ihr Marktpotential realisieren können (Ford 2014).

Prozesse technologischer Innovation und die Entstehung von Industrien sind durch Komplexität und Koevolution gekennzeichnet und durch verschiedene Phasen und Übergänge strukturiert, die von diversen Faktoren, Ereignissen und Aktivitäten beeinflusst werden (Phaal 2011; Ho und O'Sullivan 2013). Wissenschaftliche Untersuchungen haben gezeigt, dass verschiedene Arten von Normen und Standards innerhalb und zwischen den Phasen des Forschungs- und Innovationsprozesses unterschiedliche Rollen spielen (Blind und Gauch 2009). Diese Funktionen und Strukturen müssen berücksichtigt werden, wenn man das Zusammenspiel von Forschung und Normung und die Rolle von Standards in der Entwicklung neuer Technologien wie der AF betrachtet. Anhand des Beispiels der AF soll in diesem Beitrag verdeutlicht werden, welche Rolle verschiedene Arten von Normen in verschiedenen Phasen der Innovation spielen und wie sie die Verbreitung neuer Technologien beeinflussen. Die Fallstudie zeigt die Dynamiken und Interaktionsmuster mit anderen Aktivitäten und Ereignissen entlang der Innovations- und Technologieentwicklung auf und liefert empirische Belege.

Wissenschaftliche Rahmenmodelle zur Rolle von Normen und Standards für Innovationen und technologische Entwicklungen

Die Komplexität und Dynamik des Zusammenspiels von Normen und Innovationen darzustellen, ist angesichts der unterschiedlichen Arten und Funktionen von Normen und Standards, deren ständiger Weiterentwicklung sowie Anzahl der beteiligten Akteure eine Herausforderung. Im Laufe der Zeit wurden verschiedene Konzepte entwickelt, die sich jeweils auf spezifische Aspekte von Standards und Normen konzentrieren (siehe Sherif 2001 und Tassey 2000). Das Modell von Blind and Gauch (2009) illustriert die unterschiedlichen Rollen verschiedener Normen innerhalb und zwischen den Phasen des Forschungsprozesses, von der reinen Grundlagenforschung bis zur Marktdiffusion. Es stellt die Funktionen und die Bedeutung von Terminologie-, Prüf-, Schnittstellen-, Kompatibilitäts- und Qualitätsnormen in den verschiedenen Phasen des Forschungs- und Entwicklungsprozesses dar. Die Verfügbarkeit von Normen und Standards ist entscheidend für die weitere Entwicklung und Verbreitung einer neuen Technologie. Ohne rechtzeitige Normung, kann die Diffusion einer neuen Technologie behindert oder verlangsamt werden (Ho und O'Sullivan 2013). Am Beispiel der Nanotechnologie veranschaulichten die Autoren die spezifische Rolle jedes Normentyps im Innovationsprozess dieser aufkommenden Technologie.

Ho und O'Sullivan (2013) liefern weitere empirische Belege, indem sie die Photovoltaik-Technologie untersuchen. Featherston et al. (2016) schlagen einen auf Technologie-Roadmapping basierenden Rahmen vor, der es erlaubt, die Entwicklung verschiedener Arten von Normen mit anderen Innovationstätigkeiten zu verknüpfen. Dies ermöglicht Interdependenzen aufzuzeigen und somit die komplexe Dynamik zu betrachten, indem Aktivitäten in Bezug auf die Markt-, Produkt- und Technologieentwicklung berücksichtigt werden. Auf diese Weise können relevante Interessenträger ermittelt sowie gezeigt werden, wo Normen und entsprechende Aktivitäten zur Informationsverbreitung beitragen können um das gesamte Innovationssystem einer neuen Technologie zu unterstützen.

Additive Fertigungstechnologien

Die AF ist definiert als Verfahren, bei dem auf Basis eines 3D-Datenmodells durch Ablagern von Material schichtweise ein Bauteil aufgebaut wird (im Gegensatz zu abtragenden, konventionellen Methoden) (vgl. ISO/ASTM 52900). Im Laufe der Evolution dieser Technologie wurden verschiedene Synonyme verwendet, das gebräuchlichste davon ist „3D-Druck", obwohl dieser technisch gesehen nur eine Unterkategorie von AF-Prozessen ist. Die Norm ISO/ASTM 52900 definiert ferner sieben verschiedene Prozesskategorien, die nach Materialauswahl, Zuführung des Materials, Schichtdicke, Oberflächenqualität, Kosten und realisierbaren Bauteilgeometrien unterschieden werden können (Weber 2013). Die AF-Technologie ermöglicht die direkte automatisierte Fertigung von kundenindividuellen Teilen und Produkten in kleinen bis mittleren Losgrößen und somit den Übergang von der konventionellen Serienfertigung zur kundenspezifischen, bedarfsorientierten Fertigung (Monzón et al. 2015). Was die AF gegenüber herkömmlichen Fertigungsansätzen überlegen macht, ist die Fähigkeit, auch komplizierte Geometrien und Designs herzustellen, wobei nur das tatsächlich benötigte Material aufgewendet wird. Dies führt zu einer erheblichen Reduzierung von Abfall und Kosten. Die AF-Technologie wird für eine Vielzahl von Anwendungen in der Maschinenbauindustrie, aber auch in Medizin, Bildung, Architektur und Unterhaltung verwendet (ISO/ASTM 52900 2015).

Die AF befördert Geschäftsmodellinnovationen auf Basis neuer Kombinationen von Produkt und Dienstleistungen. Immer mehr Unternehmen bieten durch die Verknüpfung mit Smart Services innovative Leistungen für ihre Kunden. Dabei fungiert die AF-Technologie als physische Schnittstelle in der Transformation von klassischen Dienstleistungen hin zu Smart Services (Thomas et al. 2015). Auch die Umsatzzahlen im Kontext der AF zeigen bereits die große Bedeutung von Dienstleistungen: während 2016 15 % der weltweiten Umsätze mit AF-Materialien und 30 % mit den Geräten selbst erzielt wurden, entfielen 55 % auf assoziierte Services (Roland Berger 2017).

Die AF stellt ein komplexes System mit vielfältigen Anwendungsbereichen und technologischen Ansätzen dar, was seine breite Akzeptanz vor große Herausforderungen stellt. Trotz der großen Chancen und vielversprechenden Szenarien, die diese Technologie bietet, wurde ihre weite Verbreitung bspw. durch lange Prozesszeiten, hohe Kosten oder Probleme bei Reproduzierbarkeit und Zuverlässigkeit der Prozesse behindert (Bourell et al. 2009). Die Bereitstellung von Normen und Standards ist dabei eine der dringendsten Herausforderungen.

Warum Normen für die Additive Fertigung und deren Diffusion wichtig sind

Dass die Entwicklung von Normen und Standards für die Akzeptanz und Verbreitung der AF signifikant wichtig ist, ist vielfach belegt (Bourell et al. 2009; Fornea und van Laere 2015; SASAM 2015; Jurrens 1999; O'Sullivan und Brévignon-Dodin 2012). Internationale, konsensorientierte Normen und Standards sollen die Kluft zwischen den Erkenntnissen und Fähigkeiten, die durch Forschung und Entwicklung gewonnen werden, und den Anforderungen für die tatsächliche Markteinführung und den weitverbreiteten Einsatz von AF-Technologien überbrücken (SASAM 2015). Z. B. ist eine standardisierte Terminologie erforderlich, um eine gemeinsame Sprache zu finden. Normen helfen Nutzern bei der Bewertung der verschiedenen AF-Prozesse und unterstützen somit die Entscheidung für die passende Technologie (CEN 2015). Normen und Standards für Materialien, Prozesse, Kalibrierung, Prüfung, Schnittstellen und Dateiformate sind erforderlich, um eine Integration mit Smart Services zu ermöglichen und die Qualität der produzierten Teile sowie Reproduzierbarkeit und Beständigkeit der Prozesse sicherzustellen (Gao 2015). Ohne Normen kann das gleiche digitale Design je nach individuellen Produktionsbedingungen (z. B. der verwendeten Maschine, der Person, die die Maschine bedient, oder der genauen Spezifikation des Eingangsmaterials) zu großen Variationen hinsichtlich der Material- und Oberflächeneigenschaften des hergestellten Teils führen (Weber 2013). Die AF-Industrie war jedoch lange weitgehend von proprietären Spezifikationen von Herstellern, informellen und Industriestandards geprägt (AMSC 2017; Jurrens 1999). Benutzer folgen oft vielen Trial-and-Error-Iterationen, um Anforderungen an Prozesse oder Bauteil-Eigenschaften optimal zu erfüllen (Gao 2015). Definierte Prozesse und Materialeigenschaften sind essentiell damit die AF für industrielle Anwendungen akzeptiert wird. Verschiedene Branchen haben zudem spezielle Anforderungen, die berücksichtigt werden müssen. Insbesondere in kritischen Anwendungen wie der Herstellung von Flugtriebwerken oder in der Medizin ist eine Normung und Standardisierung unerlässlich, da etablierte Normen und Standards die Zertifizierung der Produkte ermöglichen und zum Nachweis der Konformität mit gesetzlichen Anforderungen erforderlich sein können. Solche Anforderungen reichen von Ermüdung, Entflammbarkeit und Toxizität bis hin zur Prozessnachhaltigkeit. Normen und Standards für Produkte, Fertigungsprozesse und Materialien können die weite Anwendung von AF für diese kritischen Bereiche fördern (Bourell et al. 2009; SASAM 2015; Scott 2012).

Hindernisse und Barrieren für die Normung im Bereich der Additiven Fertigung

Die grundlegenden Technologieentwicklungen und Erfindungen der AF wurzeln in den 1980er und frühen 1990er Jahren. Erst im Jahr 2009 wurde das erste offizielle technische Komitee innerhalb eines formellen Normungsgremiums (ASTM F42) eingerichtet (Scott 2012). Mangels formeller Normen sind viele der heute verwendeten AF-Standards proprietär. Einzelne Unternehmen entwickeln ihre eigenen individuellen Richtlinien (AMSC 2017). Die Normung steht vor zahlreichen Herausforderungen, die mit der Breite der möglichen Anwendungen, der Vielfalt der verwendeten Materialien und den Unterschieden in Prozessen und Technologien verbunden sind (Fornea und van Laere 2015; O'Sullivan und Brévignon-Dodin 2012). Diese Vielfalt steigt weiter mit der schnellen Verbreitung von AF-Technologien. Kritiker weisen ferner darauf hin, dass Gerätehersteller (ähnlich der Dokumentendrucker-Industrie) ein finanzielles Interesse daran haben, ihre individuellen Verbrauchsmaterialien und Ersatzteile anzubieten, was mit der Entwicklung von konsensorientierten Normen in Konkurrenz stehen kann (Gao 2015). Nichtsdestotrotz wird der Bedarf an Normen, die die Verbreitung von AF vorantreiben, allgemein weltweit anerkannt und mit entsprechenden Initiativen von Interessensgruppen vorangetrieben. Schon in den 1990er Jahren haben frühe Befürworter und Pioniere der Normung in der AF auf die Notwendigkeit konsensorientierter Normen hingewiesen, insbesondere im Hinblick auf die wachsende Zahl von Anwendungen, Technologien und Nutzern (Jurrens 1999). Es dauerte jedoch mehr als ein Jahrzehnt, bis die ersten Normen veröffentlicht wurden.

3.3 Methodisches Vorgehen

Um komplexe Phänomene wie die Struktur oder Reifung einer bestimmten Industrie zu verstehen, bieten sich empirische Fallstudien an, in deren Rahmen Daten über wichtige Ereignisse für die Entwicklung der Technologie gesammelt werden (Yin

2013; Suurs und Hekkert 2009). Beispiele für solche Ereignisse sind politische Maßnahmen, durchgeführte Studien, Konferenzen, errichtete Anlagen usw. (Suurs und Hekkert 2009). Viele solcher Ereignisse und verschiedene Interessengruppen haben die Entwicklung und Verbreitung der AF in den letzten 30 Jahren beeinflusst. Dieser Beitrag fasst verschiedene Ereignisse, Indikatoren, Meilensteine und Aktivitäten zusammen und analysiert die Innovationsstruktur im Hinblick auf Normung und Standardisierung. Der empirische Ansatz umfasst Daten zu Normung, technologischer Entwicklung, industrieller Umgebung (Markt und Anwendungen), Politik und Gesellschaft. Dabei werden auch Daten zu den verschiedenen Arten von Normen und Standards analysiert, die in den verschiedenen Phasen der technologischen Entwicklung veröffentlicht wurden. Damit sollen mögliche Muster und Trends in Bezug auf Funktionen und Arten von Normen und Standards entlang der Entwicklung einer neuen Technologie und ihrer Interaktion mit anderen Innovationsaktivitäten identifiziert werden. Die Untersuchung bettet sich in den methodischen Rahmen von Featherston et al. (2016) ein, der dabei hilft, die verschiedenen Arten von Normen und Normungsaktivitäten zusammen mit wichtigen Dimensionen neuer Industriezweige in Bezug auf Markt-, Produkt- und Technologieentwicklung abzubilden und aufzuzeigen, wie Standards und damit verbundene Aktivitäten das gesamte Innovationssystem unterstützen können. Dabei werden die zu standardisierenden Technologieelemente, die Gründe für den Bedarf nach Standards, das Timing und die Sequenz sowie die beteiligten Akteure untersucht (vgl. Ho und O'Sullivan 2016). In einem ersten Schritt wurden hierzu Daten zur Entwicklung der AF im Rahmen einer umfassenden systematischen Literaturrecherche gesammelt (einschließlich wissenschaftlicher Artikel, Zeitungsartikel, Websites und Veröffentlichungen von Normungsorganisationen, Berufsverbänden usw.). Darauf basierend wurde der Datensatz mit den wichtigsten Ereignissen und Aktivitäten in chronologischer Reihenfolge erstellt. Ein besonderer Schwerpunkt in diesem Schritt wurde auf Meilensteine der Normung gelegt. Anschließend wurden die Ereignisse gemäß Featherston et al. (2016) kategorisiert, geclustert sowie zeitlich und thematisch eingeordnet um Verbindungen, Abhängigkeiten und Dynamiken im Verlauf der Entwicklung zu identifizieren. Angereichert wird die Analyse mit quantitativen Daten über verfügbare Normen und Standards für die AF, die von nationalen und internationalen Normungsorganisationen (SDOs) entwickelt wurden. Die Daten wurden hauptsächlich aus einer Online-Datenbank der Society of Manufacturing Engineers (SME) mit Normen, Spezifikationen und Richtlinien für den Einsatz in der AF extrahiert (Stand Juni 2018) (SME 2017). Diese Daten wurden zusätzlich durch Abgleich mit den in der AMSC[1] Standardization Roadmap erfassten Normen und Standards sowie Recherchen auf den Websites verschiedener nationaler und internationaler SDOs verifiziert und erweitert.

1 ASMC steht für die US-amerikanische Initiative „Additive Manufacturing Standardization Collaborative".

3.4 Analyse: Der Fall der Additiven Fertigung

Entwicklungsphasen der Additiven Fertigung

Die Grundlagen moderner AF liegen in den 1980er Jahren, in denen wichtige AF-Verfahren entwickelt wurden. Diese basieren auf Forschungsarbeiten, die in den vorangegangenen Jahrzehnten erfolgten, einschließlich Fortschritten in der Computertechnologie, bei Lasern, Computer Aided Design (CAD) und Computer Numeric Control (CNC). Forschungsanstrengungen in den 1970er Jahren lieferten den Beweis für ein Konzept moderner AF-Prozesse, die seit Mitte der 1980er Jahre sukzessive entwickelt und patentiert wurden (Weber 2013; Gibson et al. 2014). Der Entwicklungsprozess der AF kann in drei überlappende Phasen eingeteilt werden, die durch unterschiedliche Endnutzungen der Technologie bestimmt sind. Ursprünglich für das Rapid Prototyping (RP) genutzt, wurde die Technologie zunehmend zur Herstellung von Formen und Werkzeugen (Rapid Tooling) und schließlich Endprodukten (Rapid oder Direct Manufacturing) eingesetzt. Mit der Anwendung des 3D-Drucks durch den Endverbraucher selbst, ist die AF unlängst in die nächste Entwicklungsphase eingetreten (Home Fabrication). Der Übergang in neue Phasen wird von technologischen Verbesserungen, einschließlich Prozessen und Materialeinsatz, und den damit verbundenen sinkenden Kosten beeinflusst (Guo und Leu 2013; Gibson et al. 2014). Der folgende Abschnitt untersucht die komplexe Dynamik von Innovation und Standardisierung über die historische Entwicklung der AF hinweg. Verschiedene signifikante Aktivitäten und Ereignisse, die die Evolution beeinflusst haben, werden beleuchtet und kausale Beziehungen aufgezeigt. Der Schwerpunkt liegt auf der Normung, wobei die verschiedenen Interessengruppen und die Rolle der Normen und Standards bei der Verbreitung der AF betrachtet werden.

Rapid Prototyping

Die ersten AF-Verfahren wurden Anfang der 1980er Jahre parallel in Japan, Frankreich und den USA entwickelt. Diese basierten auf ähnlichen Konzepten, Materialien Schicht für Schicht hinzuzufügen um ein Objekt zu erzeugen. Charles Hull war schließlich 1984 der erste Erfinder, der erfolgreich ein Patent in diesem Kontext beantragte. Er begann dann mit der Vermarktung seines Stereolithographie-Druckers, gründete die Firma 3D Systems und führte das erste verfügbare AF-Gerät im Jahr 1987 ein. Carl Deckard erfand und kommerzialisierte den zweiten wichtigen AF-Prozess „Selektives Lasersintern" im Jahr 1986. 1989 beantragte Scott Crump ein Patent für die Schmelzschichtung (Fused Deposition Modeling) und gründete Stratasys, noch heute einer der Hauptakteure auf dem Markt (Weber 2013; Gibson et al. 2014). In den späten 1980er und frühen 1990er Jahren wurden weitere Verfahren entwickelt und vermarktet, die bis heute Kerntechnologien darstellen, bspw. der 3D-Druck, Elektronenstrahlschmelzen oder Selektives Laserschmelzen. Die verschiedenen Ansätze unterscheiden sich hinsichtlich der Ablagerungstechnik, der Art der verwendeten Materialien oder der Art ihrer Verschmelzung (acatech 2016).

Die ersten Geräte wurden von Architekten, Künstlern und Produktdesignern verwendet, um schnell und einfach Modelle und Prototypen zu bauen (Berman 2012; Gibson et al. 2014). Das Leistungsvermögen hinsichtlich der Qualität der fertigen Prototypen und der Detailgenauigkeit sowie der Komfort von RP waren zu dieser Zeit ziemlich begrenzt. Außerdem war das Drucken langsam, teuer, auf Kunststoffe und die Herstellung kleiner Teile beschränkt. Verbesserungen in Bezug auf diese Einschränkungen förderten die breitere Anwendung von RP, wobei die US-Automobilindustrie eine der ersten war, die die Technologie in größerem Umfang nutzte (Rayna und Striukova 2016; Weber 2013).

Angesichts der wachsenden Anzahl von Nutzern wurde der Bedarf an Normen und Standards offensichtlich. Existierende Normen für andere Technologien sind nicht vollumfänglich auf AF anwendbar, für die besondere Anforderungen gelten (Monzón et al. 2015). Da es keine formellen Normen für RP gab, vertrauten die Anwender hauptsächlich auf informelle oder Industrie-Standards, „Benchmark“-Teile, die für bestimmte Benutzergemeinschaften entwickelt wurden, oder Spezifikationen für RP-Materialien (Jurrens 1999). Schließlich veranstaltete das US-Amerikanische National Institute for Standards and Technology (NIST) 1997 den Industrieworkshop „Mess- und Normungsfragen im Rapid Prototyping“ mit der Absicht, Informationen über die Anforderungen der Industrie in Bezug auf Normen zu sammeln und Prioritäten für zukünftige Arbeiten zu entwickeln. Trotz des allgemeinen Konsens und des Bewusstseins für die Bedeutung des Themas (Jurrens 1999) dauerte es über zehn Jahre, bis das erste formale technische Normungskomitee eingerichtet wurde.

Rapid Tooling und Rapid Manufacturing/Direkte (digitale) Fertigung

Um die Jahrtausendwende wurden wichtige Verbesserungen bei AF-Prozessen und -Materialien erzielt, die den Übergang von der reinen RP-Technologie hin zu Rapid Tooling und Rapid Manufacturing oder Direct (Digital) Manufacturing ermöglichten (Gibson et al. 2014; Weber 2013). Fortschritte wie bessere Laser und Scanner sowie eine schnellere Schichtung erhöhten die Geschwindigkeit und Genauigkeit der Prozesse erheblich. Darüber hinaus verbesserten sich die Auswahl und Qualität der verfügbaren Materialien deutlich. Teile können mittlerweile aus fast jedem Material gefertigt werden, angefangen bei Metallen, über Polymere, Keramiken bis hin zu Verbundwerkstoffen. Darüber hinaus standen leistungsfähigere Software-Tools zur Verfügung und die Geräte wurden mit zusätzlichen Funktionen ausgestattet, wie der Möglichkeit zum Drucken in Farbe oder mit mehreren Materialien (Weber 2013). Der Umfang der Forschungsanstrengungen und technologischen Fortschritte spiegelt sich in einer exponentiell wachsenden Zahl von Patentanmeldungen ab dem Jahr 2000 wider (UK Intellectual Property Office 2013). Auch die Anzahl der wissenschaftlichen Publikationen zeigt eine signifikante Steigerung von 477 im Jahr 2000 auf 1.506 Publikationen im Jahr 2012 (EFI 2015).

Zusammen mit den sinkenden Kosten für Geräte und Materialien sowie dem allgemein wachsenden Bewusstsein für das Potential der AF ermöglichten diese Entwicklungen die Nutzung der Technologie für die Herstellung gebrauchsfertiger Erzeugnisse (Berman 2012). Insbesondere in der Automobil-, Medizin- und Luftfahrtbranche wurde die Technologie gut angenommen (Campbell et al. 2012). Die Verbreitung der AF wurde weiter vorangetrieben durch Online 3D-Druck-Plattformen wie Materialise, Sculpteo oder Shapeways, die Objekte direkt aus vom Kunden selbst erstellten Dateien drucken und ausliefern (Rayna und Striukova 2016). Diese Entwicklung führte direkt zu einer neuen Phase in der AF.

Home Fabrication

Während die ersten 20 Jahre der AF dem RP und industriellen Anwendungen vorbehalten waren, hat sich seit 2005 ein ständig wachsender Verbrauchermarkt entwickelt. Endnutzer können jetzt ihren eigenen 3D-Drucker für die direkte Herstellung zu Hause erwerben. Diese dritte Phase der AF hat sicherlich einen Hype um den 3D-Druck bewirkt, ausgelöst von mehreren Faktoren. So liefen mehrere relevante Patente aus, bspw. das Patent für Fused Deposition Modeling, was die Gründung von RepRap, einer Open-Source-Hardware-Community, ermöglichte. Aufbauend auf RepRap war MakerBot (gegründet 2009) das erste Unternehmen, das erschwingliche 3D-Drucker auf den Markt brachte. Da Drucker und Software billiger, schneller und zuverlässiger wurden, verzeichnete der 3D-Druck zwischen 2007 und 2011 eine durchschnittliche jährliche Wachstumsrate von 346 % (Rayna und Striukova 2016). Im Jahr 2011 überstiegen die Verkaufszahlen von Geräten für Endverbraucher erstmals die von professionellen Geräten (Weber 2013). Die Technologie befindet sich trotzdem noch in einem sehr frühen Stadium, die absolute Anzahl verkaufter 3D-Drucker für die Heimanwendung ist nach wie vor relativ gering (35.508 Einheiten im Jahr 2012), und die weitere Steigerung wird aufgrund der Preise und der noch geringen Reife der Technologie langsam und begrenzt sein (Rayna und Striukova 2016).

Trotz der technologischen Verbesserungen, des zunehmenden Interesses und der wachsenden Anwendung befindet sich die AF für die Herstellung von Endprodukten immer noch in einer Frühphase, vor einem weiten Weg hin zur Serienproduktionstechnologie (Fornea und van Laere 2015). Endprodukte müssen alle Anforderungen konventionell hergestellter Produkte und Verfahren in Bezug auf Qualität, Haltbarkeit, Reproduzierbarkeit und Beständigkeit erfüllen (Gao 2015). Mit der fortschreitenden Anwendung insbesondere in leistungs- und sicherheitskritischen Branchen wie Medizin oder Luft- und Raumfahrt ist die Bedeutung von Normen und Standards zur Unterstützung der Akzeptanz und Verbreitung der AF gestiegen (Campbell et al. 2012).

Aktivitäten in der Normung und ihre Treiber

Obwohl die Notwendigkeit von Normen bereits Mitte der 1990er Jahre zum Ausdruck kam, dauerte es viele Jahre, bis deren Entwicklung begann. Der Verein Deutscher Ingenieure (VDI) veröffentlichte als erster technische Richtlinien für die AF. Der 2003 gegründete VDI-Fachausschuss „Rapid Prototyping" (später umbenannt in „FA 105 Additive Fertigung") erarbeitete Richtlinien für Terminologie und AF-Prozesse (VDI 3404 und VDI 3405), deren Inhalt sich zu großen Teilen heute in den internationalen Normen ISO/ASTM 52792 und ISO 17296-2,3,4 wiederfindet. Bis heute gewährleistet der VDI über das DIN durch seine Arbeit eine aktive Vertretung deutscher Interessen in der internationalen Normung (Richter und Wischmann 2016; VDI 2016). Auch in den USA wurden die Aktivitäten von einem Branchenverband ausgelöst: Die Society for Manufacturing Engineers (SME) erkannte den dringenden Bedarf an Normen und Standards in der AF und begann eine Kooperation mit der amerikanischen Normungsorganisation ASTM International, die den Ausschuss F42 für Additive Manufacturing Technologies gründete, das erste offizielle technische Komitee in einem formalen Normungsinstitut. Durch die Zusammenarbeit beider Organisationen wurde die Beteiligung der AF-Gemeinschaft der SME am Normungsprozess erleichtert, was dazu beitrug, eine breite globale Mitgliedschaft in den Ausschuss einzubringen (SME 2009). Derzeit arbeiten mehr als 550 Mitglieder aus 25 Ländern in dem Komitee, das bislang 16 eigene Normen veröffentlicht hat, 17 weitere sind in der Entwicklung.

Viele Akteure und Ereignisse haben die Normung geprägt und beeinflusst, darunter Regierungsprogramme, Forschungs- und Entwicklungsinitiativen, technologische, marktbezogene und gesellschaftliche Entwicklungen. Nachdem Regierungen weltweit die Bedeutung der AF für ihre Wirtschaft und deren Wettbewerbsposition erkannt haben, haben sie Forschungsprojekte implementiert und finanziert, um die Technologie zu fördern und ihre heimische Industrie zu unterstützen (acatech 2016). Die Obama-Administration bspw. startete in den USA eine öffentlich-private Partnerschaft namens „America Makes", die sich zu einem führenden Akteur in der AF-Forschung entwickelte. Diese Initiative adressierte die Notwendigkeit von Normen und eines koordinierten und strategischen Ansatzes in der Normung – zusammen mit dem Anspruch auf die Führungsrolle und Koordination durch die USA. In Zusammenarbeit mit dem American National Standards Institute (ANSI) wurde 2016 die Additive Manufacturing Standardization Collaborative (AMSC) gegründet um die Entwicklung von Normen und Standards zu beschleunigen. Das AMSC hat eine Normungs-Roadmap für AF veröffentlicht, die dabei helfen soll, Prioritäten zu setzen und Ressourcen zu bündeln (AMSC 2017). Eine Normungsroadmap für AF wurde 2015 ebenfalls vom Europäischen Forschungsprojekt „Support Action for Standardization in Additive Manufacturing (SASAM)" entwickelt, das von der Europäischen Kommission im Rahmenprogramm 7 (2007–2013) finanziert wurde. Auf der Grundlage von Meinungen, die hauptsächlich von europäischen Stakeholdern gesammelt wurden, wurden in der Roadmap bestehende Normen, Lücken und Herausforderungen ermittelt sowie Timing und Themen für die AF-Normung herausgearbeitet. SASAM betonte auch die Notwendigkeit, eine globale Reihe von Normen zu haben und dass ISO, ASTM und das neu eingerichtete europäische Komitee CEN/TC 438 sich bei der Normung abstimmen und unterstützen (SASAM 2015). Das CEN/TC 438 verfolgt keine eigene Normungsarbeit über die von ASTM und ISO hinaus, sondern sieht seine Aufgabe darin, ISO-Normen in Europa nach dem Wiener Abkommen zu übernehmen und die Verbindung zwischen europäischen Forschungsprogrammen und Normung zu stärken (CEN 2015; VDE 2016). Durch die Finanzierung von AF-Projekten versuchen sowohl die EU als auch Länder wie Deutschland (als ein wichtiger Akteur in dieser Branche) eine Technologie zu unterstützen, die die Produktion aus Niedriglohnregionen zurück nach Europa verlagern soll, um Innovationen anzuregen und nachhaltiges Wachstum zu schaffen (Fornea und van Laere 2015).

Tatsächlich begannen die Normungsorganisationen, einen koordinierten, internationalen und strategischen Ansatz zu verfolgen: ASTM und ISO (die gerade ein Komitee für AF eingerichtet hatte) schlossen 2011 eine Kooperationsvereinbarung (PSDO) über die Normungsaktivitäten beider Komitees ab (Scott 2012). Sie implementierten sukzessive Instrumente, wie einen gemeinsamen Plan für die Entwicklung von AF-Normen (2013) und eine AF-Normenstruktur (2016), die helfen sollen, Lücken zu identifizieren, modularisierte Normen zu entwickeln, die Benutzerfreundlichkeit und Akzeptanz der Normen zu verbessern und die Arbeit der Experten und Organisationen zu steuern, um so gemeinsam Roadmaps zu entwickeln, effizient eine Normenreihe zu erarbeiten und Doppelarbeit zu vermeiden (ISO/ASTM 2013; ASTM 2016).

Regierungen beeinflussen die Normung nicht nur durch Finanzierung und Unterstützung von Forschungs- und Entwicklungsprogrammen, sondern auch durch ihre regulatorischen Anforderungen, die von Herstellern erfüllt werden müssen. Der Druck, Konformität zu erreichen, fördert die Notwendigkeit entsprechender, AF-spezifischer Normen. Darüber hinaus ist der Staat auch ein Nutzer der Technologie, bspw. insbesondere in der Verteidigung und in der Luft- und Raumfahrt, wodurch ein eigenes Interesse an der Verfügbarkeit von Normen besteht.

Durch immer mehr Forschungsaktivitäten und -investitionen von Regierungen und Unternehmen, wächst die Zahl der Patente seit der Jahrtausendwende rasant. Vor allem die Pionierunternehmen und heutigen Marktführer wie Stratasys oder 3D Systems sind die Haupt-Patentinhaber und treiben Innovationen voran, die zu neuen und verbesserten Verfahren und Anwendungen führten (Liu und Lin 2014).

Verbesserte Technologien und sinkende Kosten haben die Akzeptanz vorangetrieben – aber auch die Notwendigkeit von Normen und Standards aufgezeigt, die erforderlich sind, um die Technologie vertrauensvoll anzuwenden und die Qualität und Zuverlässigkeit von Prozessen und hergestellten Teilen sicherzustellen. Die fortschreitende Digitalisierung der Produktion (Industrie 4.0) treibt die Anerkennung von AF-Technologien weiter voran, erfordert jedoch standardisierte Schnittstellen für die Datenübertragung und -integration. Nur so kann eine effiziente Einbindung in intelligente Wertschöpfungsnetzwerke für eine flexible Produktion und die Erbringung da-

Tab. 3.1: Ausgewählte Meilensteine in der Normung für die Additive Fertigung (Quelle: Eigene Darstellung).

Jahr	Ereignis
2003	Gründung des VDI TC Rapid Prototyping (heute FA 105 Additive Manufacturing)
2009	SME und ASTM beginnen ihre Kooperation im Bereich Normung
2009	Gründung des ASTM F42 Additive Manufacturing Technologies
2010	DIN Arbeitsausschuss NA 145-04-01 AA „Grundlagen und Prüfverfahren" im Fachbereich „Additive Fertigung" gegründet
2011	Gründung des ISO TC 261 Additive Manufacturing
2011	Kooperationsvereinbarung zwischen ASTM und ISO
2012	Start des Europäischen SASAM Projekts
2013	ASTM und ISO intensivieren ihre Zusammenarbeit mit dem Joint Plan for AM Standards Development
2015	Gründung des CEN TC 438 Additive Manufacturing
2015	Veröffentlichung der SASAM Standardization Roadmap
2015	Gründung des 3MF consortium (3MF Dateiformat)
2016	Gründung der America Makes & ANSI Additive Manufacturing Standardization Collaborative (AMSC)
2016	Veröffentlichung der AM Standards Structure von ASTM und ISO
2017	Veröffentlichung der Normungsroadmap von AMSC für die Additive Fertigung

tenbasierter Smart Services gelingen (Thomas et al. 2015). Die Anwendung durch den Endverbraucher, bei der andere Geräte und Technologien im Vergleich zur Industrie zum Einsatz kommen, erfordert ihrerseits dedizierte Normen für diesen Bereich, insbesondere bspw. in Bezug auf Sicherheitsstandards. Gefahren, die mit den verwendeten Materialien, Geräten und Prozessen verbunden sind, müssen in allen Bereichen berücksichtigt werden, wobei neue Sicherheits- und Prüfnormen erforderlich sind, die die spezifischen Merkmale von AF aufgreifen.

Tabelle 3.1 fasst wesentliche Ereignisse und Aktivitäten in der Normung für die AF durch die wichtigsten Interessengruppen und Normungsorganisationen zusammen. Der folgende Abschnitt gibt einen Überblick über die entwickelten Normen und Standards und die dahinterstehenden Treiber.

Quantitative Analyse

Bei einer umfangreichen Suche durch Websites, Datenbanken und Publikationen wurden insgesamt 56 spezielle AF-Normen und Richtlinien identifiziert, die weltweit von Normungsorganisationen veröffentlicht wurden (Stand Juni 2018). Diese Zahl enthält Revisionen und Normen, die später zurückgezogen wurden. Die Organisatio-

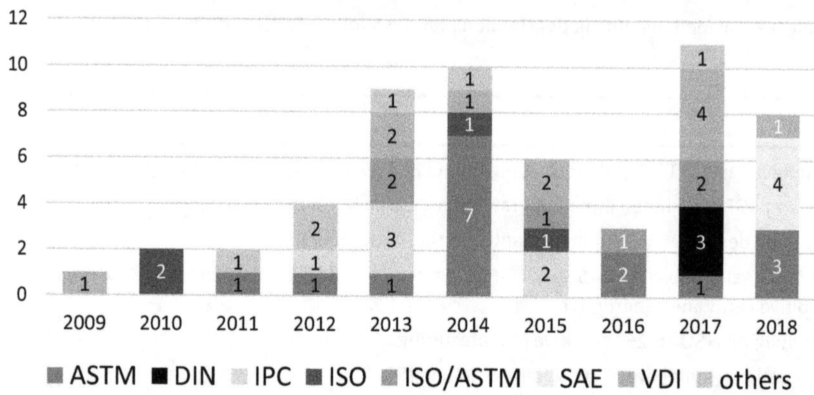

Abb. 3.1: Veröffentlichung von AF-Normen nach Jahr und Organisation (Quelle: Eigene Darstellung).

nen umfassen die zuvor diskutierten SDOs (ASTM, ISO, VDI) sowie IPC, AWS, IEEE, SAE, ASME, DIN, AFNOR und AENOR. Die identifizierten Standards wurden in Bezug auf die veröffentlichende Organisation, das Veröffentlichungsjahr, das betreffende zu verwendende Material und den Normentyp unterteilt. Letzterer basiert auf den Kategorien des ASTM F42-Ausschusses (Materialien und Verfahren, Testmethoden, Design und Terminologie).

Abbildung 3.1 zeigt die Entwicklung der Normen im Zeitverlauf. Es zeigt sich, dass die Normung im Jahr 2009 mit der ersten vom VDI veröffentlichten Richtlinie begonnen hat. 2013 und 2014 wurde ein Höhepunkt in der Veröffentlichung von Normen erreicht nachdem die neu gegründeten ASTM- und ISO-Komitees erste Projekte abgeschlossen hatten. Zu dieser Zeit gab es auch einen Höhepunkt in der Anzahl der erteilten Patente und veröffentlichten Patentanmeldungen (Liu und Lin 2014), nachdem Schlüsselpatente abgelaufen waren und das kommerzielle und öffentliche Interesse an der Technologie zusehends zugenommen hatte. Der anhaltende Trend verstärkter Forschungsaktivitäten und zunehmender Verbreitung in der Industrie nährte auch die Nachfrage nach Normen und Standards.

Die Entwicklung der Normen für die AF folgt dabei dem wissenschaftstheoretischen Modell von Blind und Gauch (2009), das den Ablauf der Normenentwicklung im Forschungs- und Entwicklungsprozess beschreibt: Abbildung 3.2 illustriert, dass die ersten veröffentlichten Normen entsprechend Terminologienormen waren (VDI 3404:2009 und ASTM F2797:2012, überarbeitet und übernommen als ISO/ASTM 52900:2015). Für neu entstehende Technologien sind diese Art Normen besonders wichtig, da sie ein gemeinsames Verständnis grundlegender Komponenten und Elemente sowie effiziente Kommunikation und Wissenstransfer in Forschung und Normung ermöglichen. Die Terminologie muss in frühen Phasen des Innovationszyklus geklärt werden, um unterschiedliche Auffassungen bzgl. einer Technologie zu vermeiden (Blind und Gauch 2009). In der AF trugen diese Normen nicht nur zum Wissenstransfer in Forschung und Entwicklung bei, sondern auch zu einer besseren

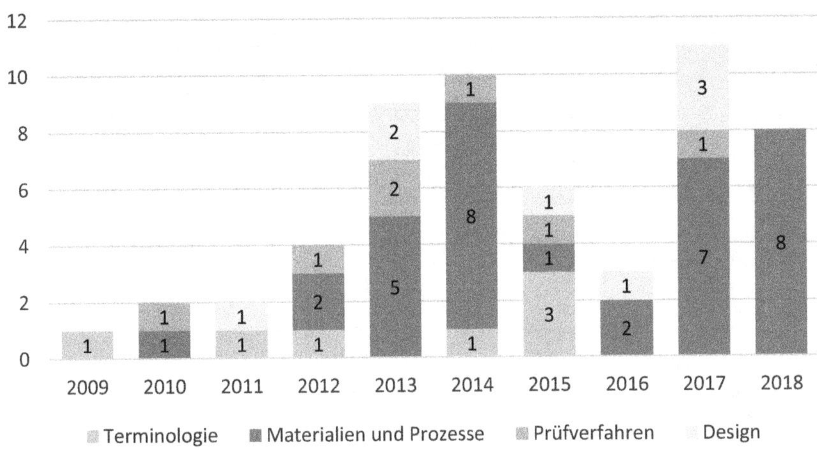

Abb. 3.2: Typen veröffentlichter AF-Normen und Richtlinien (Quelle: Eigene Darstellung).

Orientierung für die Verbraucher in Bezug auf die verschiedenen Technologien und Anwendungen der AF, und bauten schließlich eine Brücke zwischen Forschung und Entwicklung und den Märkten. Abbildung 3.2 zeigt auch einen bald beginnenden Fokus auf Material- und Prozessnormen, die ein Schlüssel zu größerer Zuverlässigkeit, Genauigkeit und Reproduzierbarkeit sind. Diese wurden mit zunehmender industrieller Anwendung bspw. in der Luftfahrt- oder Automobilindustrie immer wichtiger.

Nicht nur mit der Integration in eine fortschreitende Digitalisierung der Produktion im Kontext von Industrie 4.0, sondern auch mit Fortschritten in der AF-Technologie selbst (bspw. mit der Möglichkeit des Mehrfarben- oder Multi-Material-Drucks), nahm die Bedeutung von Interoperabilitäts- und Kompatibilitätsstandards zu. Im Allgemeinen sind sie für den Übergang einer neuen Technologie in den Massenmarkt von besonderer Bedeutung, da sie die Interoperabilität und das reibungslosen Zusammenwirken zwischen Produkten oder ganzen Systemen gewährleisten (Blind und Gauch 2009). Für die Kommunikation und Übertragung von Daten im AF-Prozess sind geeignete, umfängliche Dateiformate unerlässlich (Allen und Sriram 2000). Im Hinblick auf die Mängel des lange verwendeten De-facto-Standardformats STL bezüglich immer höherer Leistungsanforderungen (Gebhardt und Hötter 2016) wurde 2011 eine neue ASTM-Norm eingeführt (ASTM 2915, später übernommen als ISO/ASTM 52915:2013). Das darin beschriebene Dateiformat AMF wurde trotz seiner Vorteile in Bezug auf die Leistungsfähigkeit von der Branche – die von vielfältigen proprietären Lösungen geprägt ist – lange zurückhaltend und abwartend behandelt (Gebhardt und Hötter 2016). Die Schwierigkeit, einen neutralen, effizienten und leistungsfähigen Standard zu finden, ist sowohl aus technologischer als auch aus Marktsicht hoch. Viele der Informationen und Daten liegen derzeit in herstellerspezifischen Formaten vor, die den vollen und offenen Wettbewerb und folglich Innovation und Entwicklung behindern (AMSC 2017). Insofern stellt AMF einen herstellerunabhängigen Standard dar, der mittlerwei-

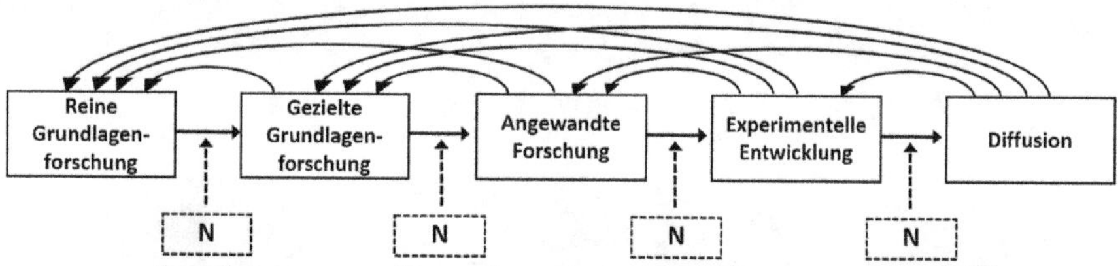

	Semantische Normen Terminologienormen	**Mess- und Prüfnormen**	**Schnittstellen-normen**	**Kompatibilitätsnormen Qualitätsnormen Vielfalt begrenzende Normen**
allgemeine Funktion	für ein gemeinsames Verständnis und Wissenstransfer	helfen zu zeigen, dass Produkte den Erwartungen entsprechen; Vertrauensaufbau	Gewährleistung der Interoperabilität zwischen Produkten und ganzen Systemen	erforderlich für den Übergang in den Massenmarkt; Vertrauensaufbau
Relevanz in der AF	besonders wichtig in AF aufgrund der Vielfalt der technologischen Ansätze und Anwendungen; bessere Orientierung für Kunden	benötigt besonders für kritische Komponenten, die mit AF hergestellt werden, und für Eingangs-materialien, die qualifiziert werden müssen	technologische Fortschritte in der AF und die Integration im Rahmen von Industrie 4.0 verlangen nach effektiven und fähigen Dateiformaten	AF Material- und Prozessstandards nötig, um zuverlässige, genaue und reproduzierbare Prozesse und Ergebnisse zu garantieren und Sicherheitsanforderungen zu erfüllen
erste AF-Normen	2009	2010	2011	2012

Abb. 3.3: AF-Normen entsprechend des Modells von Blind und Gauch (2009)

le trotz des zögerlichen Starts Akzeptanz bei Herstellern und Serviceanbietern gefunden und sich verbreitet hat (Bella 2015). Ein neuer Standard eines von Microsoft geführten Konsortiums (3MF) könnte aufgrund der Marktbeherrschung des Konsortiums weite Verbreitung finden (VDE 2016). Das Konsortium wirbt mit technischen Vorteilen gegenüber dem AMF-Format und damit, die gleiche reibungslose Druckerfahrung wie im 2D-Druck zu ermöglichen, unabhängig von der verwendeten Hard- und Software (Zaleski 2016). Generell haben Standardisierungskonsortien in den letzten Jahren einen Anstieg erlebt, insbesondere im IKT-Bereich (Blind und Gauch 2009; Jakobs 2014), und es bleibt abzuwarten, ob und wie sich dieser Standard verbreiten wird. Im Juni 2016 vereinbarten ASTM und das 3MF-Konsortium eine Zusammenarbeit zu Dateiformaten mit dem Ziel, Informationen auszutauschen und Normen gemeinsam zu entwickeln (3MF 2016).

Nach dem Modell von Blind und Gauch werden Sicherheits-, Zuverlässigkeits- und Prüfstandards mit der Weiterentwicklung einer Technologie und deren zunehmender Verbreitung immer wichtiger. Dies zeigt sich auch in der AF, wo viele der laufenden Normungsprojekte sich mit Prüfmethoden, Qualitätskontrolle und Sicherheit beschäftigen. Diese Themen werden immer wichtiger für Hersteller, die sich mit dem Produktionsprozess und den Materialien verbundenen Gefahren auseinandersetzen müssen. Diese Risiken umfassen z. B. Toxizität von Emissionen in die Luft, Brand-, elektrische oder mechanische Gefahren (Kotrba 2015). Die Qualitätssicherung gilt als eines der wichtigsten Hindernisse für eine breitere Anwendung der AF, besonders bei Metallanwendungen. Die Erfüllung regulatorischer Anforderungen stellt die Hersteller vor

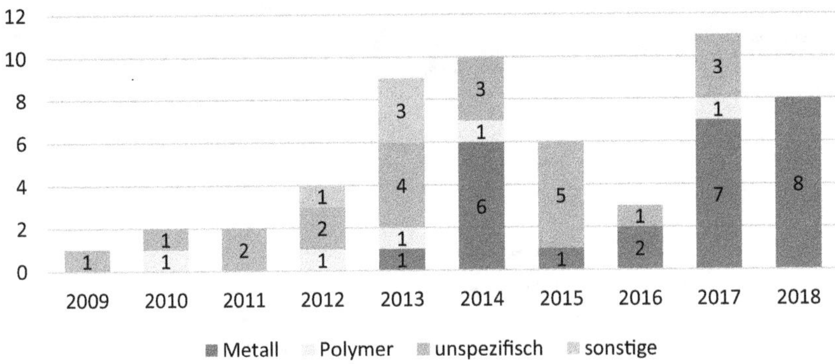

Abb. 3.4: Veröffentlichte AF-Normen nach Materialkategorie (inkl. Revisionen) (Quelle: Eigene Darstellung).

große Herausforderungen: Insbesondere in Branchen wie der Medizin, der Luft- und Raumfahrt oder der Verteidigung, in denen kritische Komponenten hergestellt werden, müssen Ausfälle vermieden und der Produktionsprozess und die Einsatzstoffe qualifiziert werden. Dies erfordert zuverlässige Qualitäts- und Prüfstandards. Die schiere Anzahl der Parameter, die das Ergebnis beeinflussen, erschwert es dem Nutzer, die richtigen Konfigurationen zu finden. Standards können dabei helfen, die gewünschte Qualität zu erreichen, bspw. in Bezug auf die erforderliche Dichte von Teilen oder Oberflächeneigenschaften. Zertifizierte Materialien helfen Nutzern, die richtigen Kaufentscheidungen für ihre Zwecke zu treffen (Hansen 2015). Die empirischen Daten zeigen hier zunehmende Normungsaktivitäten in diesem Bereich mit laufenden Projekten zu neuen Prüfmethoden (insbesondere zerstörungsfreie), Qualitätskontrolle, aber auch immer mehr Normen für Materialien und Prozesse.

Abbildung 3.3 zeigt die Abfolge, in der unterschiedliche Normentypen für die AF über die Zeit entwickelt wurden, dargestellt am Modell von Blind und Gauch. Die Fallstudie verdeutlicht, dass dieses theoretische Modell somit nicht nur für die von den Autoren beispielhaft genutzte Nanotechnologie Gültigkeit besitzt, sondern auch für die AF und potentiell auch weitere neue Technologien.

Die Entwicklung von AF-Normen zeigt auch, dass viele von ihnen im Laufe der Zeit überarbeitet oder zurückgezogen wurden. Egyedi und Sherif (2010) unterscheiden interne und externe Ursachen für solche Veränderungen. Externe Faktoren begleiten und beeinflussen eine Technologie in ihrer Entwicklung und führen wie im Beispiel der AF dazu, dass Terminologie-Normen aufgrund des technologischen Fortschritts bzgl. Prozessen und Anwendungen mehrfach überarbeitet wurden. Auch die Dateiformat-Standards müssen und werden aufgrund von Änderungen in der Technologie und neuen Leistungsanforderungen geändert werden. Wenn die Technologie reift, werden die Normen und Standards stabiler.

Abbildung 3.4 zeigt, dass die Mehrzahl der bisher veröffentlichten Normen und Standards auf die AF allgemein anwendbar sind, ohne dass ein besonderer Fokus auf

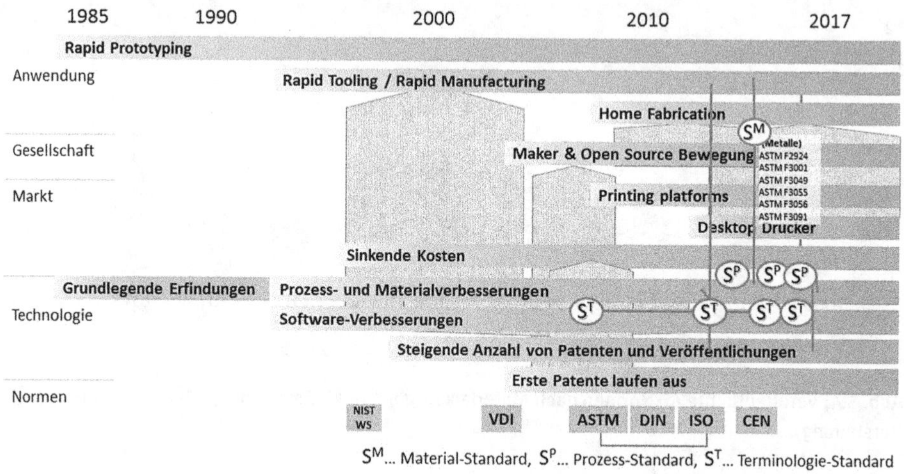

Abb. 3.5: Illustration der Entwicklung der Additiven Fertigung (Quelle: Eigene Darstellung).

ein verwendetes Material gelegt wird. Es zeigt sich jedoch auch, dass große Anstrengungen in Bezug auf Normen und Standards für metallbasierte Prozesse und Materialien unternommen werden, die in industriellen Kontexten Anwendung finden (insbesondere in der Luft- und Raumfahrt, Automobil- und Verteidigungsindustrie – frühe Anwender der neuen Technologie, die aufgrund hoher Marktanforderungen und der Einhaltung von Vorschriften auf Normen und Standards angewiesen sind).

Viele weitere Normen und Standards werden derzeit entwickelt: 66 laufende Projekte (Stand Juni 2018) wurden identifiziert, die meisten davon in ASTM, ISO oder VDI. Mit dem Aufkommen von Desktop-3D-Druckern für Endnutzer ist der Bedarf an Normen und Standards für diesen Bereich gestiegen. IEEE entwickelt derzeit einen dedizierten Standard für Consumer-3D-Druck (IEEE P3030). Es zeigt sich auch, dass immer mehr Standards für spezifische Anwendungen entwickelt werden, wie bspw. der medizinische 3D-Druck oder gedruckte Elektronik, aber auch eine wachsende Anzahl von Standards für Qualität und Sicherheit. Abbildung 3.5 veranschaulicht das Innovationssystem der AF, basierend auf dem Rahmenmodell von Featherston et al. (2016). Wichtige Entwicklungen und Aktivitäten von Innovation und Standardisierung werden zusammen mit ihren Wechselbeziehungen visualisiert, um ihre komplexe Dynamik abzubilden. Obwohl für eine bessere Lesbarkeit nur auf Terminologie-, Kompatibilitäts-, Prozess- und Materialnormen beschränkt, zeigt die Abbildung dennoch, wie Normen und Standards Innovationsaktivitäten und die Verbreitung der Technologie entlang ihrer allgemeinen Entwicklung unterstützen, indem Wissenstransfer und Kommunikation erleichtert werden.

3.5 Schlussfolgerung und Handlungsempfehlungen

Unter Berücksichtigung theoretischer Modelle für Normung und Innovation wurden das gesamte Innovationsökosystem der AF und die Verbindungen zur Normung systematisch beschrieben und analysiert. Die Analyse der Normungsaktivitäten umfasste die zu normenden Technologieelemente, die Gründe für den Normenbedarf, den zeitlichen Ablauf und die Reihenfolge sowie die beteiligten Akteure. Dies ist insbesondere angesichts der Komplexität der Technologie mit diversen Prozessen und Anwendungen in verschiedenen Reifegraden nicht trivial. Daraus können einige Lehren für die Normung und Standardisierung in neuen Technologien gezogen werden.

Akteure und Ereignisse aus Politik, Markt, Gesellschaft, Forschung und Technologie haben die Entwicklung der AF und seiner Einführung geprägt – auch in Bezug auf die Normungsaktivitäten und -ergebnisse. Mit technologischen Fortschritten, neuen Anwendungen und einer Sensibilisierung für das Potential der AF wuchs die Nutzerbasis ebenso wie der Bedarf an Normen und Standards zur Gewährleistung von Zuverlässigkeit, Reproduzierbarkeit, Sicherheit und Konformität mit regulatorischen Anforderungen. Nachdem lange Zeit kaum Normen existierten, wird zwischenzeitlich weltweit ein koordinierter strategischer Ansatz verschiedener Normungsorganisationen verfolgt, um eine effiziente Normung durch kooperative Vereinbarungen, Roadmaps und gemeinsame Aktionspläne zu ermöglichen. Die Fallstudie zeigt einmal mehr, dass Normen für die Verbreitung neuer Technologien eine wichtige Rolle spielen, und wie verschiedene Arten von Normen in den Phasen der Innovation unterschiedliche Funktionen haben (Blind und Gauch 2009).

Die Entwicklung verschiedener Arten von Normen und Standards im Laufe der Zeit folgt dabei dem wissenschaftstheoretischen Modell von Blind and Gauch (2009), wobei Terminologienormen, die eine bessere Kommunikation und Anleitung entlang der verschiedenen technischen Ansätze und Anwendungen ermöglichen, als erste veröffentlicht wurden. Sie schaffen Ordnung und Orientierung in dem heterogenen Technologie- und Anwendungsfeld der AF. Eine frühere Verfügbarkeit dieser Art von Normen hätte somit nicht nur weitere Standardisierungsaktivitäten angestoßen, sondern letztlich auch eine schnellere Verbreitung unterstützt. Mit der Verbreitung in industriellen Kontexten aufgrund von technologischen Fortschritten wurde dann zunehmend ein Fokus auf Normen und Standards für Prozesse und Materialien gelegt, die erforderlich sind um Reproduzierbarkeit und Zuverlässigkeit zu gewährleisten. Dies ist besonders wichtig für industrielle Metallanwendungen, bei denen Fehler im Druckprozess besonders teuer sind. Laufende Standardisierungsprojekte spiegeln den Bedarf an Prüf- und Qualitätsnormen wider, die für die weite Verbreitung einer neuen Technologie typisch und nötig sind. Darüber hinaus werden neue Anwendungsbereiche mit unterschiedlichen Anforderungen wie Medizin oder Luft- und Raumfahrt zunehmend mit gezielten Normungsprojekten adressiert. Begleitet von Anstrengungen, die Normung international abzustimmen und kooperativ zu verfolgen, werden strategische Hilfsmittel wie Gap-Analysen, Roadmaps und Normen-Strukturen implementiert und schrittweise mehr und mehr Normen entwickelt. Das Modell von Blind und Gauch wurde auf der Grundlage von Daten aus der Nanotechnologie entwickelt, ist jedoch auch für die AF anwendbar, als eine weitere aufkommende Technologie wie diese Fallstudie zeigt. Aus den Erfahrungen in der AF, aber auch aus den Fällen der Nanotechnologie oder der Photovoltaik (Blind und Gauch 2009; Ho und O'Sullivan 2013), zeigt sich deutlich, dass eine systematische, umfassende Normungs- und Standardisierungsstrategie von Beginn an, die Verbreitung neuer Technologien wesentlich unterstützt. Die Entwicklung von Normen und Standards kann jedoch nicht von der allgemeinen Entwicklung des Innovationssystems getrennt betrachtet werden, sondern weist Wechselwirkungen und Abhängigkeiten zu anderen Aktivitäten verschiedener Interessengruppen auf. Dies erfordert eine intensive und zielgerichtete Zusammenarbeit der Akteure und die Abstimmung mit allen relevanten Dimensionen des Innovationssystems der entstehenden Technologie. Mit diesen Erkenntnissen über den Standardisierungsbedarf entlang der Innovationsphasen einer aufkommenden Technologie kann ein effektiveres und systematischeres strategisches Roadmapping unterstützt werden, das die vielfältigen Interessengruppen und die komplexe Dynamik des Technologie-Innovationssystems berücksichtigt und die richtigen Maßnahmen und Praktiken ableitet (Ho und O'Sullivan 2016). Dies kann zu einem kohärenteren und koordinierteren Ansatz führen, nicht nur in Bezug auf die Normung, sondern auch auf die Gesamtentwicklung der entstehenden Technologie (AMSC 2017).

Thomas Schulz

4 Referenzarchitektur und Industrie-4.0-Komponente

4.1 Vorwort

Unsere Welt befindet sich in einem digitalen Umbruch, der alle Bereiche der Industrie durchdringen und verändern wird. Dabei steht der Begriff Industrie 4.0 für die vierte industrielle Revolution – einer neuen Etappe der gesteuerten Organisation vollständiger Wertschöpfungsketten, verteilt über den gesamten Lebenszyklus eines Produkts. Eine der Grundvorrausetzungen für den Erfolg der digitalen Transformation ist die Interaktion technischer Gegenstände untereinander sowie der Anwendungsintegration von cloudbasierten Plattformen. Die digitale Transformation erfordert eine konsequente Vernetzung mit den Möglichkeiten der virtuellen Repräsentation der realen Welt.

Voraussetzung für das erfolgreiche Zusammenarbeiten technischer Gegenstände ist die Interoperabilität der interagierenden Komponenten. Dafür sind Normen und Standards notwendig, die sowohl ein gemeinsames Verständnis der auszutauschenden Daten als auch die Regeln der Interaktion vereinbaren. Für die global agierende und exportorientierte deutsche Industrie ist die Festlegung von technischen Anforderungen in den global gültigen Normungssystemen von besonderer Bedeutung. International harmonisierte Normen fördern den grenzüberschreitenden Handel und tragen dazu bei, dass die deutsche Industrie von der Globalisierung profitiert. Ziel für die Industrie ist es, Schritt für Schritt alle für die einheitliche technische Funktion und Anwendbarkeit wesentlichen Festlegungen in internationalen Normen zu verankern. Die relevanten Ziel-Normungsorganisationen sind hier insbesondere die International Organization for Standardization (ISO) und die International Electrotechnical Commission (IEC).

4.2 Referenzarchitekturmodell Industrie 4.0 (RAMI 4.0)

Kundenspezifisch angebotene internetbasierte intelligente Dienstleistungen werden für Unternehmen immer wichtiger. Diese smarten Dienste (Smart Services) erfordern digitale Infrastrukturen und darauf aufbauende Dienstleistungen, die kombiniert zu neuen Wertschöpfungsketten angeordnet werden können. Für die Realisierung der digitalen Transformation in Form von intelligenten Produkten, ergebnisorientierten Dienstleistungen und wandlungsfähiger Produktion muss eine Referenzarchitektur für Industrie 4.0 berücksichtigt werden (itsOWL 2015). Referenzarchitekturen existie-

https://doi.org/10.1515/9783110629057-004

ren bereits in verschieden IT-Branchen. Das Von-Neumann-Modell ist zum Beispiel ist eine Referenzarchitektur für Computer (Neumann 1947) und das ISO/OSI Modell für Netzwerkprotokolle (ISO/IEC 1994). Gemeinsam haben alle Referenzmodelle, dass sie allgemeingültige aber individuell ausprägbare Komponenten auf Basis einheitlicher Standards definieren.

Das Referenzarchitekturmodell Industrie 4.0 (RAMI4.0) und die Industrie-4.0-Komponente bilden die Kernbausteine von Industrie 4.0. RAMI4.0 und Industrie-4.0-Komponente bilden zusammen die Grundlage zur Entwicklung vernetzter Produkte und auf Smart Services basierende neue Geschäftsmodellen (VDMA, ZVEI, Bitkom 2015). Die Grundidee des funktionalen Aufbaus vom Referenzarchitekturmodell Industrie 4.0 (RAMI4.0) basiert auf dem Smart Grid Architecture Model (SGAM) welches der Visualisierung und Validierung beim Aufbau von Smart-Grid-Projekten dient (CEN, CENELEC, ETSI 2012). Im breiten Umfeld industrieller Anwendungen existieren bereits unterschiedliche heterogene Softwarewerkzeuge, partielle Modelle und autonom agierende Lösungsansätze. Zur vollständigen horizontalen und vertikalen Integration der Wertschöpfungsketten sowie zur Sicherung eines durchgängigen Datenflusses innerhalb der Prozessketten ist es notwendig, die gesamte Systemumgebung basierend auf weltweit anerkannten Normen und Standards allumfänglich zu beschreiben. Daraus ergibt sich als eine der zentralen Aufgaben dieses Zukunftsthemas, die Notwendigkeit zur Entwicklung eines Referenzarchitekturmodells für Industrie -4.0-Anwendungen, um unterschiedliche Lösungen zu vereinheitlichen und Silos zu vermeiden. Dazu wurde im September 2015 von Mitgliedern der Plattform Industrie 4.0 das Projekt DIN SPEC 91345 Referenzarchitekturmodell Industrie 4.0 (RAMI 4.0) initiiert und ins Leben gerufen. Bereits im April 2016 konnte der technische Bericht veröffentlicht werden (DIN SPEC 91345 2016). Um den Prozess der internationalen Anerkennung und Verbreitung zu beschleunigen, wurde das Konzept zwischenzeitlich als Publicly Available Specifications (PAS) auch von der IEC veröffentlicht (IEC 2017).

Das Referenzarchitekturmodell Industrie 4.0 sichert die Interoperabilität im Anwendungsfall durch eine schlüssige und vollständige Beschreibung des gesamten Lösungsraumes technischer Assets von ihrer Entwicklung, der Produktion über die Nutzung und Wartung bis hin zur Herausnahme aus dem Markt. Einer der grundlegenden Gedanken zur Referenzarchitektur von Industrie 4.0 ist das Zusammenführen unterschiedlichster Aspekte in einem gemeinsamen Modell. Wichtige Aspekte sind die horizontale Integration über Wertschöpfungsnetzwerke, die über den einzelnen Standort hinausgeht und erst die dynamische Bildung von Wertschöpfungsnetzwerken ermöglicht. Dieses beinhaltet auch die Einbeziehung von Produkten wie beispielsweise Halbzeuge und Werkstücke, aber auch Produktionsmittel. Ein durchgängiges Engineering mit konsistenter Datenhaltung der technischen und administrativen Informationen und ihrem zeitnahen Zugriff über die ganze Wertschöpfungskette hinweg wird dadurch erforderlich.

Das Referenzarchitekturmodell Industrie 4.0 dient der Orientierung zur systematischen Herangehensweise von Projekten und Anwendungsfällen und ist für die er-

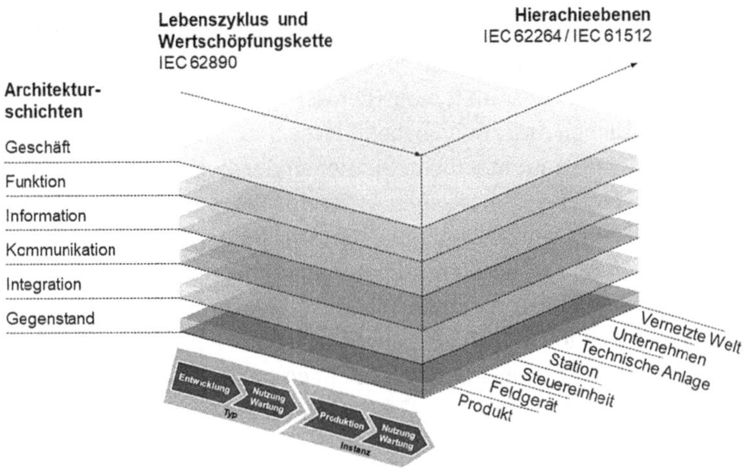

Abb. 4.1: Referenzarchitekturmodell Industrie 4.0 (RAMI4.0) (Quelle: DIN SPEC 91345 (2016)).

folgreiche Umsetzung von Industrie 4.0 in verschiedenen Unternehmen und unterschiedlichen Branchen notwendig. Sichtweisen aus den unterschiedlichen Anwendungsdomänen wurden integriert, auf das Wesentliche reduziert und in einem gemeinsamen Modell zu vereint. Eine Referenzarchitektur beschreibt die Struktur eines Systems mit seinen Elementtypen, deren Strukturen und Interaktionstypen untereinander und mit ihrer Umgebung. Grundlegende Konzepte oder Eigenschaften werden definiert und bilden zusammen mit seinen Komponenten und deren Zusammenspiel den Rahmen für die Entwicklung, Strukturierung und Einordung relevanter technischer Systeme.

Wie in Abbildung 4.1 dargestellt ist RAMI 4.0 ein dreidimensionales Referenzarchitekturmodell zur Darstellung des Industrie-4.0-Lösungsraumes. Darin können Anwendungsfälle sowie deren Normen und Standards in den drei Achsen Produktlebenszyklus, funktionale Hierarchie und Architekturhierarchie verortet werden. Entlang dieser festgelegten Achsen können so alle relevanten Informationen und Aspekte eines Industrie-4.0-Systems klar strukturiert, eindeutig festgelegt und transparent dargestellt werden.

Auf der rechten horizontalen Achse ist die Architekturhierarchie abgebildet. Sie dient der funktionalen Einordnung eines Anwendungsfalls in die formale Struktur technischer Assets. Im Einzelnen sind das die Produkte die Betriebsmittel, gegliedert in ihre unterschiedlichen Funktionalitäten innerhalb einer Fabrik, sowie die miteinander vernetzte Welt außerhalb der Fabrik.

Auf der linken horizontalen Achse ist die Zeitachse des Lebenszyklus abgebildet. Die Eigenschaften eines technischen Assets können also je nach Phase des Lebenszyklus unterschiedlich sein. Eine Instanz ist vergleichbar mit einer Kopie des deklarierten Typs für einen speziellen Anwendungsfall mit spezifischen funktionellen Anforderungen. Mit Beginn der Fertigung eines Produkts werden dem digitalen Typ bei der Instanzdeklaration funktionale Eigenschaften zugewiesen.

Auf der vertikalen Achse wird die funktionale Hierarchie eines technischen Assets abgebildet. Über der eigentlichen Asset-Schicht befindet sich zur Umsetzung einer virtuellen Repräsentation die Integrationsschicht. Sie sichert den Zugriff der Informationssysteme auf die Eigenschaften der physischen Assets. Die Kommunikationsschicht enthält Protokolle zur Übertragung von Daten und dient als Bindeglied zwischen der Integrationsschicht und Informationsschicht. Die Informationsschicht beinhaltet eine Beschreibung aller notwendigen funktionsbezogenen Daten und Dienste von technischen Assets sowie die Semantik als gemeinsame Sprache und ist damit Quelle und Ziel der zu übermittelnden Daten. Die Funktionsschicht enthält alle formal beschriebenen Funktionen und in der Geschäftsschicht ist der relevante Geschäftsprozess abgebildet.

Das Referenzarchitekturmodell Industrie 4.0 (RAMI 4.0) beschreibt die wesentlichen Elemente eines technischen Gegenstandes mittels eines dreidimensionalen Schichtenmodells. Der Nutzen eines Referenzarchitekturmodells besteht in der

- Einordnung der Assets des Produktionsszenarios
- Positionierung innerhalb der Referenzarchitektur
- Erkennung von Zusammenhängen Vereinfachung durch Aufteilung
- Einordnung von bestehenden Technologien
- Verortung relevanter Standards und Normen
- Kommunikation mit Partnern durch gemeinsame Terminologie

Die Funktionsweise des RAMI 4.0 kann vereinfacht anhand eines Baumarktes gut erklärt werden. Der Baumarkt hat sich auf Materialien für Heimwerker spezialisiert und sortiert seine verschiedenen Produktgruppen wie beispielsweise Werkzeuge und Nägel, Farben und Tapeten, Holz und Baustoffe in unterschiedlichen Gängen und Regalen. Je nach Anforderungsfall entnimmt der Kunde dann die für das individuelle Projekt benötigten Produkte aus den einzelnen Regalen in den Gängen und stellt sich so individuell seinen Warenkorb zusammen. Analog funktioniert die Zuordnung eines technischen Assets und der benötigten Standards zu den drei Achsen im Einzelnen, individuellen Industrie-4.0-Anwendungsfall. Je nach Verortung im dreidimensionalen Raum des RAMI 4.0 wird die Umgrenzung des Anwendungsfalles als Ausgangspunkt für darauf aufbauende Fachmodelle und Normen beschrieben (DIN/DKE 2018).

Industrie-4.0-Komponente

Ein weiteres wichtiges Element ist die generische Beschreibung des Modells der Industrie-4.0-Komponente. Die Industrie-4.0-Komponente stellt eine Spezialisierung eines cyber-physischen Systems dar und beschreibt wie aus einem realen technischen As-

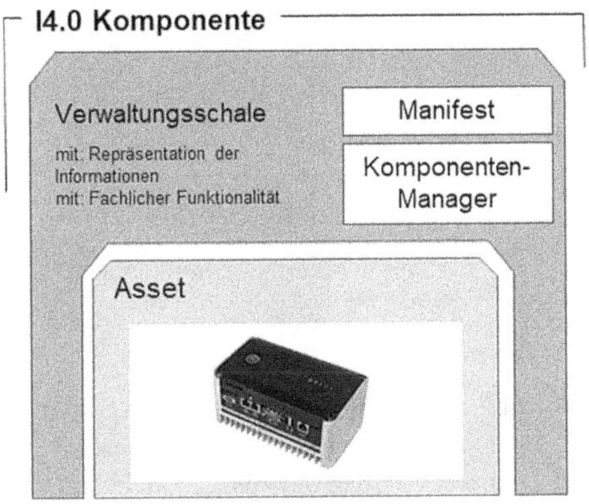

Abb. 4.2: Industrie-4.0-Komponente als notwendige Verbindung von Asset und Verwaltungsschale (Quelle: DIN SPEC 91345 (2016)).

set mittels einer virtuellen Verwaltungsschale eine weltweit eindeutig identifizierbare und kommunikationsfähige Industrie-4.0-Komponente wird.

Abbildung 4.2 verdeutlicht, dass die Verwaltungsschale eine virtuelle digitale und aktive Repräsentanz eines Assets in einem Industrie-4.0-System ist. Die Verwaltungsschale und ihre Objekte können innerhalb eines der Assets als eingebettetes System enthalten sein oder aber in ein oder mehrere übergeordnete IT-Systeme verteilt werden. Sie enthält das Manifest und den Komponenten-Manager. Das Manifest ist ein eindeutig aufzufindendes Inhaltsverzeichnis mit allen Informationen, Daten und Funktionen der Verwaltungsschale. Der Komponenten-Manager organisiert die Adressierung und Identifikation und sichert die Verbindung zu den IT-technischen Diensten der Industrie-4.0-Komponente.

Eine Industrie-4.0-Komponente umfasst aus logischer Sicht einen oder mehrere Gegenstände und eine Verwaltungsschale. Das Konzept sieht vor, dass eine Industrie-4.0-Komponente andere Komponenten logisch umfassen, als Einheit agieren und für ein übergeordnetes System logisch abstrahieren kann. Es ist dadurch möglich, dass einer Industrie-4.0-Komponente (z. B. einer ganzen Maschine) andere Industrie-4.0-Komponenten logisch zugeordnet werden (z. B. Bauteile wie Antriebe, Steuerungen oder Bediengeräte), sodass sich eine (temporäre) Schachtelung ergibt.

Der Zustand einer Industrie-4.0-Komponente ist von anderen Teilnehmern einer Industrie-4.0-konformen Kommunikation immer abrufbar. Die Verwaltungsschale ist das Interface zwischen der Industrie-4.0-Kommunikation und dem Asset und folgt einem definierten Zustandsmodell. Sie ist im Netzwerk eindeutig identifizierbar und ihre physischen Gegenstände werden mittels eindeutiger Identifizierungsmerkmale identifiziert.

Verwaltungsschale

Die Verwaltungsschale ist der Datenspeicher aller Informationen zum Asset, wie beispielsweise Konstruktionsdaten, Betriebsanleitungen oder Handbücher. Eine Vielzahl

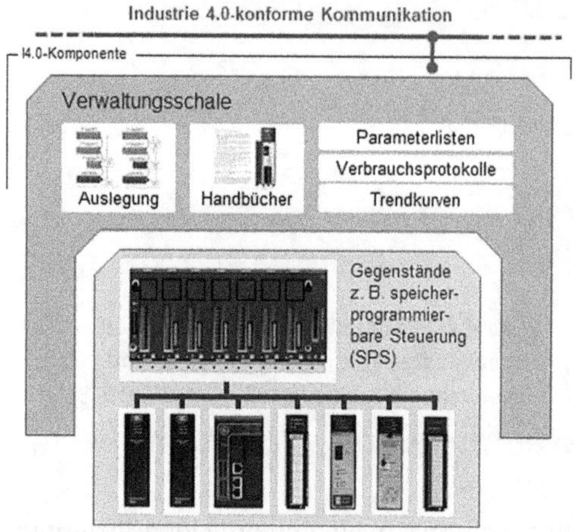

Abb. 4.3: Abbildung von mehreren Gegenständen, am Beispiel einer speicherprogrammierbaren Steuerung (SPS), in die Industrie-4.0-Verwaltungsschale (Quelle: DIN SPEC 91345 (2016)).

dieser Informationen wird von den Herstellern bereitgestellt. Diese können wiederum von Dienstleistern oder Betreibern von Maschinen, Anlagen und Fabriken um wichtige weitere Informationen, zum Beispiel solche zur Wartung oder Verschaltung mit anderen Hard- und Softwarekomponenten, ergänzt werden. Außerdem stellt die Verwaltungsschale zusätzliche Funktionen bereit. Diese umfassen beispielsweise Planung, Projektierung, Konfiguration, Bedienung, Wartung und komplexe Funktionen der Geschäftslogik. Eine Abbildung von mehreren Gegenständen am Beispiel einer speicherprogrammierbaren Steuerung (SPS) illustriert Abbildung 4.3. Die Verwaltungsschale fungiert als Datenbank über den gesamten Produktlebenszyklus eines Assets.

Die Verwaltungsschale enthält mindestens die Verwaltungsschalen-Verwaltung in Form des Komponenten-Managers und des Manifests und setzt sich aus Header und Body zusammen. Der Header trägt Informationen zur Identifikation und Bezeichnung des konkreten Assets im Industrie-4.0-System und enthält Informationen zur Verwaltung und Verwendung des Assets. Der Body enthält den Komponenten-Manager der die zueinander abgegrenzten Teilmodelle mit ihren Merkmalen und Funktionen aus verschiedenen Domänen verwaltet. Jedes Teilmodell enthält dabei strukturierte Merkmale, die wiederum auf in unterschiedlichen Datenformaten vorliegende Funktionen zugreifen. Die Basismerkmale enthalten ein unerlässliches Minimum an Merkmalen, die für Assets unerlässlich zur Verfügung stehen.

Teilmodelle

Ziel der Teilmodelle ist die Vernetzung von Komponenten, Baugruppen, Geräten, Maschinen und Anlagen unterschiedlicher Typen und Hersteller zur Sicherung der Interoperabilität in der Wertschöpfungskette. Die Teilmodelle beinhalten dabei die mit Hilfe der Verwaltungsschale definierte semantische Beschreibung der auf der vertikalen Achse des RAMI 4.0 verorteten technischen Assets. Die Aufgabe der Teilmodelle ist

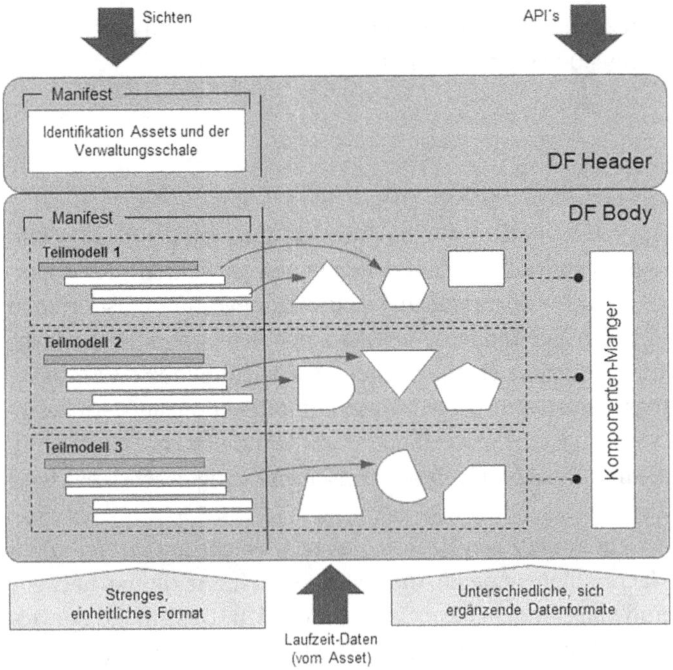

Abb. 4.4: Schematische Darstellung der Industrie-4.0-Verwaltungsschale mit den Teilmodellen (Quelle: DIN SPEC 91345 (2016)).

dabei die Beschreibung der zu nutzenden Merkmale mit ihren Strukturen sowie ihren vernetzten Daten- und Funktionsobjekten.

Die Merkmale müssen basierend auf den Vorgaben der Industrie-4.0-Referenzarchitektur inhaltlich erarbeitet und final orchestriert werden. Merkmale, die für alle Verwaltungsschalen verpflichtend und standardisiert sind, werden als Basismerkmale bezeichnet. In Abbildung 4.4 wird dargestellt, wie darüber hinaus für einzelne technische Assets sowohl permanent bereitzustellende Pflichtmerkmale als auch optional zu nutzende Merkmale definiert werden können. Die Verwaltungsschale soll dabei Merkmale aus unterschiedlichsten Merkmalsmengen und Domänen aufnehmen und voneinander differenzieren können. Einzelne Merkmale müssen unabhängig voneinander mit einer Version versehen und gepflegt werden können.

Dieser Ansatz der Standardisierung durch Industrie 4.0 bietet den Anwendern die Möglichkeit, die Entwicklung von neuen technischen Systemen branchen- und sektorübergreifend zu nutzen. Die Verwaltungsschale muss dabei so gestaltet sein, dass eine geeignete Abbildung zwischen unterschiedlichen Teilmodellen und Merkmalsmengen realisiert werden kann. Dadurch können bestehenden Merkmalsmengen auch in unterschiedlichen Domänen genutzt werden. Vorteile für den Anwender ergeben sich zum Beispiel bei der Inbetriebnahme und Integration von Maschinen und Anlagen in eine bestendende Fabrikumgebung. Diese werden mit Ihrem In der Verwaltungschale beschriebenen digitalen Zwilling identifiziert und authentifiziert und automatisch in das bestehende Industrie-4.0-System integriert.

Interaktionssemantik

Anwendungsszenarien für Industrie-4.0-Systeme sind stets durch eine hohe Flexibilität, Anpassbarkeit und Autonomie der beteiligten Komponenten während des operativen Betriebs gekennzeichnet. Die wirksame und sichere Kooperation zwischen den einzelnen Verwaltungsschalen der Industrie-4.0-Komponenten orchestrieren letztendlich die Wertschöpfungsketten in einem solchen System (Abbildung 4.5). Dafür benötigen die Verwaltungsschalen eine gemeinsame, auf Interaktionsmustern basierende Sprache. Sie setzt sich aus einem Vokabular und dafür definierter Grammatik zusammen, deren Inhalte und Auswirkungen semantisch eindeutig beschrieben werden müssen (BMWi 2016).

Industrie-4.0-Komponenten tauschen Nachrichten aus, welche auf ihr Verhalten einwirken können. Die Nachrichtenelemente sind Teil einer für Interaktionen notwendigen Basis-Ontologie und verschiedener Domänen-Ontologien. Die Inhalte der Ontologie sind im Manifest der Industrie-4.0-Komponente verzeichnet. Die Ontologien sind im Industrie-4.0-System bekannt und eindeutig. Sie können auf Taxonomien bzw. Merkmalkatalogen basieren oder bei Notwendigkeit weitere technologische Konzepte nutzen.

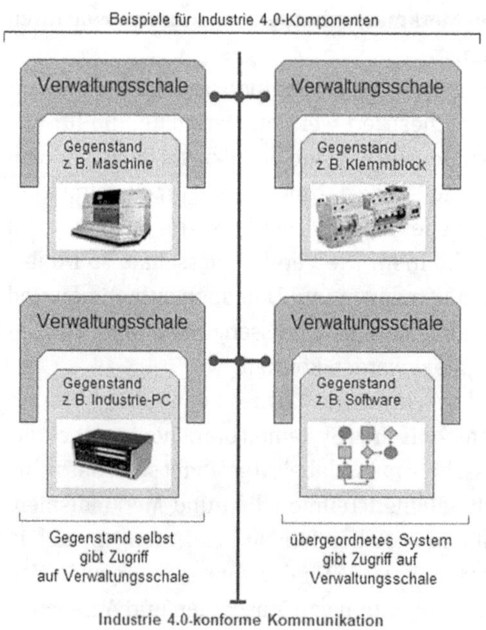

Abb. 4.5: Verschiedene Assets kommunizieren durch die Industrie-4.0-Verwaltungsschale (Quelle: DIN SPEC 91345 (2016)).

Eine solche Spezifikation legt einen Schwerpunkt auf Interaktionen, um Verhandlungen vorzunehmen und um anwendungsbezogene Funktionalitäten zu nutzen, die in Teilmodellen enthalten sind. Als Interaktion wird die Kombination von Zustandsübergängen wenigstens zweier Systeme bezeichnet, bei der die Ausgabenachrichten eines Systems (Sender) die Eingabenachrichtenwerte des weiteren Systems (Empfänger) darstellen. Diese Beschreibung legt nicht fest, welche Industrie-4.0-Komponenten welche Interaktionen anzubieten haben. Sie legt aber fest, wie die Interaktionen ablaufen, wenn die entsprechende anwendungsbezogene Funktionalität angeboten werden soll.

Basierend auf dem Interaktionsprotokoll „Ausschreibungsverfahren“ wird in der Abbildung 4.6 ein beispielhafter Ablauf von Nachrichten zwischen Industrie-4.0-Komponenten dargestellt. Die interagierenden Industrie-4.0-Komponenten können grundsätzlich in zwei Gruppen aufgeteilt werden: intelligente Produkte als Auftraggeber und Maschinen als potentielle Auftragsnehmer. Das Produkt, in unserem Fall eine Welle, sucht nach Maschinen die den Anforderungen der Teilaufgabe entsprechen. Im ersten Schritt sendet das Produkt eine Nachricht „Angebotsanfrage“ mit der technischen Beschreibung der Dienstleistung inklusive Qualitätsmerkmalen, Preisvorgabe und Liefertermin. Nach Erhalt der Ausschreibung evaluieren die angefragten Maschinen selbstständig die Anforderungen und übersenden automatisch eine Antwort zurück. Dieser Vorgang kann sich auch mehrmals wiederholen. Intelligente Algorithmen entscheiden letztendlich über die Annahme eines Angebotes. Die finale Auftragsvergabe findet im einstufigen Ausschreibungsverfahren durch die Nachricht „Angebotsbestätigung“ statt. Die Annahme eines Angebotes führt zu einem Vertragsabschluss zwischen der interagierenden Industrie 4.0-Komponenten (BMWi 2018a).

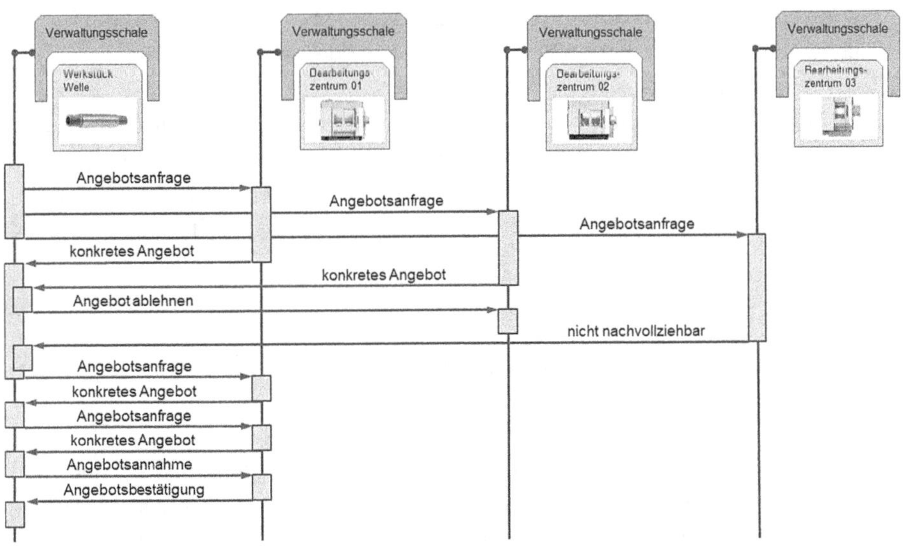

Abb. 4.6: Beispielhafter Ablauf der Interaktionen (Quelle: BMWi (2018a)).

Cybersicherheit

Cybersicherheit wirkt wie ein Geflecht, das sich in alle Strukturelemente des RAMI 4.0 und der Industrie-4.0-Komponente inkludiert und somit deren Kohärenz sichert. Bei der Beschreibung der Ziele können grundsätzlich funktionale und nicht funktionale Anforderungen unterschieden werden. Derzeit konzentrieren sich Hersteller vordergründig auf die geforderten Funktionen und Eigenschaften ihres Produktes, während dabei die nicht funktionalen Sicherheitseigenschaften oftmals weniger berücksichtigt und vernachlässigt werden (BMWi 2016).

Ein wichtiges Element der Sicherheit einer Industrie-4.0-Komponente ergibt sich aus den sicheren Standardeinstellungen der Betriebsparameter. Schon in der Planungsphase eines technischen Assets muss auf deren Sicherheitsbelange eingegangen werden, es muss von dem Sachverhalt vorhandener Sicherheitslücken ausgegangen werden. Aus diesem Grund sollten die Standardeinstellungen möglichst niedrig gewählt werden und selten benutzte Funktionen standardmäßig deaktiviert sein.

Folgende Anforderungen für die Sicherheit einer Industrie-4.0-Komponente ergeben sich nach (BMWi 2018b):

- Anhand eines Herstellerzertifikates muss die Echtheit der Industrie-4.0-Komponente verifizierbar sein
- Alle Kenngrößen der Spezifikation der Industrie-4.0-Komponente müssen auf den sicheren Auslieferzustand des Herstellers zurücksetzbar sein.
- Die Industrie-4.0-Komponente muss mit einer sicheren Voreinstellung aller Betriebsparameter zum Schutz vor möglichen Angriffen während der Inbetriebsetzung ausgeliefert werden.
- Sämtliche Grundvorrausetzungen zur Authentifizierung einer Industrie-4.0-Komponente wie alle Passwörter und alle Zertifikate zur Überprüfung anderer Identitäten müssen vom Inbetriebnehmer definiert werden können.

Aus Sicht der Cybersicherheit kommt der Authentifizierung der Kommunikation zwischen den einzelnen Industrie-4.0-Komponenten eine besondere Bedeutung zu. Es gilt zu gewährleisten, dass der Versender einer Nachricht derjenige ist, der er vorgibt zu sein, und dass die Informationen den gewünschten Adressaten auch erreichen.

4.3 Industrial Internet Reference Architecture (IIRA)

Die Industrial Internet Reference Architecture (IIRA) dient der grundlegenden Definition von Ende-zu-Ende-Anwendungssystemen des industriellen Internets und leitet die Anforderungen an Technologien und Designprinzipien ab. Architekturbeschreibung und -darstellung sind generisch und auf einem hohen Abstraktionsniveau gestaltet. Die IIRA unterstützt eine breite industrielle Anwendbarkeit und destilliert und abstrahiert gemeinsame Eigenschaften, Merkmale und Muster aus verschiedenen Anwendungsfällen.

Die Charakterisierung der IIRA basiert auf dem Industrial Internet Architecture Framework (IIAF), das grundlegende Konzepte, Strukturen und Eigenschaften liefert. Basis für die Elemente der Architekturbeschreibung unabhängig von technischen Modellierungssprachen oder Werkzeugen ist der Standard ISO/IEC/IEEE 42010:2011. Er dient als einheitliche Arbeitsgrundlage und Rahmenwerk für die Darstellung und Organisation von Architekturbeschreibungen innerhalb einer Anwendungsdomäne oder Gemeinschaft einer Interessensgruppe (ISO/IEC/IEEE 2011).

Die grundlegenden Architekturbeschreibungskonstrukte des IIAF sind Interessensvertreter, Belange und Standpunkte. Die Interessenvertreter der Architekturbeschreibung haben unterschiedliche Motivationen und Anteilnahmen am System. Die sich daraus ableitenden Belange finden Ihre Berücksichtigung in der Architekturbeschreibung. Letztendlich sind vier Standpunkte die grundlegenden Ebenen beim Aufbau der IIRA und werden für die Beschreibung folgend festgelegt (IIC 2017a):

- Geschäftsstandpunkt
  - Belange: alle betriebswirtschaftlichen Werte, Ziele und Fähigkeiten sowie die regulatorischen Grundbedingungen des Systems
  - Interessenvertreter: Führungskräfte, Produktmanager und Systemingenieure
- Anwenderstandpunkt
  - Belange: Einsatzszenario und Aktivitäten zur Bedienung und Nutzung des Systems
  - Interessenvertreter: Systemingenieure und Produktverantwortliche
- Funktionsstandpunkt
  - Belange: fokussiert auf die funktionalen Komponenten eines Systems mit seiner Struktur, den Zusammenhängen, Schnittstellen und Interaktionen mit externen Elementen
  - Interessenvertreter: Systementwickler, Komponentendesigner und Systemintegratoren
- Implementierungsstandpunkt
  - Belange: benötigten Technologien wie funktionale Komponenten, deren Vernetzung und Kommunikations-Profile inklusive der Produktlebenszyklen zur Umsetzung des Systems
  - Interessenvertreter: Systementwickler, Komponentendesigner, Systemintegratoren und Systemoperateure

Abbildung 4.7 verdeutlicht, dass sich daraus Sichten und Modellebenen der Anwendungssystem-Architektur ableiten lassen. Jede Modellebene beschreibt nach einer Abgrenzung anhand inhaltlicher Kriterien das System vollständig unter einem bestimmten Blickwinkel. Sichten präsentieren spezielle Aspekte einer Modellebene und eröffnen dadurch eine zusätzliche Form der Komplexitätsbewältigung. Die in den einzelnen Sichten zum Ausdruck gebrachten Inhalte können sich sehr wohl über-

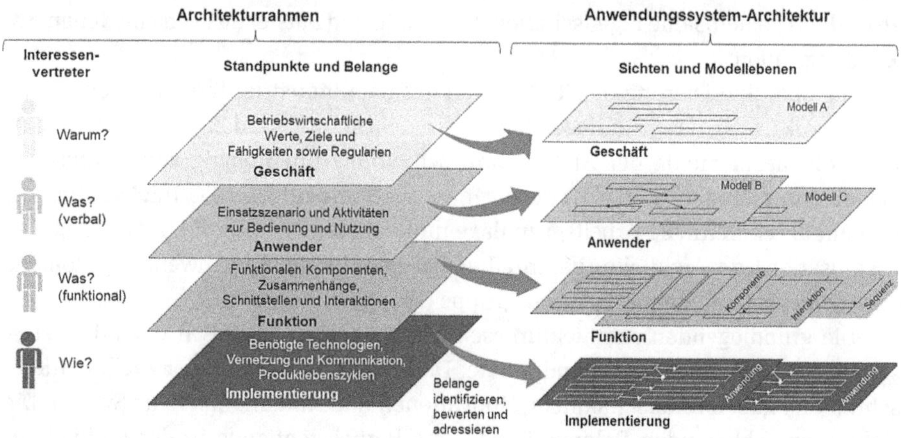

Abb. 4.7: Industrial Internet Architecture Framework (IIAF) (Quelle: IIC (2017a)).

schneiden, da sie jeweils ausdrücken, was für den konkreten Interessenvertreter maßgeblich ist. Der jeweilige Standpunkt definiert und begrenzt die Konventionen zur Erstellung, Interpretation und Analyse der Sicht. Ein Architekturstandpunkt ist als Folge dessen im Grunde eine Beschreibung der Methode zur Erstellung einer anwendungsbezogenen Sicht.

4.4 Konzeptvergleich RAMI 4.0 und IIRA

Das Referenzarchitekturmodell Industrie 4.0 (RAMI4.0) (DIN SPEC 91345 2016) soll nun mit der Industrial Internet of Things Reference Architecture (IIRA) (IIC 2017a) verglichen und gegenübergestellt werden. Dazu eignet sich am besten der Funktionsstandpunkt des IIRA mit seinen Funktionsbereichen, Querschnittsfunktionen und Systemmerkmalen. Funktionsbereiche beinhalten wichtige funktionale Bausteine, die in vielen industriellen Branchen eine breite Anwendbarkeit besitzen. Zwischen den einzelnen Funktionsbereichen findet sowohl ein Austausch von Informationen und Daten als auch Steuerbefehlen statt. Zusätzlich werden jedoch weitere Funktionen benötigt, um wichtigste Systemmerkmale wie Betriebssicherheit, Angriffssicherheit, Belastbarkeit und Skalierbarkeit zu gewährleisten. Querschnittsfunktionen sichern grundlegende Aufgaben, wie beispielsweise Konnektivität, Datenmanagement und Analytik für vielen Funktionskomponenten des Systems ab.

Beim Vergleich der Konzepte von RAMI 4.0 und IIRA wird deutlich, dass das RAMI 4.0 die funktionale Verortung der Industrie-4.0-Komponenten in ein Anwendungssystem und das IIRA die methodische Herangehensweise zur Gestaltung von Softwarear-

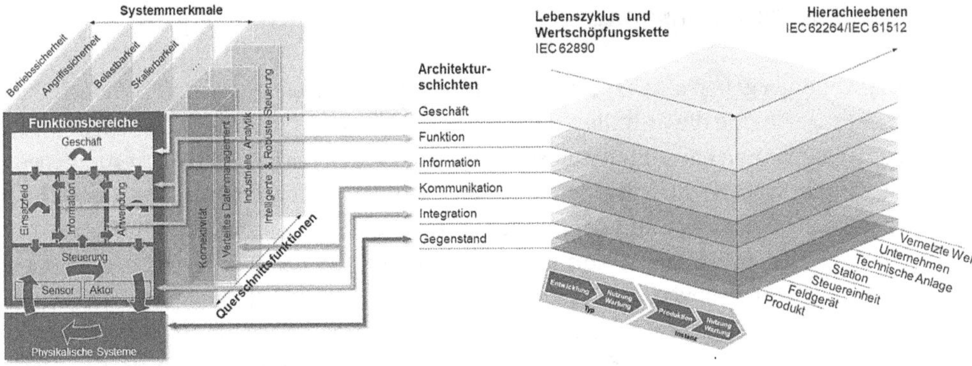

Abb. 4.8: Zuordnung der Funktionen in RAMI 4.0 und IIRA (Quelle: IIC (2017a)).

chitekturen im Vordergrund stellt. Dabei wirft sich die Frage auf, ob beide Referenzarchitekturen interoperabel sind und so mögliche Anwendungsfälle die Fähigkeit besitzen zu kommunizieren und zusammenzuarbeiten. Gemeinsamkeiten von Konzepten, Methoden und Modellen zur Entwicklung konkreter Architekturen in IIRA und RAMI 4.0 können systematisch zueinander abgebildet werden, obwohl sie auf unterschiedlichen Architektur-Framework-Standards basieren. Diese Ähnlichkeiten sind identifiziert und in einem semantischen Mapping in Abbildung 4.8 detailliert. Dabei werden die Bezeichnungen des IIRA auf adäquate Bezeichnungen des RAMI 4.0 referenziert (IIC 2017b).

Momentan findet eine intensive Zusammenarbeit zwischen der Plattform Industrie 4.0 und dem Industrial Internet Consortium mit dem Ziel der gemeinsamen Architekturausrichtung sowie der Interoperabilität und Harmonisierung der IIRA- und RAMI-4.0-Konzepte statt. Alles in allem können die beiden Referenzarchitekturmodelle problemlos nebeneinander existieren und gegebenenfalls ergänzend verwendet werden. Zukünftig werden die beiden Referenzarchitekturen, die sowohl ähnliche als auch komplementäre Elemente enthalten, um Herausforderungen des Industriellen Internets aus unterschiedlichen Perspektiven und über verschiedene Industriebereiche hinweg zu adressieren, zusammengeführt und abgeglichen.

Die Entscheidung für eine bestimmte Referenzarchitektur determiniert noch nicht die eigentliche Architektur von verlässlichen und sicheren Systemen, sie ist aber eine wichtige Grundlage zur Erreichung dieser Ziele. Beide Konzepte erscheinen zunächst sehr abstrakt. Wenn man sich allerdings ein wenig mit den jeweils spezifischen Darstellungsformen auseinandersetzt, erkennt man, dass eine Architekturbeschreibung zentraler Ausgangspunkt der Zusammenarbeit ist, und dass es mehrere gültige Darstellungsformen gibt – nur müssen sie in einem vorgegebenen Rahmen organisiert und klar strukturiert sein.

4.5 Zusammenfassung

Innovationen gelten als Ursprung und maßgeblicher Treiber der wirtschaftlichen Entwicklung. Sie sind die Grundlage für neue Produkte und Dienstleistungen oder dienen zur Straffung und effizienteren Ausgestaltung bestehender Prozesse. Das grundlegende Ziel für KMU ist die Nutzung der bestehenden Normungslandschaft als bewährte und stabile Grundlage und die rasche Umsetzung der im Rahmen der Industrie-4.0-Strategie neu entwickelten Normen und Standards. Gerade aber diese Unternehmen haben es häufig schwer, im Bereich der Normung Schritt zu halten, sich adäquat in den Normungsprozess einzubringen und diese zeitnah anzuwenden.

Normung und Standardisierung können als Prozesse verstanden werden, deren Aktivitäten die Fähigkeiten zur Gestaltung von Rahmenbedingungen zur geeigneten Anwendung eines Regelwerks beinhalten. Entscheidungen von kleinen und mittleren Unternehmen (KMU), sich an offiziellen Standardisierungsallianzen zu beteiligen werden in Blind und Mangelsdorf (2013) untersucht. Auf der einen Seite wird aufgezeigt, dass KMU sehr wohl den Zugang zum Wissen größerer Unternehmen anstreben. Auf der anderen Seite wurde aber auch festgestellt, dass KMU, die eine bestimmte Schwelle in der Forschung und Entwicklung überschreiten, zögern, sich an der Normung zu beteiligen, weil ihr Wissen zu wichtig ist um es an potentielle Wettbewerber weiterzugeben. Die Anwendung des RAMI 4.0 sichert auch KMU die Kompatibilität eines technischen Industrie-4.0-Systems mit anderen Industrie-4.0-Systemen sowie die Interoperabilität bzw. Austauschbarkeit von Industrie-4.0-Komponenten und begünstigt damit letztendlich erheblich eine Reduzierung von Initial- und Folgekosten von Projekten. Das Referenzarchitekturmodell Industrie 4.0 (RAMI 4.0) beschreibt als grundlegender Bauplan die Zusammenhänge zwischen den Anforderungen und dem zu konstruierenden Industrie-4.0-Anwendungsfall. Als verständliche Darstellung der zentralen Entwurfsentscheidung hat es einen erheblichen Einfluss auf die nicht funktionalen und qualitativen Eigenschaften eines zu entwickelnden Systems und sichert die Wiederverwendbarkeit der einzelnen Bestandteile. Durch seine hervorragende Dokumentation bildet sie die Basis für die Systementwicklung und darin enthaltenen Entwicklungsaktivitäten. Es dient als Kommunikationsmedium zwischen unterschiedlichsten Partnern im Projekt und auch zum Anwender und ist somit Grundlage für ein erfolgreiches Projektmanagement. Zudem zeichnet sich RAMI4.0 durch Smart Service-Fähigkeit aus. Das heißt in RAMI4.0 wird berücksichtigt, dass intelligente internetbasierte Dienste integriert und abgebildet werden können. Bei einer Umfrage wurden Unternehmen aus dem Maschinen- und Anlagenbau, der Automobil- und Automatisierungstechnik, der Elektroindustrie sowie Softwarehäuser und Beratungsunternehmen gebeten verschieden Architekturmodelle zu bewerten. Dabei zeigt sich, dass RAMI4.0 hinsichtlich der Allgemeingültigkeit als bestes Model und hervorragend bei der Smart-Service-Fähigkeit bewertet wurde (itsOWL 2015). Die digitale Transformation bietet gleichermaßen Chancen, birgt aber auch neue Risiken. Dieses Papier gibt eine erste strukturierte Übersicht über Entwicklungen zum Thema Industrie-4.0-

Standardisierung im Themengebiet Referenzarchitektur. Die beschriebenen Informationen dienen als Orientierung und vermitteln einen groben Überblick. Tiefere Einblicke sowie eine Grundlage für eine schrittweise Annäherung und stufenweisen Einführung neuer Industrie-4.0-Technologien kann Ihnen das Buch „Industrie 4.0: Potenziale erkennen und umsetzen“ vermitteln (Schulz 2017). Noch ist der Weg von Industrie 4.0 nicht vollständig zurückgelegt – dass es auch für mittelständische Unternehmen der richtige Weg ist, kann kaum bezweifelt werden.

Teil II: **Normen und Standards erstellen**

Dieser Teil thematisiert die Entscheidung von Unternehmen, sich aktiv in Normungs- und Standardisierungsgremien zu engagieren. Durch die aktive Beteiligung an der Normung und Standardisierung erhalten Unternehmen viele Vorteile. Empirische Studien zeigen, dass die Teilnehmer an der Normung multiple Motive haben, die sie versuchen durchzusetzen (Blind und Mangelsdorf 2016). Im Einzelnen können Unternehmen:

- unternehmensspezifischen Inhalt in die Norm einbringen
- mit Unternehmensziel im Konflikt stehende Normen verhindern
- Das technologische Wissen von anderen Unternehmen beobachten und nutzen
- ein technisches Problem lösen
- einen zeitlichen Wissensvorsprung gegenüber Nichtteilnehmern erhalten
- Marktzugang erhalten oder komplett neue Märkte erschließen
- Kompatibilität herstellen
- Inhalt von verpflichtenden Regulierungen mitbestimmen
- Handelsbarrieren reduzieren

Unternehmen beteiligen sich darüber hinaus immer häufiger in der konsortialen Standardisierung und der Normung, was ein Zeichen für den steigenden Einfluss von IKT Technologien in allen Unternehmensbranchen ist. Die Mehrheit der IKT-Standards stammt aus der konsortialen Standardisierung. Aktuelle Zahlen zeigen, dass ab 2015 nahezu 80 % der im Deutschen Normungspanel befragten Unternehmen sowohl in der Normung als auch der Standardisierung tätig sind und der Anteil der Unternehmen, die nur in der Normung sind, zurückgeht (DNP 2017).

Für die erfolgreiche Umsetzung von digitalen Geschäftsmodellen, kann das Fehlen von Standards und Normen eine signifikante Barriere darstellen. Unternehmensumfrage zeigen, dass mehr als die Hälfte der befragten Unternehmen fehlende Standards für ein Hemmnis der Digitalisierung halten (Rusche 2017). Auch wenn die Beteiligung an der Normung und Standardisierung viele Vorteile liefert, bringt die Teilnahme auch Kosten mit sich – vor allem für kleine und mittlere Unternehmen. Die Entscheidung, sich aktiv an der Normung zu beteiligen, muss deshalb auch im Vergleich mit anderen Instrumenten sorgfältig abgewogen werden. Vor diesem Hintergrund zeigt Olaf-Gerd Gemein in Kapitel 5, welche Verfahren zur Konsensfindung aktuell in der Interoperabilitätsstandardisierung Verwendung finden. Da Standards im IKT-Sektor schnell veralten, empfiehlt der Autor unter anderem die Standardisierung als iterativen Prozess zu planen, mit Versionen unter einem Jahr und einem transparenten kontinuierlichen Weiterentwicklungsprozess. Die Autoren Nizar Abdelkafi und Knut Blind zeigen in Kapitel 6, dass Normung und Standardisierung auf der einen Seite mit Patentierung auf der anderen Seite als strategische Instrumente des Technologiemanagements zu betrachten sind. Die Autoren entwickeln auf Basis von Interviews mit kleinen Unternehmen einen Entscheidungsbaum. Mit Hilfe der Fragen dieses Entscheidungsbaumes können Unternehmen qualifizierte Entscheidungen darüber treffen, unter welchen Umständen sich die Teilnahme in der formalen

Normung, Standardisierungsgremien oder die Anmeldung eines Patentes lohnt. Die Autoren zeigen dabei auch die Möglichkeit auf, über standardessentielle Patente beide Instrumente gleichzeitig zu nutzen. Dass die Bedeutung von standardessentiellen Patenten zunimmt, zeigt Tim Pohlmann in Kapitel 7. Anhand einer Fallstudie in der Automobilindustrie legt der Autor die Bedeutung von Interoperabilitätsstandards, standardessentiellen Patenten und assoziierte Lizenzzahlungen an die Technologiebesitzer dar. Unternehmen mit Geschäftsmodellen im Smart-Service-Bereich sollten nach Analyse des Autors IP-Strategien entwickeln, die auch mögliche Lizenzzahlungen in Betracht zieht. Die Geschäftsmodelle in den Smart-Service-Welt-Projekten sehen nicht nur die Entwicklung von patentierbaren Technologie vor, sondern auch die Entwicklung von Software. Diese Software bilden nicht selten Schnittstellen ab und haben genau wie Normen und Standards eine „standardisierende Wirkung". In Kapitel 8 nehmen sich die Autoren Mirko Böhm und David Eisape dem Thema Normung und Standardisierung und Open-Source-Software an. Dabei zeigen die Autoren, dass die Instrument Normung und Standardisierung auf der einen Seite und Open-Source-Software mit „standardisierender Wirkung" auf der anderen Seite sowohl Wettbewerber als auch komplementäre Instrumente sein können. Die Autoren basieren ihre Erkenntnisse dabei auf umfassenden Interviews, die sie in der Open-Source-Community und mit Experten der Normungslandschaft geführt haben. Aus den Erkenntnissen leiten die Autoren Empfehlungen für die Open-Source-Community, die Normung- und Standardisierungsorganisationen und Regulierungsbehörden ab. Abschließend hebt Mona Mirtsch in Kapitel 9 hervor, dass Normen und Standards nicht nur für Interoperabilitätsfragen hohe Bedeutung haben, sondern auch für die Cybersicherheit. Vor dem Hintergrund des Rechtsaktes zur Cybersicherheit, zeigt die Autorin die Rolle von Normen und Standards für einen europäischen Zertifizierungsrahmen. Mit dem europäischen Zertifizierungsrahmen sollen die Sicherheit und das Vertrauen in IKT-Produkte und Dienste erhöht und gleichzeitig eine Fragmentierung von national unterschiedlichen Systeme verhindert werden.

Olaf-Gerd Gemein

5 Methoden zur Konsensfindung in marktnahen Standardisierungsprozessen: Pivotal Points of Interoperability

5.1 Einführung

In diesem Kapitel werden aktuelle und innovative Methoden zur Konsensfindung in Standardisierungsprozessen, die sich in der Praxis etabliert haben, zusammenhängend betrachtet. Im Zentrum der Diskussion steht die Anforderung nach Interoperabilität aus verschiedenen Perspektiven – neben der technischen auch semantische oder organisatorische. Semantische Interoperabilität ist das Bindeglied zwischen der rein technischen und prozessualen Interoperabilität. Das betrifft auch die internetbasierten Dienste auf Basis intelligent verknüpfter Daten – so genannter Smart Services. Der globale, länderübergreifende Einsatz nutzerinnen- und nutzerorientierter technischer Anwendungen und die Vernetzung von Einrichtungen sowie Akteurinnen und Akteuren in allen Bereichen kann nur gewährleistet werden, wenn Interoperabilität zwischen den genutzten Systemen geschaffen wird. Auf der Ebene der Normung und Standardisierung sind in den letzten Jahren verschiedene Methoden der Konsensfindung entstanden, die unter den folgenden Begriffen bekannt geworden sind:

- PPI Pivotal Points of Interoperability (Zentrale Interoperabilitäts-Punkte)
- MIMs Minimum Interoperability Mechanisms (Minimale Interoperabilitätsmechanismen)
- MIOS Minimum Information Interoperability Standards (Minimale Informationsinteroperabilitätsstandards)
- PCP Pre-Commercial Procurement (Vorkommerzielle Beschaffung- und Auftragsvergabe)
- PPIs Public Procurements of Innovative Solutions (Öffentliche Beschaffung- und Auftragsvergabe innovativer Lösungen.

5.2 Pivotal Points of Interoperability

PPI ist im Kontext von Smart City aus dem Bedarf von Städten entstanden ist, um in der Vielfalt existierender Lösungen einen Überblick zu erreichen. Das Ziel der PPI-Methode ist es, Interoperabilität zu ermöglichen, indem die Kernpunkte technischer Kompatibilität gefunden und dokumentiert werden. Dabei wird das „Vendor-Lock-in“ (das heißt die Abhängigkeit von Anbietern proprietärer Technologien) vermieden. In PPI-Hinsicht wird Konsens erreicht, wenn Gleichheit hinsichtlich Methode, Spezi-

https://doi.org/10.1515/9783110629057-005

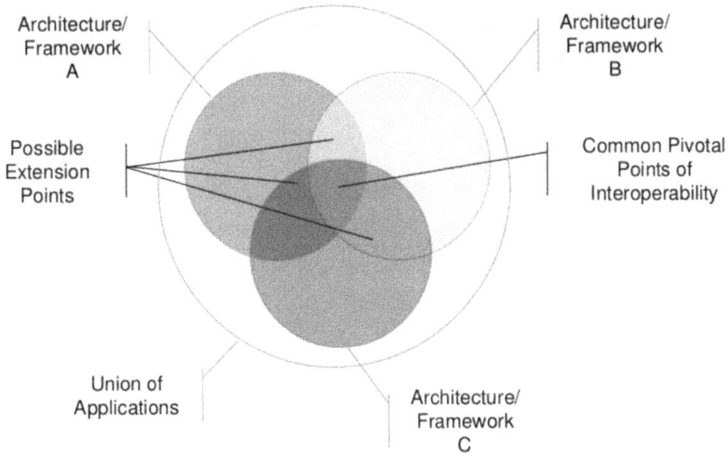

Abb. 5.1: Pivotal Points of Interoperability (Quelle: Burns (2015)).

fikation, Protokoll, Datenmodell, Ontologien etc. herrscht, jedoch Raum für andere Wege bleibt. Das Ringen um Konsens fällt umso leichter, umso mehr Freiheiten die Normungsteilnehmer für Entscheidungen haben, die aus historischen oder aktuellen Zwängen herrühren können. Die PPI-Methode wurde z. B. im Rahmen des IoT Enabled Smart Cities Framework im National Institute of Standards and Technology (NIST) angewandt. Der Autor nahm auf Seiten FIWARE an der internationalen Arbeitsgruppe teil. Das Prinzip von Pivotal Points of Interoperability besteht darin, Konsens bei standardisiertes Schnittstellen zu finden, die sich mit der Komposition (und Orchestrierung) von „Cyberphysical Systems (CPS)" beschäftigen, ohne auf Innovation zu verzichten

Wie Abbildung 5.1 zeigt, sind die PPI die zentrale Schnittmenge, welche alle zu untersuchenden technischen Frameworks gemeinsam haben. Im Weiteren ergeben sich im Falle der Gleichheit nur einiger Frameworks sogenannte „Possible Extension Points", die also einer möglichen zusätzlichen Vereinbarung am ehesten zugänglich sind, da offenbar einige Frameworks bereits diese Gleichheit aufweisen. Im Bereich der „possible Gaps" sind dann die technische Artefakte verortet, welche von niemanden sonst verwendet werden. Im Bereich der „Gaps" sind insbesondere Artefakte anzutreffen, die zum Beispiel proprietär oder veraltet sind. Im Bereich der „Possible Extensions" sind diejenigen Artefakte anzutreffen, welche bereits eine gewisse Verbreitung gefunden haben, aber noch nicht allgemein anerkannt zu sein scheinen. Oder aber auch, weil sich die betroffenen Punkte auf dem Rückzug befinden.

An dieser Stelle ist es bereits möglich, dass die Synthese aller Punkte sofort zwei Ad-hoc-Ergebnisse bietet: Die Feststellung von „Einigkeiten" sowie die klare Definition von Diskussionspunkten in zwei Kategorien (Extensions und Gaps) und eine eventuelle Priorisierung. Den anschließenden Arbeitsplan, der in Abbildung 5.2 dargestellt ist, beschrieb er wie folgt:

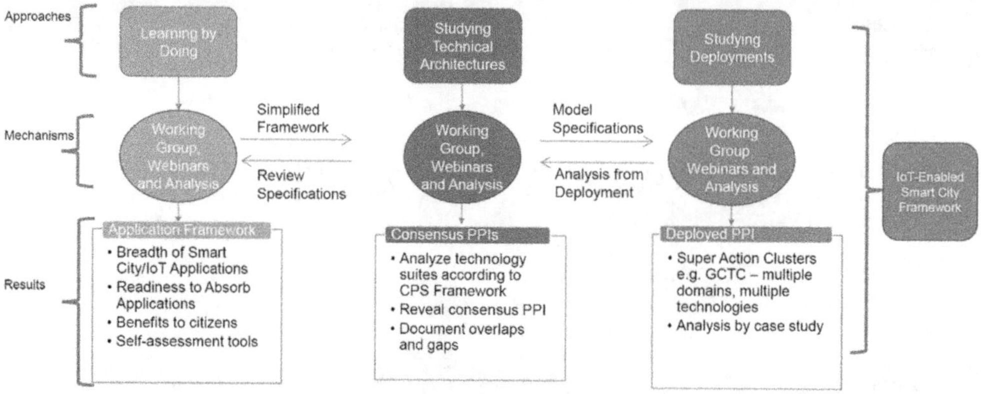

Abb. 5.2: Zusammenhänge der PPI Methode (Quelle: Burns (2015)).

1. Normalisierung der vorhandenen Architekturen (Standards, Ontologien, Referenzen und Topologien)
2. Vorhandene Implementierungen (praxiserprobte reale Beispiele) ebenfalls in Normalform transformieren
3. Vergleichen der Ergebnisse von 1. und 2.
4. Erzielung von Konsens bei den Kreuzungspunkten (Pivotal Points)
5. Dokumentieren der Ergebnisse in einem Framework.

Der linke Bereich beschreibt die Analyse von Frameworks (also Architekturen, Topologien, Datenmodellen, Ontologien, etc) und der rechte Bereich bezieht sich auf die Untersuchung von realen Implementierungen (Case Studies, Proof of Concepts, Use Cases, etc.). In der Mitte werden die Ergebnisse verortet und die Consensus PPI festgestellt. Die Arbeitsgruppe startete mit 6 Moderatoren und 43 Teilnehmern. Es wurden drei Gruppen gebildet.
1. Bestehende Architekturen (Application Framework)
2. Harmonisierung und Konsolidierung (Consensus PPI)
3. Existierende UseCases (Deployed PPI).

Leichter gesagt als getan: Es war geplant, im Frühjahr 2017 bereits belastbare Ergebnisse publizieren zu können, tatsächlich dauerte es allerdings bis Frühjahr 2018. Die Erstellung der Normalform wurde fristgerecht innerhalb der ersten sechs Monate fertiggestellt, jedoch dauerte das Einpflegen der zahlreichen Frameworks (nebst penibel dokumentierten Quellen) länger als ein Jahr. Die größte Schwierigkeit war das dann zurückgehende Engagement der beteiligten Mitglieder, so dass die „Consensus"-Arbeitsgruppe ein weiteres Jahr gearbeitet hat, um zu einem Ergebnis zu kommen.

Im Verlaufe des ersten Jahres wurde umfangreiches Material gesichtet und in riesige Tabellen eingepflegt (sogenannte „Technical Artifacts"). Alle Unterlagen sind on-

line einsehbar und transparent für jeden Interessierten. Es wurden unter anderem gesichtet:
- Beispiele von aktuellen Architekturen (>100 Beispiele aus der ganzen Welt).
- Erfolgsgeschichten in welchem eine reibungslose Integration erreicht wurde.
- Standards, die eine modulare Integration von neuen Funktionen ermöglichen.
- „Best Practices“: Wie wurden neue Funktionen in bestehende Infrastrukturen eingebunden?
- Lehrmaterial und Vorlagen im Kontext von Smart Cities.

Die Arbeiten stießen auf weltweites Interesse und wurden in verschiedenen Projekten und Standardisierungsprozessen berücksichtigt; an dieser Stelle schon mal einige „Lessons Learned“ zum Verfahren:
- Unterschätze nicht die erforderliche Kapazität und den notwendigen Willen zur Mitarbeit. Moderation, Engagement und Wohlwollen sind entscheidende Erfolgsfaktoren.
- Mache den gesamten Prozess transparent und dokumentiere öffentlich einsehbar auch alle Zwischenschritte und Entwürfe. Lade regelmäßig aktiv zur Mitarbeit ein und halte keine Informationen zurück.
- Fördere bilaterale Zusammenarbeit zwischen einzelnen Teilnehmern und ermögliche so Arbeit in Kleingruppen von Enthusiasten.

Die Anwendung des PPI-Konzeptes hat sich auch bereits in anderen Kontexten bewährt. Im Rahmen des EU LightHouse Projektes SynchroniCity, zum Beispiel, wurde das Verfahren eingesetzt, um eine Referenzarchitektur zu erstellen, die europaweit als Vorlage gelten soll. Federführend in der Entwicklung der Referenzarchitektur ist Prof. Martin Brynskov, Universität Aarhus, Dänemark, Leiter und Initiator der Open & Agile Smart Cities Initiative (OASC), die sich zum Ziel gesetzt hat, weltweit Städte bei der digitalen Transformation zu unterstützen. Aktuell sind 117 Städte aus 24 Ländern Mitglied, in Deutschland die digitale Stadt „Paderborn“ und Delbrück aus Nordrhein-Westfalen. Die Referenzarchitektur wurde in Kooperation mit der Alliance for Internet of Things Innovation (AIOTI) entwickelt. Es wurden 6 zentrale Punkte definiert, für die nach umfangreichen Recherchen und Tests eine Definition im Konsens getroffen wurde:
1. Security
2. Marketplace
3. Context management
4. Data Storage
5. Datamodels.

Neben der Definition von „Punkten“ (im Sinne von Berücksichtigungspunkten), wurden auch Datenmodelle und weitere Spezifikationen definiert, und auch entsprechende Schnittstellen (API = application programming interface, wörtlich Anwendungsprogrammierschnittstelle). An der Stelle geht der Ansatz der OASC über den vom IES Framework hinaus und entwickelt ihn weiter. Während sich IES um eine weltweite Bestandsaufnahme bemüht hat, und zahlreiche „PPI“ definiert, fokussiert sich OASC auf 6 Kernpunkte und liefert dazu auch Implementierungen und Datenmodelle. Im folgenden Abschnitt gehen wir noch weiter darauf ein. Insgesamt hat sich das PPI Verfahren sehr bewährt und hat bereits Eingang in die Praxis gefunden.

5.3 MIMs – Minimum Interoperability Mechanisms

MIMs, Interoperabilitätsmechanismen sind die eigentlichen Spezifikationen der Schnittstellen (API) an den Interoperabilitätspunkten (PPI). Mechanismen sind also konkrete Spezifikationen, wie eine Schnittstelle aussehen muss. Die Umsetzung, also die reale Implementierung in eine API, kann zum Beispiel hinsichtlich der Programmiersprache unterschiedlich realisiert werden. Typischerweise existieren im Verlaufe der Zeit bei bewährten MIMs mehrere API, die je nach Ausgestaltung, Anwendungszweck und Kontext sehr unterschiedlich sein können.

Damit sind die MIMs (Standard-API und Richtlinien) wesentlicher Bestandteil einer Topologie, welche von einer Stadt implementiert werden könnte, um mit den sich zunehmend etablierten Smart-City-Frameworks kompatibel zu sein, zum Beispiel wie in der 2017 veröffentlichten Reference Architecture Model Open Urban Platform (OUP), einer DIN SPEC. Mit der Entwicklung von oupPLUS, einer Referenzarchitektur für Smart Cities ICT, wurde ein zentrales Element für die Implementierung von standardisierten Smart-City-Konzepten in städtischen Umgebungen geschaffen. Ziel von oupPLUS war neben der Identifikation und Spezifikation von abstrakten, offenen Schnittstellen, auch Richtlinien für klar definierte offene Schnittstellen zwischen den verschiedenen IKT-Komponenten zu erstellen, um so Interoperabilität verschiedener Lösungen in verschiedenen Bereichen und städtischen Umgebungen, und die Replikation und Wiederverwendung von Smart-City-Lösungen in mehreren Städten möglich zu machen. MIMs sind somit die operativen Bausteine zur Implementierung von Architekturen. Sobald MIMs sich in Märkten etablieren, ermöglichen sie den Marktteilnehmern barrierefreie Zugänge und Portabilität in verschiedene, vorher schwer adressierbare Systeme. MIMs sind somit letztlich auch die Voraussetzung für Skalierung. In Kapitel 5.5 werden die 5 wichtigsten MIMs im Bereich Smart Cities exemplarisch vorgestellt.

5.4 MIOS – Minimum Information Interoperability Standards

Aus PPI und MIMs entstehen MIOS, das heißt Standards, die in Referenzarchitekturen Eingang finden (wie zum Beispiel die „Reference Architecture Model Open Urban Platform“ (DIN SPEC 91357 2017) und stellen so eine technische Konkretisierung dar.

Die von MIOS verfolgten Ziele sind in erster Linie Interoperabilität, Wiederverwendbarkeit, Offenheit, Reduktion von Kosten und Risiken sowie die Skalierbarkeit von IT-Anwendungen.

In Deutschland hat die Koordinierungs- und Beratungsstelle der Bundesregierung für Informationstechnik in der Bundesverwaltung (KBSt) die aktuelle Version 5.0 der MIOS zuletzt im Jahre 2011 veröffentlicht. Motivation und Ziel war es auch, im Weiteren eine von nur einem oder wenigen Software-Herstellern geprägte „Monokultur" durch Schaffung von MIOS zu vermeiden und im Besonderen die Dominanz von einigen Softwareunternehmen zurückzudrängen. Zahlreiche Länder veröffentlichen MIOS und referenzieren diese dann in öffentlichen Ausschreibungen. Damit bilden MIOS sowie deren Bestandteile PPI und MIMs die konzeptionelle Grundlage für Interoperabilität in IKT Systemen, und erleichtern den Beschaffern die Definition der technischen Bedingungen. SAGA ist das Government Interoperability Framework der deutschen Bundesverwaltung (SAGA 2018). Andere Länder haben vergleichbare Rahmenwerke erarbeitet, die als Entscheidungshilfe für den Einsatz von technischen Standards im Bereich E-Government dienen.

Typischerweise auch im Rahmen von EU-Projekten entstehen MIOS, um Pilotprojekte auszuschreiben, ein Konzept, welches sich in den letzten Jahren im Rahmen des Cascade Funding Modells etabliert hat. Cascade-Finanzmittel wurden zunehmend im Sektor Informations- und Kommunikationstechnologien im Forschungsprogramm Horizon 2020 eingesetzt und tragen dazu bei, Wissenstransfer und -nutzung, Nutzung von Technologien und Aufbau und Skalierung von Ökosystemen in diesen Gebieten zu fördern (ICT Proposers Day 2017). MIOS unterstützen somit die Etablierung von Standards indem sie Leitlinien setzen und damit technische Referenzen für den Markt der öffentlichen IKT Infrastruktur schaffen.

5.5 Praktische Anwendung von PPI in anderen Kontexten

In der Praxis der Standardisierung ist das vorrangige Ziel, die einfache Replizierung und Portabilität von Systemen zu erreichen. Im Folgenden werden einige Beispiele und ihre Besonderheiten genauer betrachtet.

(A) EU Lighthouse Project SynchroniCity

Im Projekt SynchroniCity arbeiten weltweit aktuell 10 Städte zusammen um Interoperabilität im Bereich „Smart Cities und IoT" zu erreichen (SynchroniCity 2018). Natürlich sind die PPI wie bereits im vorherigen Abschnitt erläutert Gegenstand des Arbeitsplanes des ersten Jahres 2017 gewesen. Zusätzlich wurden Interoperability Mechanisms (MIM) definiert, welche die eigentlichen Spezifikationen der Schnittstellen an den PPI repräsentieren: konkret marktweit anerkannte Standard-API und Richtlini-

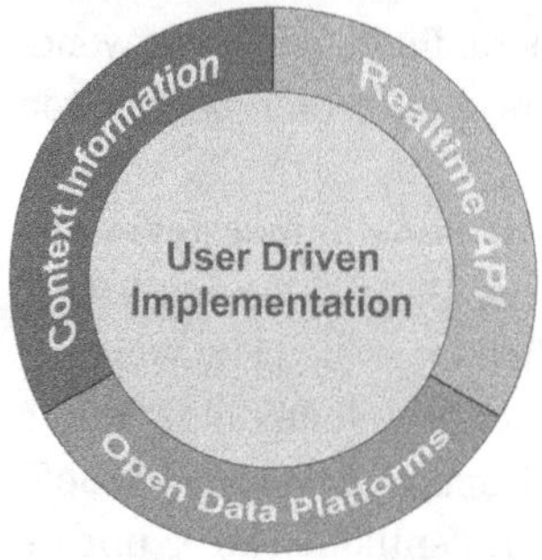

Abb. 5.3: Zentrale PPI Bereiche in der SynchroniCity (Quelle: SynchroniCity (2018)).

Interoperability Point	Description	Specification document (synchronicity-iot.eu/about)	Related Standards [and Baselines]
Context Management API	This API allow to access to real-time context information from the different cities.	Reference Architecture for IoT Enabled Smart Cities (D2.10)	ETSI NGSI-LD prelim API, OMA NGSI, ITU-T SG20*/FG-DPM*
Shared data models	Guidelines and catalogue of common data models in different verticals to enable interoperability for applications and systems among different cities	Guidelines for the definition of OASC Shared Data Models (D2.2) Catalogue of OASC Shared Data Models for Smart City domains (D2.3)	[SynchroniCity RZ + partner data models]
Marketplace API	It exposes functionalities such as catalog management, ordering management, revenue management, SLA, license management etc.	Basic Data Marketplace Enablers (D2.4) Guidelines for the integration of IoT devices in OASC compliant platforms (D2.6)	[TM Forum API]
Security API	API to register and authenticate user and applications in order to access to the SynchroniCity-enabled services.	Reference Architecture for IoT Enabled Smart Cities (D2.10)	OAUTH2
Data Storage API	This API allows to access to historical data and open data of the reference zones.	Reference Architecture for IoT Enabled Smart Cities (D2.10)	ETSI NGSI-LD, DCAT-AP [CKAN]

Abb. 5.4: Interoperabilitätsmechanismen des SynchroniCity Frameworks (Quelle: SynchroniCity (2018)).

en. MIMs sind wesentliche Grundlage der kollaborativen Arbeit in diesem Projekt. Zur Implementierung der auf Konsens basierenden PPI wer den Methoden und Empfehlungen für die praktische Umsetzung gegeben. Vier Bereiche werden als grundlegend angesehen (siehe Abbildung 5.3):

Die zentrale Regel des Projektes lautet, (1) nur Referenzen zu berücksichtigen, welche in der Praxis erprobt und nicht am „Schreibtisch“ entstanden oder „nur“ aus einem theoretischen Konzept abgeleitet sind. Diese Praxisnähe ist die Grundlage für die Beschaffung und Evaluierung der technischen Qualitäten der jeweiligen Umsetzung. (2) Open Data Platforms (im Sinne eines „Datalake“) bilden die unabdingbare jeweilige Datenquelle. Im Projekt wird auf die Referenz der von der Open Knowledge Foundation (OKF) eingeführten und weltweit mehrheitlich verwendeten Referenzarchitektur für offene Daten, „CKAN“, verwiesen. (3) Context Information ist der Kernbaustein in der Architektur und wird über sogenannte Context-Broker realisiert, wobei der De-facto-Standard hier von der in Berlin ansässigen FIWARE Foundation e. V. geliefert wird. (4) Realtime API sollen stets aktuelle Informationen bereitstellen.

Wie in Abbildung 5.4 ersichtlich, sind inzwischen weitere MIM hinzugetreten. Neben der Kollektion von spezifischen Datenmodellen wird auch eine Marketplace API als zentrales Element hervorgehoben. Dies entspringt der langjährigen und intensiven Zusammenarbeit zwischen FIWARE, OASC und TM Forum (dem weltweit führenden Verbund der Telekommunikationsindustrie). Das TM Forum ist eine Arbeitsgemeinschaft von über 850 Unternehmen der IT- und Telekommunikationsindustrie aus mehr als 70 Ländern. Zielsetzung ist die Bereitstellung von Leitlinien und Lösungskonzepten für die Verbesserung des Managements und des Betriebs von Informations- und Kommunikationsnetzen und stellt hier Funktionen zum Erreichen einer „Datenökonomie" bereit, die sozusagen die „kleine" Ausgabe der Plattform Ökonomie darstellt, die Stadt als Plattform und Enabler/Facilitator einer lokalen, kollaborativen Ökonomie (TMFORUM 2018). Schließlich werden die Sicherheitsmechanismen des Industrie Standards zur Authentifizierung, OAuth2.0 referenziert, welche seit 2006 entwickelt wurden (OAuth 2018).

(B) Industrial Dataspace Association (IDSA) – IDS Connector

Der in Deutschland beheimatete internationale Verbund IDSA hat es sich zur Aufgabe gemacht, ausgehend vom Industriebereich eine Referenzarchitektur für sicheren Austausch von Daten weltweit zu etablieren. Der IDS Connector (in diesem Zusammenhang ein MIM) ist einer der zentralen Bestandteile der von IDSA in den letzten Jahren entwickelten Referenzarchitektur, entstanden zunächst im Kontext von Industrie 4.0, der jetzt auch auf andere Domänen ausgeweitet wird. Im Kern stellt er eine Spezifikation zum Erreichen von Datensouveränität dar, eine zentrale und wichtige Voraussetzung für die Datenökonomie.

Abbildung 5.5 zeigt, wo der IDS Connector ansetzt und wie die verschiedenen Stakeholder vernetzt werden. Auch hier sind wieder einige der bekannten 5 MIMs aus dem SyncroniCity-Projekt anzutreffen: Der Data Marketplace und Open Data Source und der IDS Connector kombiniert Security mit Brokerfunktionen. Im Kern ermöglicht der IDS-Connector den souveränen Datenaustausch zwischen dem jeweiligen Bereitsteller und Nutzer der Daten.

(C) Smart MaaS (Mobility as a Service)

Im Projekt Smart MaaS (Smart Mobility as a Service) werden grundlegende Technologien und Ideen auch zur Lösung individuell vernetzter, innovativer Verkehrsmöglichkeiten im Sinne eines multimodalen Verkehrssystems als auch multimodalen Verkehrsverhaltens entwickelt (SmartMaaS 2018). Smart MaaS setzt dies während der Projektlaufzeit 2018–2021 mit dem europaweit anerkannten Softwareframework FIWARE um, welches schon in über 1.000 Projekten eingesetzt wurde und sowohl kos-

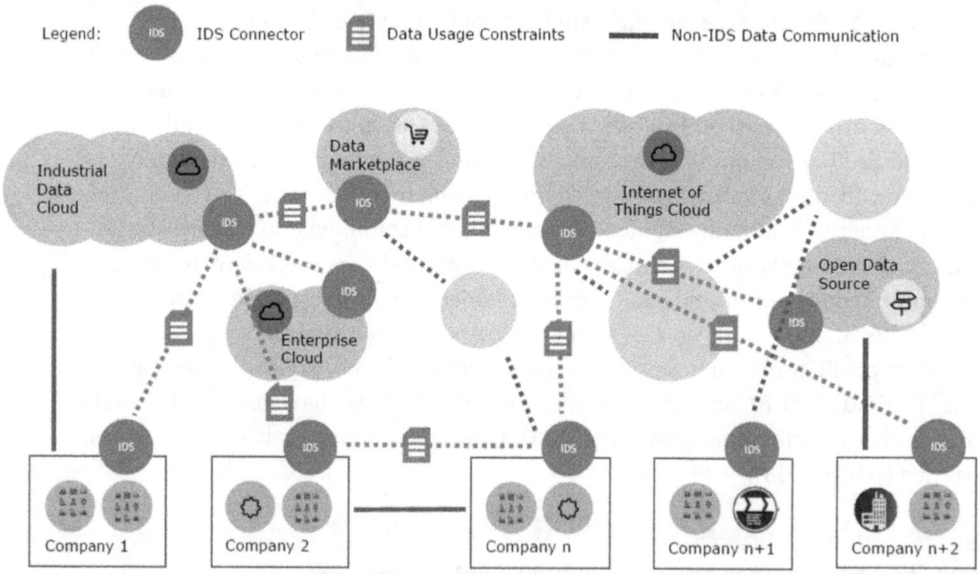

Abb. 5.5: IDS Connector (Quelle: IDSA (2018)).

tenlos als auch Open Source zur Verfügung steht. Auch hier spielt der Contextbroker (CB), wie im oben bereits erwähnten Projekt „SynroniCity" dargestellt und erläutert, eine entscheidende Rolle als MIM.

Der CB als modularer Softwarebaustein stellt die Implementierung der PPI zur Verfügung. Der Contextbroker wird in diesem Projekt weiterentwickelt, um im semantischen Web mit Linked Data umgehen zu können. Dies wird maßgeblich die Erhöhung der Qualität „Interoperabilität" ermöglichen. Aktuell basiert der Contextbroker auf dem NGSI 2.0 Protokoll von der Open Mobile Alliance (OMA), einer von der Industrie getragenen Standardisierungsgruppe, dokumentierten Spezifikationen. Die Contextbroker API ist eine RESTful API via HTTP.

Die nächste Version des Protokolls „NGSI-LD" wird das Linked-Data-Konzept unterstützen. Hier spielen Ontologien zur Erreichung von Interoperabilität eine entscheidende Rolle. Linked Data vernetzt Daten, und wird im Kontext von Open Data als Linked Open Data (LOD) bezeichnet. Dies ist eine der MIMs, die auch im SychroniCity-Projekt als einer der 5 zentralen Mechanismen konsensual identifiziert worden sind.

Abbildung 5.6 zeigt den prinzipiellen Aufbau der Ontologien, welche die Grundlage von Linked Data und Linked Open Data sind. Linked Open Data (LOD) ist Teil des Semantic Web. Unter Linked Open Data versteht man frei verfügbare Daten, die zu einem Netzwerk von Datenbeständen aus Begriffen mit eindeutiger Identifikationsnummer (sog. „URI") verbunden werden. Auf dieses Netzwerk (sog. Linked Open Data Cloud oder Giant Global Graph) können semantische Applikationen zugreifen. Im Projekt Smart MaaS geht es konkret darum, nicht nur Interoperabilität zwischen allen domainspezifischen Datenmodellen und Services im Bereich der Mobilität her-

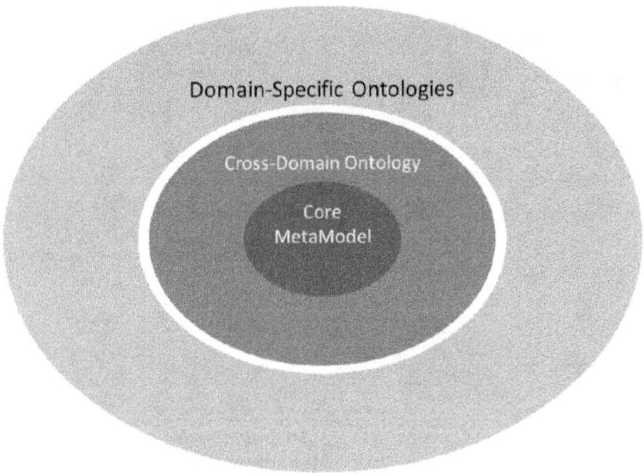

Abb. 5.6: Ontologie-Meta-Model (Quelle: ETSI (2018)).

zustellen, um die Vision einer multimodalen Mobilität technisch möglich zu machen, sondern diese auch *cross-domain* an Smart-City-Topologien anzubinden. Dabei werden die bewährten Verfahren PPI und MIM auch im Rahmen der projektbegleitenden Anforderungsanalyse genutzt, um die technische Umsetzung kompatibel, standardbasiert und somit interoperabel zu machen.

Im Ergebnis zielt das Projekt darauf ab, MIOS (also Minimum Information Interoperability Standards) im Mobility Sektor zu schaffen (MMIOS) die dann z. B. für lokale Plattformen und Operators in der Fläche genutzt werden können und mit den Smart-City-Topologien *cross-domain interoperabel* sind. Das Projekt wird auch die generischen und spezifischen API, unter anderem auf Basis FIWARE, realisieren und wird mit den Projektpartnern und assoziierten Partnern in mehreren Städten konkrete im Testbetrieb umsetzen. Bei der späteren kommerziellen Implementierungen werden PPIs und PCP Verfahren dann hilfreich sein, die lokale Adaption technisch geschickt umzusetzen.

5.6 Zusammenfassung

In diesem Kapitel wurde gezeigt, wie ausgehend von dem Konzept der PPI Konsens in marktnahen Standardisierungsprozessen erreicht werden kann. Natürlich haben alle Bemühungen um Standardisierung keinen Selbstzweck, sondern richten sich auf konkrete Vorhaben und Bedarfe. Deshalb haben wir weitergehend dargestellt, wie auf der Basis der PPI und MIMs konkrete Umsetzungen realisiert werden können und welche technischen, generischen Implementierungen aktuell weltweit dazu anerkannt sind. Daraus sind bereits MIOS entstanden, die bei der Umsetzung im einheitlichen digitalen Binnenmarkt auf der Basis der CEF Buildungsblocks (siehe CEF 2018) unter anderem Anwendung finden oder sich auch bei diversen anderen Standardisierungs-

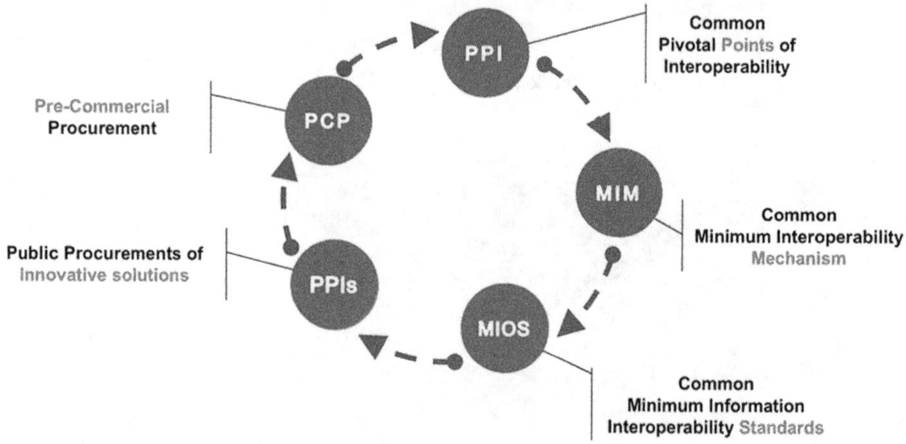

Abb. 5.7: Consensus Framework (Quelle: Eigene Darstellung).

gremien aktuell in der Umsetzung befinden. Ziel aller Anstrengungen sollte es sein die so entstandenen Spezifikationen im Markt breit einzuführen. In diesem Kapitel wurde deshalb darauf verwiesen, wie Innovationen mit den Instrumenten des PPIs und PCP europaweit bereits eingeführt werden. Das Ergebnis kann im folgenden Consensus Framework (Abbildung 5.7) dargestellt werden.

Die FIWARE Foundation, Berlin, entstanden aus der Future Internet Public Private Partnership (FI-PPP), hat sich in den Jahren 2011 bis 2018 an einen sehr ähnlichen Fahrplan wie das Consensus Framework gehalten und nicht zuletzt deshalb heute weltweit Erfolg. In den ersten Jahren, 2011 und 2012 wurden die PPI ermittelt, dort bezeichnet mit „Generic Enablern (GE)“. Ein GE ist ein allgemein, domainübergreifender Softwarebaustein und eine API. Die Architektur wurde maßgeblich vom Chefarchitekten Juanjo Hierro konsensual zwischen den über 500 beteiligten Partnern in der PPP entwickelt und dann 2013 in über 100 MIMs „gegossen“, also Codebausteine, auch „Building Block“ genannt. Nach ausführlichen großen Tests in Phase 2, den sogenannten Large Scale Pilots, wurden das Framework 2015 und 2016 in über 1.000 Projekten europaweit und später weltweit getestet. Dies war die Voraussetzung für die MIOS, welche in verschiedenen internationalen Arbeitsgruppen auf dieser Basis entstanden.

Auch GSMA hat eine Referenzarchitektur für ein IoT BigData Ecostsystem im Kern auf FIWARE NGSI API aufgebaut. TM Forum hat FIWARE NGSI als Basis Enabler für die Data Economy erkannt und in das eigene Framework übernommen. Auch Connecting Europe Facility (CEF) hat 2018 FIWARE als 6ten Baustein in das Framework aufgenommen, um den Single Digital Markt umzusetzen. ETSI hat 2018 den ersten Entwurf eines Context Information Standards (CIM) auf der Basis FIWARE NGSI veröffentlicht und auch die OASC, wie oben gezeigt, hat FIWARE Bausteine ins Zentrum der Architektur gestellt. Die ITU hat unter anderem in aktuell zwei Arbeitsgruppen MIMs und PPI in Anwendung:

1. ITU-T FG-DPM (Data Processing und Management to support IoT in Smart Cities and Communities
2. ITU-T SG20 (Open API for Smart Cities).

Aktuell arbeitet FIWARE über verschiedene Maßnahmen und in verschiedenen weltweiten PPIs und PCP-Projekten an der breiten Implementierung, nicht nur in Deutschland (Heidelberg, Paderborn, Wolfsburg, Aachen und andere) sondern in 39 Ländern rund um den Globus. Dabei werden die PPI und MIM als generische Bausteine zur Implementierung in verschiedenen Domänen eingesetzt: Neben Smart Cities auch erfolgreich im Industrie 4.0 und Smart Farming Bereich. In 2018 kommen weitere Domänen dazu, zunächst Smart Energy/Grid, andere Bereiche werden beobachtet.

5.7 Handlungsempfehlungen

Für innovative Unternehmen, die an der Erarbeitung von Interoperabilitätslösungen beteiligt sind, werden folgende Handlungsempfehlungen abgeleitet:

- Öffne Dich dem Wettbewerb und suche die Kooperation. Denke kollaborativ und handle agil!
- Starte in Gedanken und bei der Konzeption möglichst global – Deutschland ist keine Insel und auch Europa ist kein ausreichender Markt! (Think global but act local).
- Bottom Up – Standards sollten nicht nur in Gremien entstehen, sondern aus der Praxis aller Stakeholder (User-driven implementation).
- Innovation und Standards sind keine Gegensätze.

Das Consensus Framework bietet eine praktikable und bewährte Roadmap. Standards sind nicht für die Ewigkeit, die Halbwertzeit ist stark abnehmend, kaum entwickelt drohen sie zu veralten. Deshalb ist es von Beginn angeraten, stark iterativ und agil vorzugehen und Standards als Prozesse zu etablieren, mit Versionen unter einem Jahr (Jahreseditionen) und einem transparenten kontinuierlichen Weiterentwicklungsprozess (*lean*). Neue PPI können über die MIMs „inkubiert", veraltete „in Quarantäne" – oder „unter Beobachtung" gestellt werden. Die Aufgabe einzelner Verfahren und Standrads ist kein „Scheitern", sondern ein notwendiger Bestandteil im Prozess erfolgreicher Evolution. Kompromisse sind die Grundlage für starken Zusammenhalt und Voraussetzung für die breite Akzeptanz. Das Befreien von alten technischen Artefakten schafft neue Räume.

Es gibt grundsätzlich immer mehrere Bedeutungen und Interpretationen von Begriffen. Eine gewisse Vereinheitlichung ist auch hier ein Prozess und es kommt darauf an, unterschiedliche Sichtweisen zu konsolidieren bzw. unterschiedliche Bedeutungen in verschiedenen Kontexten zuzulassen. Deshalb empfiehlt es sich, frühzeitig einen „Glossar“ bzw. ein Vokabular anzulegen und die Unterschiede dabei zuzulassen. Erst im Verlaufe des Prozesses wird es zu einem konsensual besseren Verständnis von Begriffen kommen, bis hin zum „Nebeneinander“ von Perspektiven und Interpretationen. Als Beispiel sei der Begriff „Plattform“ genannt, dessen individuelle Bedeutung je nach Kontext erheblich voneinander abweicht. „Unschärfen“ in solchen Unterfangen zuzulassen ist eine Notwendigkeit und bedarf einer oft salomonischen Haltung.

Innovative, vorwettbewerbliche und innovative Beschaffungsmethoden sind notwendig um Innovationen zu fördern und neue auszuprobieren. Das erfordert Mut von allen beteiligten Akteuren. Zusammenarbeit ist der Schlüssel zum Erfolg: Wettbewerb und Zusammenarbeit sind keine sich ausschließenden Wege zu mehr Konvergenz. PPIs bilden den notwendigen Handlungsrahmen. Bereichsübergreifende Lösungen werden auf der Seite der Nachfrager (Beschaffung) zu einer Priorität – Integration ist wirtschaftlich sinnvoll nur möglich mit Interoperabilität. Eine Möglichkeit um Sektoren, Märkte und Verkäufer zu befreunden, besteht darin, die Dinge einfach zu halten und auf eine zunächst minimale technische Zusammenarbeit abzuzielen – alles andere ergibt sich dann daraus. Alles ist „im Fluss“ und kein Anbieter oder keine technische Lösung kann und sollte die ultimative Weisheit für sich beanspruchen.

Nizar Abdelkafi und Knut Blind

6 Standardisierung und Patentierung – Gleichwertige Instrumente in der Wissensökonomie?

6.1 Einleitung

Im Zuge der digitalen Transformation generieren Unternehmen enorme Datenvolumen in allen Geschäftsprozessen. Diese Daten können analysiert und ausgewertet werden, um relevantes Wissen zu generieren, das in Produktinnovationen, neue intelligente Dienstleistungen („Smart Services"), oder neue Geschäftsmodelle überführt werden kann. Als Konsequenz wird der immaterielle Anteil von Unternehmen stark wachsen. In einer wissensgetriebenen Ökonomie werden die physischen Assets eine geringere Rolle spielen als je zuvor. Dagegen wird Wissen eine besondere Bedeutung zukommen. Im Vergleich zu physischen Assets, hat Wissen besondere Eigenschaften, die seinen Schutz nicht unbedingt leicht machen. Patentierung ist ein etablierter Schutzmechanismus des geistigen Eigentums. Das Patentsystem ist entstanden, um Erfindern für einen gewissen Zeitraum das exklusive Recht zu erteilen, vom eigenen Patent (Wissen) profitieren zu können. Patentierung ist ein Ansatz, der in der betriebswirtschaftlichen Literatur oft diskutiert wurde. Aufgrund von Nachteilen des Patentsystems, ist Patentierung als Schutzstrategie in der Wissensökonomie oft nicht ausreichend. In diesem Kapitel werden deshalb neben der Patentierung die Normung und Standardisierung als weitere Instrumente für einen effizienten Umgang mit geistigem Eigentum in der Wissensökonomie vorgeschlagen. Für Unternehmen stellten sich dann folgende Fragen. Wann empfiehlt sich Patentierung, bzw. Normung und Standardisierung? Sind beide Instrumente als gleichwertig zu betrachten?

Vor diesem Hintergrund ist dieses Kapitel wie folgt aufgebaut: Zunächst wird die Wissensökonomie kurz definiert und der Zusammenhang zwischen Wissen und Innovation erläutert. Anschließend werden die Themen Patentierung und Standardisierung behandelt. Der Hauptteil dieses Beitrags zeigt anhand von Beispielen, dass Normung und Standardisierung (neben Patentierung) durchaus ein wichtiges Instrument im Umgang mit geistigem Eigentum in der Wissensökonomie darstellen. Auf Basis der Fallstudien werden schließlich Handlungsempfehlungen abgeleitet. Abschließend werden die wesentlichen Erkenntnisse des Beitrags zusammengefasst.

https://doi.org/10.1515/9783110629057-006

Wissen und Wissensökonomie

Nach Moldaschl und Stehr (2010) bezeichnet die Wissensökonomie eine vom vierten Produktionsfaktor „Wissen“ geprägte Wirtschaft (neben Arbeit, Boden und Kapital als die drei traditionellen Produktionsfaktoren). Nach Foray (2004) stellt die Wissensökonomie eine Wirtschaft dar, in welcher der Anteil von wissensintensiven Jobs hoch ist, das wirtschaftliche Gewicht des Informationssektors einen wesentlichen Faktor darstellt und der Anteil von nicht physischen Kapital größer ist, als vom physischen Kapital.

In der Wissensökonomie steht Wissen im Vordergrund. Wissen hat viele positive Eigenschaften. Es ist ein Gut, bei dem das Ausschlussprinzip nicht greift. Im Gegensatz zu physischen Gegenständen, können mehrere Individuen gleichzeitig auf dasselbe Wissen zurückgreifen, ohne dass Abnutzungserscheinungen auftreten. Wissen ist auch kumulativ, da Wissen auf anderes Wissen aufbaut, wie z. B. in der Mathematik, wo aus vorhandenen Sätzen, durch logisches Denken, weitere Sätze abgeleitet werden können. Wissen stellt auch eine Form von Kapital dar, da Wissen zur Lösung von praktischen Problemen verwendet wird (Foray, 2004).

Wissen hat aber auch negative Eigenschaften. Es kann vergessen werden. Wissen kann implizit sein und wird oft nicht schriftlich oder auf anderen Wegen festgehalten. Wissen ist auch „sticky“, d. h. es „klebt“ am Besitzer und kann teilweise nur mit großem Aufwand von Sendern zu potentiellen Empfängern übertragen werden. Darüber hinaus ist notwendiges Wissen selten an einem einzigen Platz zu finden, sondern meistens über mehrere Individuen bzw. Organisationen verstreut (Foray, 2004).

Wissen ist ein wesentlicher Bestandteil des Innovationsprozesses. Der Prozess der Umwandlung von Geld in Wissen kann als Forschung betrachtet werden. Hingegen ist das Ergebnis der Überführung von Wissen zu Geld ist Innovation. Da Wissen flüchtig ist, besteht generell das Risiko der ungewollten Wissensverbreitung (Spillover). Das heißt, damit Unternehmen in die Lage versetzt werden, von ihren Innovationen profitieren zu können, müssen sie entweder das Wissen geheim halten, was äußerst schwierig sein kann, oder anderen verbieten, das Wissen zu nutzen. Deshalb ist es nicht selbstverständlich, dass Unternehmen von ihren eigenen Innovation bzw. vom eigenen Wissen profitieren können.

Patente und Standards: Wesentliche Instrumente zur Monetarisierung von Wissen

David Teece war einer der ersten Wissenschaftler, der sich mit der Frage auseinandergesetzt hat, warum Unternehmen von der eigenen Innovation bzw. vom eigenen Wissen nicht profitieren können. Er stellte fest, dass Nachahmer von einer Innovation durchaus mehr profitieren können, als die Innovatoren selbst. In der Literatur gibt es viele Beispiele von Innovationen, bei denen der First Mover – der Innovator – nicht derjenige war, der am Ende die Früchte seiner Innovation ernten konnte. Teece hat dafür eine Erklärung. Entscheidend sind dabei drei Faktoren: das sogenannte Appropriability Regime, das Dominant Design Paradigma und die komplementären Assets (Teece 1986).

Das Appropriability Regime bezeichnet die Umweltfaktoren, wie z. B. die gesetzlichen Regulierungen in einem Land oder einer Region. Diese Faktoren bestimmen den Grad des Schutzes für den Erfinder. In einem starken Regime werden Erfinder gut geschützt; in einem schwachen allerdings nicht. In Deutschland ist das Appropriability Regime sehr ausgeprägt und die Erfinder sind im Falle einer Patentverletzung gut geschützt. In machen Entwicklungsländern ist das Appropriability Regime schwach entwickelt und der Erfinder verfügt nicht über ausreichende Schutzrechte.

Das Dominant Design Paradigma ist der zweite Faktor. Das Dominant Design bezeichnet ein Design, das sich am Markt durchsetzt. Vor einigen Jahren gab es beispielsweise einen sogenannten „Krieg" um die Technologiedominanz (Suarez 2004) zwischen Sony und Toshiba, bei dem jedes der beiden Unternehmen das eigene Design zum Standard machen wollte: Blu-ray vs. DVD HD. Der Gewinner war Blu-ray. Somit wurde Blu-ray das Dominant Design (z. B. Tidd und Bessant 2013).

Den komplementären Assets kommt eine wichtige Bedeutung zu. Beispiele für komplementäre Assets sind Distributionskanäle und Produktionsanlagen. Beispielsweise kann ein Start-up, welches eine Innovation auf den Markt bringen möchte, durchaus scheitern, wenn die wichtigen komplementären Assets zur Vermarktung und Produktion der Innovation nicht vorhanden sind. Insgesamt ist festzuhalten, dass von den drei von Teece erkannten Faktoren, zwei mit dem Schutz durch Patente und mit der Etablierung von Standards zusammenhängen.

Patentierung und Patente

Das Patentsystem stellt einen wesentlichen Aspekt beim Schutz des eigenen Wissens dar. Damit eine Erfindung ein deutsches Patent erhalten kann, sind Voraussetzungen zu erfüllen, die sich aus § 1 Abs. 1 des Patentgesetzes ergeben: „Patente werden für Erfindungen auf allen Gebieten der Technik erteilt, sofern sie neu sind, auf einer erfinderischen Tätigkeit beruhen und gewerblich anwendbar sind" (Bundesministerium der Justiz und für Verbraucherschutz).

Patente haben einige Vorteile. Sie stellen einen offiziellen Schutz des geistigen Eigentums dar. Durch Patente bekommen Unternehmen ein temporäres Monopol und signalisieren eine gewisse Innovationsfähigkeit nach Außen, was sich positiv auf das Image auswirken kann. Patente können genutzt werden, um neue Märkte zu erschließen. Patente können für die Unternehmen Lizenzgebühren generieren, wenn die zugrundeliegende Technologie an Dritte lizenziert wird, oder auch verkauft werden. Patente sind allerdings auch mit Risiken verbunden. Patente müssen veröffentlicht werden und so bekommen Dritte Zugang zum enthaltenen Wissen. In vielen Fällen kann zudem eine Nachahmung nicht einfach festgestellt werden. Darüber hinaus können

Wettbewerber die Patentansprüche umgehen. Die Kosten der Anmeldung und Aufrechterhaltung von Patenten sind relativ hoch. Auch die Prozessdauer bis zur Erteilung der Patentrechte kann relativ lang werden, oft mit negativen Konsequenzen für die Dauer des tatsächlichen Schutzes, von dem der Erfinder profitieren kann (z. B. Brock und Blind 2018). Patentierung ist ein formeller Mechanismus, der trotz seiner Nachteile ein etabliertes und wesentliches Instrument darstellt, das von Unternehmen verwendet wird, um das eigene Wissen schützen zu können.

Standardisierung und Standards

Während Patentierung eine Entscheidung ist, die Unternehmen gut beeinflussen können (z. B. durch die Anmeldung eines Patents), ist die Etablierung eines Dominant Designs keine Entscheidung, die von Unternehmen ausreichend beeinflusst werden kann. Grund dafür sind die Markteinflüsse, die dabei eine Rolle spielen können. In der Innovationsliteratur steht das Dominant Design eher im Fokus, meistens in Verbindung mit den sogenannten Standard Wars (Shapiro und Varian 1999), wie z. B. Blu-ray vs. DVD-HD. Allerdings wird sehr selten über Normen und Standards diskutiert, die mit der Unterstützung von Normungs- und Standardisierungsorganisationen generiert werden. Normen und Standards bzw. Normung und Standardisierung sind Produkte und Prozesse der Vereinheitlichung, wie zum Beispiel der ISO-Standard des Qualitätsmanagements und viele andere technische Standards.

Ein Standard wird oft als die anerkannte Art und Weise etwas zu tun definiert (z. B. Kaumanns und Siegenheim 2009). Wie oben dargestellt, gibt es grundsätzlich zwei Typen von Standards: De-facto- bzw. marktbasierte Standards, wie die Dominant Designs, und De-jure- bzw. gremienbasierte Standards. Der Unterschied besteht darin, dass De-jure-Standards von einer anerkannten Organisation, unter Konsensfindung in einem Gremium, erarbeitet werden, während dies bei De-facto-Standards nicht der Fall ist (siehe z. B. Brock und Blind 2018, Jakobs 2000). Wiegmann et al. (2017) ergänzen diese Klassifikation mit den sogenannten staatsgetriebenen Standards. Diese Standards werden vom Staat koordiniert, der seine Machtposition nutzt, um diese durchzusetzen. Die Autoren zeigen allerdings auf, dass viele bekannte Standards das Ergebnis eines komplexen Prozesses sind, in dem unterschiedliche Standardisierungsmodi kombiniert wurden. Während USB und Wi-Fi die Ergebnisse einer markt- und gremienbasierten Standardisierung darstellen, sind GSM und TCP/IP der Output der Kombination einer staats- und gremienbasierten Standardisierung.

Weiterhin können Standards anhand von vier Kategorien klassifiziert werden: Werksnormen, Industriestandards, Spezifikationen und Normen. Während Werksnormen und Industriestandards oft in den frühen Phasen des technologischen Entwicklungsprozesses ausgearbeitet werden, werden Spezifikationen und Normen eher in den späten Phasen des Entwicklungsprozesses erstellt. Bei Werksnormen und Industriestandards ist der Konsensgrad gering, da nur ein einzelnes Unternehmen bzw. ein geschlossener Kreis von Unternehmen daran beteiligt ist. Spezifikationen und Normen weisen hingegen einen höheren Konsensgrad auf, da ein offener Expertenkreis an der Erstellung beteiligt ist. Der Prozess wird von einer Normungsorganisation, wie z. B. durch das Deutsche Institut für Normung e. V. (DIN) in Berlin, betreut und moderiert. Der Hauptunterschied zwischen Spezifikationen (SPECs) und Normen ist der Konsensgrad. An der Erstellung von SPECs nehmen weniger Experten teil und der Prozess ist wesentlich schneller. Einige SPECs stellen die Vorstufe einer Norm dar (Hartlieb et al. 2016).

Während Patente das Wissen von einzelnen Unternehmen beinhalten, um Dritten das Recht einzuschränken, dieses Wissen zu verwenden, beinhalten Normen und Spezifikationen das Erfahrungswissen aus Industrie und Wissenschaft. Normen und Spezifikationen sind der breiten Masse zugänglich und können von allen Interessenten verwendet werden. Deshalb stellt sich die Frage, welche Vorteile Normung und Standardisierung haben, vor allem da sich andere Unternehmen als Trittbrettfahrer verhalten könnten. Für kleine und mittlere Unternehmen stellen Standardisierungs- und Normungsprozesse eine wichtige Wissensquelle für den eigenen Innovationsprozess dar, gerade wenn Forschungseinrichtungen aktiv beteiligt sind. Darüber hinaus könnten die in den Normen dargestellten Lösungen in die Regulierungen des Gesetzgebers fließen oder einen Beitrag zur Konkretisierung bestehender Regulierungen leisten. Ferner erleichtern Normen und Spezifikationen Unternehmen den Marktzugang für neue Produkte (Brock/Blind, 2018). Somit können Normen und Spezifikationen die Diffusion von Innovationen maßgeblich unterstützen (Abdelkafi und Makhotin 2014; Blind und Mangelsdorf 2016).

Patentierung und Standardisierung erscheinen deshalb als gegensätzliche Instrumente im Umgang mit geistigem Eigentum, welche von Unternehmen getrennt oder in Kombination genutzt werden können (Blind 2010; Blind und Thumm 2004). Wenn ein Unternehmen eine neue Technologie entwickelt hat, stehen mindestens drei Optionen zur Verfügung: (1) Ein Patent beim Patentamt anmelden, (2) in die Normung gehen, oder (3) die Technologie geheim zu halten.

Patentierung stellt ein wesentliches Instrument für den Schutz geistigen Eigentums dar. Unternehmen, die einen Standard etablieren, können sich auch im Wettbewerb durchsetzen. Daraus lassen sich folgende Fragen ableiten:

- Wie sollen Unternehmen mit dem geistigen Eigentum umgehen? Sollten Unternehmen eher die Patentierung oder Standardisierung wählen?
- Welches Instrument ist unter welchen Bedingungen besser bzw. inwieweit lassen sich die beiden Instrumente kombinieren?
- Sind Patentierung und Standardisierung gleichwertige Instrumente?

6.2 Fallstudien

Um diese Fragen zu beantworten, werden anhand von Fallstudien (Yin 2003) von relativ jungen Unternehmen bzw. Start-Ups die Motive und Gründe nachgezeichnet, sich für das Patentieren oder Standardisieren von technologischen Innovationen zu entscheiden (Abdelkafi et al. 2016). Tabelle 6.1 zeigt eine Übersicht über die Fallstudien. Alle Namen der Unternehmen wurden anonymisiert. Die Unternehmen sind zwischen drei und 20 Jahre alt. Einige Unternehmen sind deshalb nicht mehr in der Start-up-Phase. Im Gegensatz zu großen Konzernen verfügen die meisten Unternehmen in den Fallstudien über beschränkte Ressourcen. Alle Unternehmen haben weniger als 50 Mitarbeiterinnen und Mitarbeiter. Sie kommen aus Branchen wie IT-Dienstleistungen, Mess- und Prüftechnik, oder Funktechnologien. Einige Unternehmen haben nur Normung, manche nur Patentierung ausgewählt. Viele hingegen haben beide Instrumente kombiniert.

Im Folgenden wird nur auf drei Fallstudien ausführlich eingegangen. Diese Unternehmen sind DAWIS, ein IT-Dienstleister, das Unternehmen REDS, ebenfalls ein IT-

Tab. 6.1: Durchgeführte Fallstudien (Quelle: Eigene Darstellung basierend auf Abdelkafi et al. (2016)).

Unternehmen	Alter	Mitarbeiteranzahl	Technologie/ Branche	Gewählte Instrumente	Anzahl der Interviews	Weitere Informationsquellen
1 (DAWIS)	9	<25	IT-Dienstleistung	DIN SPEC	2	Website, Vor-Ort-Beobachtung
2 (TOSK)	6	<10	Innovationsberatung	DIN SPEC	1	Website
3 (MOFT)	10	<10	IT-Dienstleistung	DIN SPEC	2	Website, Veröffentlichungen
4 (ACEL)	7	<50	IT-Dienstleistung	Normung (passive Partizipation)	1	Website
5 (REDS)	9	<10	IT-Dienstleistung	Patentierung	1	Website
6 (ASYM)	3	<10	Mess- und Prüftechnik	DIN SPEC und Patentierung	2	Website
7 (AZUR)	5	<10	Mess- und Prüftechnik	DIN SPEC und Patentierung	1	Website, Veröffentlichungen
8 (NANT)	20	<25	Funktechnologie	Normung und Patentierung	1	Website, Veröffentlichungen
9 (WINSE)	5	< 5	Funktechnologie	Normung und Patentierung	1	Website, Firmenpräsentationen
10 (QAGO)	10	<10	Funktechnologie	Normung und Patentierung	2	Website

Dienstleister und das Unternehmen NANT aus dem Bereich Funktechnologie. DAWIS hat nur Normung und Standardisierung als Instrument angewandt; REDS nur Patentierung, während NANT die beiden Instrumente miteinander kombiniert hat.

Einzelfallstudienanalyse

DAWIS

DAWIS bietet individualisierte IT-Dienstleistungen und IT-Consulting im Sicherheitsbereich an. Das Unternehmen hat eine eigene Rechenzentrumslösung für IT-Sicherheit entwickelt. Für diese Lösung hat DAWIS eine DIN-SPEC veröffentlicht und sich deshalb bewusst gegen ein Patent entschieden. Ein wichtiger Entscheidungsgrund gegen Patentierung ist idealistischer Natur. Der Entscheidungsträger (CEO) beschreibt seine grundsätzliche Einstellung wie folgt: „Das wäre irgendwie fast schon gemein, das zu patentieren und das allen vorzuenthalten."

Dem Unternehmen ist auch bewusst, dass Patentverletzungen schwer zu überprüfen sind: „Patente sind nur so viel Wert, wie man sie einklagen kann." (CEO von DAWIS) Außerdem, hätte sich DAWIS für ein Patent entschieden, dann wäre es dem Unternehmen im Falle einer Patentverletzung schwergefallen nachzuweisen, dass Dritte das Patent verletzt haben. Hier geht es um eine (Prozess-)Technologie, die im Backoffice Anwendung findet und die von außerhalb der Organisation nicht zu sehen ist.

Der CEO vom Unternehmen war gegenüber Normen und Standards positiv eingestellt, hatte aber – bevor ein externer Berater darauf hinwies – keine Kenntnisse über DIN SPECs. Die DIN-SPEC war das richtige Instrument aufgrund der relativ geringen Kosten und der kurzen Erstellungsdauer. Wegen der hohen Innovationsgeschwindigkeit in der Branche wollte das Unternehmen ein Instrument auswählen, das schnell anzuwenden ist. Im Vergleich zum DIN-Normungsverfahren, welches hohes Konsensniveau erfordert, ist die DIN SPEC relativ schnell zu generieren: „Wir mussten das so machen, weil das normale DIN-Verfahren drei Jahre dauert. [...] Wenn wir da jetzt noch drei Jahre für den Veröffentlichungsprozess bräuchten, dann ist die Gefahr relativ hoch, dass man damit irgendwie viel zu spät releast oder das nochmal überarbeiten muss." (CEO von DAWIS)

DAWIS hat sich mit der Veröffentlichung der DIN-SPEC erhofft, Reputation aufzubauen, erhöhte Sichtbarkeit am Markt zu erzielen und eine Verbreitung der Technologie zu realisieren. Durch die Veröffentlichung der DIN SPEC hat DAWIS zusätzliche Anfragen zum entwickelten Verfahren generiert, die ohne die DIN-SPEC unmöglich zu erzielen gewesen wären. Außerdem hat das Unternehmen nun mit der DIN-SPEC eine verbesserte Verhandlungsposition gegenüber Kunden erreicht, da DAWIS gut argumentieren kann, dass seine Technologie einem DIN-Standard entspricht. Außerdem konnten neue Services rund um die Beratung zur Erarbeitung der DIN-SPEC angeboten werden.

Wie wäre DAWIS vorgegangen, hätte das Unternehmen von der DIN SPEC nichts erfahren? DAWIS hätte die Technologie verkauft, denn zum Zeitpunkt gab es ein konkretes Angebot von einem amerikanischen Unternehmen. Dies hätte dazu geführt, dass die damit verbundenen Arbeitsplätze in den USA und nicht in Deutschland entstanden wären.

REDS

REDS bietet eine Sicherheitssoftware zum Schutz von sicherheitskritischen Anwendungen und hochvertraulicher Kommunikation an. REDS hat zwei Patente angemeldet, um die darunterliegenden Verfahren zu schützen. REDS ist ein Unternehmensbeispiel, das nur Patentierung als Instrument ausgewählt hat. Ziel ist es, das eigene geistige Eigentum als Alleinstellungsmerkmal zu sichern und ein Image als innovatives Unternehmen aufzubauen (Signalling-Effekt). Für ein kleines Unternehmen mit begrenzten Ressourcen wie REDS, ist es allerdings nicht selbstverständlich, dass Patente tatsächlich einen Mehrwert liefern, insbesondere, wenn Dritte die Patentrechte verletzen. Die Kosten der Gerichtsverfahren sind häufig so hoch, dass sich kleine Unternehmen oftmals gegen einen Rechtsstreit entscheiden. REDS hat aber aufgrund von internen Ressourcen eine andere Meinung dazu: „Wir sind ein Team von drei Anwälten und das Einklagen fällt uns leicht. Wir würden auch die Mittel einlegen, die wir einlegen müssen."

REDS hat sich auch überlegt, die der Software zugrundeliegenden Verfahren in anderen Regionen patentieren zu lassen. Das ist aber äußerst problematisch, vor allem wegen der hohen Kosten, die damit verbunden sind, wie z. B. die Übersetzungskosten und die Patenanmeldungskosten im Ausland.

NANT

NANT vertreibt Soft- und Hardware zur Lokalisierung und Identifizierung von Personen und Objekten sowie für die Installation von intelligenten Sensornetzen. NANT hat Normung und Patentierung miteinander kombiniert. Mindestens drei interne Gründe haben dazu geführt, dass NANT nicht nur Patente, sondern beide Instrumente eingesetzt hat. Erstens hatte NANT einige Patente angemeldet und wollte anschließend die enthaltenen Technologien und Lösungen zum Standard machen, damit eine hohe Verbreitung erreicht werden kann. Zweitens hat sich NANT im Laufe der Zeit von einem Ingenieur-Dienstleister hin zum Produzenten entwickelt, dessen Produkte normenkonform sein müssen. Drittens kennt der CEO von NANT aufgrund seiner Erfahrung mit Normen und Standards deren spezifischen Vorteile sehr gut.

Auch einige externe Faktoren waren für die Entscheidung der Kombination von Patentierung mit Normung und Standardisierung relevant. In der Funktechnikbranche, in der das Unternehmen zu verorten ist „[...] gibt es keine Alternative“ (CEO von NANT). Ohne Beteiligung in der Normung und Standardisierung wäre das Unternehmen nicht in der Lage, Erfolge zu verzeichnen. Das hohe thematische Interesse anderer Stakeholder an einer internationalen Norm ist auch ein zusätzlicher Aspekt. Bei der Umfrage von ISO (Internationale Organisation für Normung) haben sich gleich zwölf Länder bereit erklärt, bei der Entwicklung des Standards von NANT mitzuwirken.

Für NANT bringt Patentierung einige Vorteile mit sich. Patente gewährleisten den Schutz des eigenen Technologie-Know-how und unterstützen das Unternehmen bei der Akquise von Investoren. Patente sind immer eine wichtige Voraussetzung für die Entscheidung von Investoren, ob sie in das Unternehmen investieren wollen oder nicht. Der CEO merkte dazu an: „Patente braucht man allgemein, wenn ich meine Investoren suche. Bis jetzt habe ich es noch nicht so richtig geschafft, Investoren dafür zu begeistern, dass ich eine Norm vorangetrieben habe.“ Mit Patenten generiert NANT Einnahmen durch Lizenzgebühren, insbesondere durch die sogenannten Standard Essential Patents (SEPs), d. h. Patente, die in den Standards zitiert werden. SEPs sind insofern interessant, dass kein Dritter den Standard umzusetzen darf, ohne dass Patentlizenzen gekauft werden. Die Lizenzierung der Patente soll allerdings zu FRAND-Bedingungen erfolgen. FRAND steht für Fair, Reasonable and Non-Discriminatory (fair, angemessen und diskriminierungsfrei).

Durch die Normung besteht für NANT die Möglichkeit, ein internationales Netzwerk aufzubauen. Normung setzt Konsens voraus und führt dazu, dass viele Interessenten mit unterschiedlichen Perspektiven zusammenfinden. Dies ermöglicht den Wissenstransfer. Wichtiges Wissen von anderen Teilnehmenden kann aufgenommen und in das eigene Unternehmen getragen werden. Die Normungsarbeit hat auch NANT dazu verholfen, einen globalen Standard zu etablieren und relevante Märkte im Ausland zu identifizieren. Außerdem ist der Effekt auf das Image erheblich, da NANT mit Normen Qualität, Sicherheit und Zuverlässigkeit nach Außen signalisieren kann.

Vergleichende Fallstudienanalyse

Während DAWIS die DIN SPEC als Instrument ausgewählt hat, um eine Verbreitung der Technologie sowie die Entwicklung neuer Services im Sinne von Beratung zu ermöglichen, meldete REDS Patente an, um vor allem Exklusivitätsrechte zu sichern und sich im Markt zu differenzieren. NANT hingegen hat eine Mixstrategie verfolgt, die Normung und Patentierung kombiniert. Für NANT sind Standards aufgrund der eigenen Branche (Funktechnik) unabdingbar und relevant zur Verbreitung der eigenen Patente. Es besteht auch Komplementarität zwischen Patentierung und Standardisierung. Patente sind für NANT höchstrelevant, da sie die Exklusivitätsrechte sichern,

Tab. 6.2: Vergleichende Fallstudienanalyse von DAWIS, REDS und NANT (Quelle: Eigene Darstellung basierend auf Abdelkafi et al. (2016)).

	Normung und Standardisierung	Patentierung
DAWIS	– Verbreitung der Technologie – Entwicklung neuer Services (Beratung/Zertifizierung)	
REDS		– Sicherung der Exklusivitätsrechte – Differenzierung (USP)
NANT	– Erfüllung der wichtigen Voraussetzung zur Markteinführung – Verbreitung der Technologie und dazugehöriger Patente	– Sicherung der Exklusivitätsrechte – Generieren von Lizenzeinnahmen (besonders durch SEPs – Standards Essential Patents) – Erhöhung der Attraktivität für Investoren

Lizenzeinahmen generieren, insbesondere in Kombination mit Standards und zudem die Attraktivität für Investoren erhöhen (Tabelle 6.2).

Dies zeigt, dass Patente und Standards durchaus gleichwertige und komplementäre Instrumente sein können, die von Unternehmen einzeln oder in Kombination verwendet werden können, um vom eigenen Wissen, bzw. von der eigenen Innovation effektiv profitieren zu können.

6.3 Handlungsempfehlungen

Um Unternehmen bei der Entscheidungsfindung zu unterstützen, ob sie Normung und Standardisierung, Patentierung oder eine Kombination umsetzen sollten, wurde ein praktisches Instrument – ein Entscheidungsbaum – entwickelt (Abdelkafi et al. 2016). Dieser Entscheidungsbaum hat vier Ebenen, die auf Entscheidungskriterien basieren, die aus den Fallstudien hervorgehen. Auf der ersten Ebene des Entscheidungsbaums stellt sich die Frage, ob die Technologie überhaupt patentierbar ist. Die zweite Frage beschäftigt sich mit der Relevanz des Schutzes von internem Know-how für das Unternehmen. Die dritte Frage bezieht sich auf das Bedürfnis von Unternehmen, mit zusätzlichen Netzwerkpartnern in Kontakt zu kommen und die letzte Frage ist mit der technologischen Entwicklungsgeschwindigkeit am Markt verbunden (Abbildung 6.1).

Im Folgenden wird zunächst auf die linke und anschließend auf die rechte Hälfte des Entscheidungsbaums eingegangen. Die linke Hälfte des Entscheidungsbaums ergibt sich bei einer patentierbaren Technologie. Nach Prüfung der Patentierbarkeit, stellt sich die Frage, ob der Schutz von internem Know-how für das Unternehmen wichtig ist. Wenn dies der Fall ist, dann lassen sich Patentierung oder Geheimhaltung empfehlen. Beispielsweise für REDS war die Sicherstellung der Exklusivitätsrechte von großer Bedeutung. Außerdem besteht das Führungsteam aus Anwälten, denen

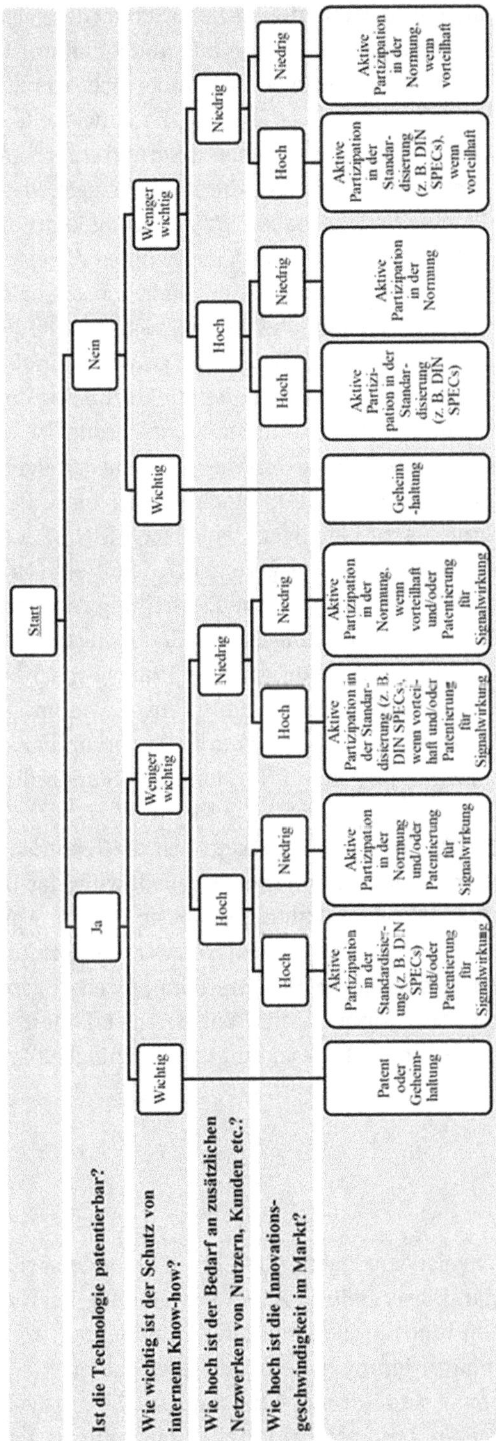

Abb. 6.1: Entscheidungsbaum (Quelle: Abdelkafi et al. (2016)).

das Einklagen leichtfallen würde. Wenn der offizielle Schutz des geistigen Eigentums in den Hintergrund tritt, dann eignen sich Normung und Standardisierung. Zum Beispiel für DAWIS war der Schutz des geistigen Eigentums nicht von höchster Priorität. Das Unternehmen wollte Dritten sein Wissen über die entwickelte IT-Lösung nicht vorenthalten. Außerdem wäre das Unternehmen aufgrund ihrer knappen finanziellen Mittel nicht in der Lage gewesen, einen Rechtsstreit einzugehen, sollten Dritte die unternehmenseigenen Patente verletzt haben. Patentierung kann in solchen Fällen für Signalwirkung genutzt werden, damit das Unternehmen die eigene Innovationsfähigkeit nach Außen signalisieren kann. Es ist auch möglich, die beiden Instrumente intelligent miteinander zu kombinieren, wie im NANT-Fallbeispiel. Für NANT haben sich die Patente gelohnt, da sie dadurch Investoren gewinnen und Lizenzgebühren generieren können. Standardisierung wäre in der Funktechnologiebranche nicht zu umgehen. NANT konnte durch Normung und Standardisierung das Kontaktnetzwerk vergrößern. Deshalb empfiehlt es sich für Unternehmen, die das eigene Netzwerk von Nutzern, Kunden und Anwendern erweitern möchten, sich aktiv an den Normungs- und Standardisierungsgremien zu beteiligen, wobei sich DIN SPECs besser eignen, wenn sich der Markt schnell verändert. Bei geringer Dynamik sind Normen allerdings besser. Der Hauptgrund besteht darin, dass die Erarbeitung von Normen grundsätzlich aufgrund des hohen Konsensgrads eine längere Erstellungszeit als die DIN SPECs benötigt. Hohe Innovationsgeschwindigkeiten in der Branche machen deshalb die relativ schnell zu erarbeitenden DIN SPECs viel attraktiver, wie im Falle von DAWIS. Sollte das Bedürfnis an zusätzlichen Netzwerken nicht vorhanden sein, dann muss das Unternehmen im Einzelfall prüfen, ob Normung und Standardisierung von Vorteil sind.

In der rechten Hälfte des Entscheidungsbaums ist die Technologie nicht patentierbar. Trotzdem kann der Schutz von internem Know-how für das Unternehmen relevant sein. In diesem Fall ist Geheimhaltung die beste Option. Ähnlich wie in der ersten Hälfte macht der Bedarf an zusätzlichen Netzwerken Normung und Standardisierung interessant. Ist dies nicht der Fall, muss im Einzelfall geprüft werden, ob Normung und Standardisierung sinnvoll sind. Wie bereits erläutert, eignen sich DIN SPECS besser als Normen, wenn die Entwicklungsgeschwindigkeit am Markt hoch ist und vice versa.

6.4 Ausblick

Der effektive Umgang mit geistigem Eigentum stellt ein besonders wichtiges Thema in der Wissensökonomie dar. Dieser Beitrag zeigt, dass Unternehmen bei der Entwicklung von technologischen Innovationen nicht nur Patentierung, sondern zusätzlich auch Normung und Standardisierung in Betracht ziehen sollten.

In der Wissensökonomie sind Normung und Standardisierung von den Unternehmen proaktiv voranzutreiben. Der Entscheidungsbaum identifiziert die wesentlichen

Faktoren, die bei der Entscheidungsfindung eine Rolle spielen können. Normung und Standardisierung lassen sich durch sogenannte Standards Essential Patents (SEPS) auch gut kombinieren. Es gibt neben den SEPs auch weitere intelligente Möglichkeiten der Kombination von Normen und Patenten. Beispielsweise hat ein Unternehmen, das in diesem Beitrag nicht erwähnt wurde, ein Verfahren zur optischen Messung von Tropfen und Partikeln entwickelt. Dieses Verfahren findet z. B. bei automatisierten Lackierungsprozessen in der Automobilindustrie Anwendung. Das Unternehmen hat das Verfahren an sich standardisiert (DIN-SPEC) und zudem die eigenentwickelte Technologie patentiert. Wollen nun Dritte Lösungen umsetzen, die dem Standard entsprechen, müssen sie entweder eine neue Technologie entwickeln oder die vorhandene patentierte Technologie beim Patenteigner lizensieren.

In Zukunft könnten weitere Möglichkeiten der Kombination von Normen bzw. Standards und Patenten identifiziert werden. Außerdem wird es eine große Herausforderung in der Wissensökonomie sein, dass Unternehmen Ansätze für den Schutz von Geschäftsmodellen im Gegensatz zum Schutz von Technologien an sich entwickeln. Dafür sind viele Forschungsarbeiten sowie wissenschaftlich basierte Werkzeuge und Methoden notwendig. Der Kombination von Patentierung und Standardisierung als gleichwertige Instrumente wird dabei eine wichtige Bedeutung zukommen.

Tim Pohlmann

7 Das Zusammenspiel zwischen Patenten und Standards

7.1 Einleitung: Das Zusammenspiel von Patenten und Standards

Märkte der Informations- und Kommunikationstechnologien (IKT) – Märkte sind gekennzeichnet durch kurze Produktlebenszyklen und eine schnelle Technologieentwicklung. Dabei konkurrieren Firmen auf mehreren Marktebenen hinsichtlich ihrer Technologien, Produkte und Dienstleistungen. IKT – Produkte sind oft technisch voneinander abhängig oder funktionieren unabdingbar zusammen. Grundlegend für die Entwicklung vieler Produkte in der IKT-Branche sind Technologiestandards. Diese spezifizieren eine gemeinsame Sprache, damit unterschiedliche Technologien bzw. Technologiekomponenten miteinander kommunizieren und interagieren können.

Standardisierte Technologien wie 4G/5G, WLAN, HEVC, NFC, RFID oder Bluetooth werden aller Voraussicht nach einen wichtigen Beitrag zur nächsten technologischen Revolution der Industrie 4.0, Smart Services und Internet of Things (IoT) beisteuern (Pohlmann 2017). In dieser Hinsicht werden sogenannte standardessentielle Patente (SEPs) zunehmend Gegenstand lebhafter Debatten zwischen Marktbeobachtern, politischen Entscheidungsträgern und Regulierungsbehörden. Das Zusammenspiel von Patenten und Technologiestandards hat in den letzten Jahren vermehrt zu gerichtlichen Patentstreitigkeiten geführt. Dabei ist die rechtliche Auslegung der Lizenzierungskonditionen nicht immer eindeutig, die Lizensierung über Patentpools oftmals langwierig und die Statuten der Standardisierungsorganisationen (Standard Setting Organizations – SSOs) beschreiben nicht selten unterschiedliche Anforderungen. Situationen, in denen bei der Implementierung eines Standards ein Patent verletzt wird, stellen Gerichte, Kartellämter und Standardorganisationen vor komplexe rechtliche Herausforderungen (Pohlmann 2016). Es stellt sich die Frage, unter welchen rechtlichen Rahmenbedingungen Patente in Standards innovationsfördernd wirken oder eine Blockade für die Entwicklung neuer Technologien und Produkte darstellen. Aktuelle Umfrageergebnisse zeigen, dass Unternehmen bezüglich der Lizensierung von standardessentiellen Patenten eine gewisse Rechtsunsicherheit empfinden. Problematisch wird im Besonderen die fehlende Transparenz bezüglich der Offenlegung von standardessentiellen Patenten, der konkreten Bedeutung der Lizenzbedingungen sowie die rechtliche Handhabung der Patentdurchsetzung gesehen (Blind und Pohlmann 2014). In der Tat ist wenig über die Gesamtzahl der standardessentiellen Patente bekannt, die in den zahlreichen Standardisierungsorganisationen deklariert wurden.

https://doi.org/10.1515/9783110629057-007

7.2 Standardisierung und Patente für Informations- und Kommunikationstechnologien

Die Teilnehmer der Standardisierung und Normung sehen sich vor allem mit zwei großen Herausforderungen konfrontiert (Baron et al. 2014). Erstens ist die Standardisierung kostenintensiv und zunehmend auf eine Vielzahl von Organisationen und Länder verteilt. Zweitens sind standardisierte Technologien in der Kommunikationstechnologie in vielen Fällen durch Patente geschützt. Diese so genannten standardessentiellen Patente unterliegen einem neuen und anderen rechtlichen Rahmen, der über die Rechte des regulären Patentrechts hinausgeht. Im Bereich der Informations- und Kommunikationstechnologie (IKT) ist die Standardsetzung nicht mehr nur eine bloße Spezifikation von Kompatibilitätsstandards, sondern eine gemeinsame Entwicklung hochentwickelter Technologien. Daher bilden Standards häufig eine große Anzahl von innovativen Technologien ab, die hochgradig patentiert sind (Baron und Pohlmann 2013). 4G/5G sorgen für die Kommunikation von Mobiltelefonen und Smartphones. Der Wi-Fi-Standard bietet eine drahtlose Verbindung zu lokalen Internet-Hosts. CD, DVD oder Blu-Ray garantieren, dass Decoder oder Player Discs lesen, um Filme auf Fernseh- oder Computerbildschirmen zu sehen, und der HEVC-Standard ermöglicht das Abspielen von Videos in hoher Qualität in komprimierten Datenformaten auf mehreren Geräten. Der zunehmende Bedarf an Interoperabilität geht einher mit einer zunehmenden Verfeinerung der Technologiestandards. In diesem Zusammenhang ist die Standardsetzung in Bezug auf Forschungs- und Entwicklungsaktivitäten viel anspruchsvoller geworden. Standardessentielle Patente spielen eine wichtige Rolle in der Normung und Standardisierung, da sie Anreize für Unternehmen schaffen, Technologien für Standards zu entwickeln und zu Standardisierungsbemühungen beizutragen. Standardisierung bedeutet eine kostspielige private Investition in ein öffentliches Gut. Aufgrund dieser Externalität sind Standardhersteller mitunter überfordert, Standards zu entwickeln und zu verbessern. Die Aussicht, ihre patentierte Technologie in technologische Standards zu integrieren, ist ein wichtiger Anreiz für Unternehmen, ihre Investitionen in die Standardisierung zu erhöhen. Außerdem haben Patentinhaber ein stärkeres Eigeninteresse, in Verbesserungen bestehender Standards zu investieren, wenn sie die Kosten durch Lizenzgebühren wieder hereinholen können.

7.3 Patente und Standards: Offenlegung, Lizenzen, Patentstreitigkeiten und rechtspolitische Diskussionen

Patente sollen Anreize zur Investition in Forschung und Entwicklung geben. Standards dienen als gemeinsame Plattform, damit technologische Innovationen zusammen funktionieren können (Simcoe 2012). Patentierung wie auch Standardisierung fördern somit gemeinsam Innovationen, aber auf Basis verschiedener Wirkungsweisen. Das Zusammenspiel von Patenten und Standards kann aber auch zu Problemen führen. Ziel der Standardisierung ist die Verbreitung und der Zugang zu Technologien. Dabei sollen standardisierte Technologien weltweit adaptiert werden, damit innovative Lösungen miteinander funktionieren bzw. im IKT-Kontext kommunizieren können. Patente hingegen gewähren dem Schutzrechthalter ein temporäres Monopol für eine Technologie, um Dritte von der Nutzung auszuschließen. Während Standards auf eine breite Anwendung zielen, können Patente genau diese verhindern (Simcoe et al. 2009).

Standardisierungsorganisationen wie auch Kartellämter haben das Problem wie folgt gelöst: In der Auffassung des Kartellrechts beschreibt die Lizensierung eines für einen Standard relevantes Patent einen isoliert zu betrachtenden Markt (Lemley und Shapiro 2006). Da eine industrieweit genutzte standardisierte Technologie ohne die Verletzung des Patents nicht genutzt werden kann, hat der Patenthalter eine Monopolstellung für diese Technologie inne. Ist ein Unternehmen an der Standardisierung einer Technologie beteiligt, verpflichtet es sich explizit standardessentielle Patente an Dritte zu lizensieren. Damit der Patenthalter jedoch keine Monopolpreise verlangen kann, ist die Lizensierung an so genannte FRAND (Fair, Reasonable and Nondiscriminatory) – Bedingungen gebunden (Lemley 2002).

„Fair" bedeutet, dass nur Patente lizensiert werden können, die bei einer Implementierung des Standards verletzt werden. Patente, die andere Technologien schützen, dürfen nicht mit standardessentiellen Patenten gebündelt werden (bundling). Weiterhin darf ein standardessentielles Patent nicht als Druckmittel für den Zugang zu anderen Patenten des Lizenznehmers verwendet werden (grant-backs) oder als Druckmittel zur Restriktion der Geschäfte mit Wettbewerbern (mandatory exclusivity) missbraucht werden (Blind und Pohlmann 2014).

Die Bedingung einer verhältnismäßigen, sprich „Reasonable"-Lizenz, stellt wohl rechtlich die größte Herausforderung dar und wird in der Industrie wie auch von Regulierungsinstitutionen kontrovers diskutiert. Wenn mehrere Patente zur Implementierung eines Standards lizensiert werden müssen, wird der aggregierte Lizenzbetrag betrachtet. Im Fachjargon spricht man daher von einer Stapelung der Lizenzgebühren (royaltystacking). Dabei handelt es sich oftmals um einen Prozentsatz des Umsatzes eines Produktes. Fraglich ist jedoch, ob sich der Umsatz auf eine Technologiekomponente, ein System oder ein Endprodukt beziehen sollte. Dabei kann der zu zahlende prozentuale Lizenzbetrag bei einem LTE-fähigen Auto beispielsweise entsprechend höher ausfallen, als bei einem LTE-fähigen Smartphone. Lizenzgebühren sollten dabei den inkrementellen Wert im Vergleich zur nächstbesten technischen Alternative nicht überschreiten. Dieser eher theoretische Ansatz lässt jedoch viel Spielraum für Interpretationen. Nicht selten streiten Unternehmen über die Höhe von Lizenzgebühren und somit darüber, was eine angemessene FRAND-Gebühr in einem konkreten Anwendungsfall bedeutet (Blind und Pohlmann 2014).

Nicht diskriminierend, „non-discriminatory", bezieht sich auf die Lizenzrate, wie auch auf die Lizenzbedingungen und beinhaltet die Gleichbehandlung aller Lizenznehmer. Dies bedeutet jedoch nicht, dass die tatsächlich zu zahlende Lizenzgebühr für alle Lizenznehmer gleich hoch sein muss. Wichtig ist vielmehr die Chancengleichheit aller Wettbewerber. Wenn ein Unternehmen ein Patent als standardessentiell offenbart und sich weigert, entsprechende FRAND-Lizenzbedingungen zu unterzeichnen, wird die Standardisierungsorganisation in der Regel den Standard unter Ausschluss der geschützten Technologie spezifizieren. Das sind jedoch Situationen, in denen der Halter von standardessentiellen Patenten nicht an der Standardisierung beteiligt war und sich somit nicht zu FRAND-Bedingungen verpflichten musste. Weiterhin sind die Fälle kompliziert, in denen standardessentielle Patente an dritte Unternehmen verkauft wurden, die sich ebenfalls nicht zu einer FRAND-Lizensierung verpflichtet haben (Blind und Pohlmann 2014).

Standardessentielle Patente haben eine besondere Stellung zu einem Technologiestandard, da sie Marktmacht entfalten und zu exklusiven Effekten führen können. Auch wenn die Standardisierung mit komplexen Lizenzvereinbarungen einhergehen kann, sind die Regeln für die Lizenzierung essentieller Patente, die für einen gemeinsamen Standard unerlässlich sind, oft unklar und können Gegenstand komplexer Diskussionen sein. Dennoch werden FRAND-Verpflichtungen häufig als wichtiges Instrument zur Bekämpfung wettbewerbswidriger und missbräuchlicher Strategien angesehen. Die Kartellbehörden haben FRAND-Verpflichtungen als ein Mittel gegen mögliche Wettbewerbsrisiken der Standardisierung bezeichnet. Das Kartellrecht interpretiert die Lizenzierung essenzieller Patente zu einem eigenen Markt. Unter bestimmten Umständen würde ein Unternehmen, das ein essentielles Patent besitzt, auf diesem Markt eine beherrschende Stellung einnehmen. Der Beklagte hat das Recht, eine Lizenz zu FRAND-Bedingungen zu erhalten, die zur Verteidigung in Vertragsverletzungsverfahren herangezogen werden kann. Besondere Regeln bestehen auch hinsichtlich der Möglichkeit, während eines Gerichtsverfahrens eine einstweilige Verfügung zu beantragen. Standardorganisationen legen Listen von Patenten offen, die von Standardteilnehmern als Standard deklariert wurden.

Obwohl die Standardisierung oft in Zusammenhang mit Lizenzvereinbarungen steht, sind die Statuten der Standardisierungsorganisationen für die Lizenzierung standardessentieller Patente nicht immer eindeutig (Simcoe 2007). Dies führt nicht selten zu komplexen Diskussionen oder in Härtefällen zu gerichtlichen Auseinandersetzungen oder sogar zu Interventionen von Regulierungsbehörden. Beispielsweise muss ein Halter eines für einen Standard relevanten Patents sich lediglich dazu bereit erklären, Lizenzverhandlungen unter FRAND-Bedingungen einzugehen. Einen konkreten Lizenzbetrag muss er jedoch nicht formulieren; dieser wird erst nach der Nutzung des Patents in bilateralen Lizenzverhandlungen festgelegt. Andersherum müssen Lizenznehmer sich oftmals nur generell dazu bereit erklären, Lizenzen zu zahlen. Die eigentliche Zahlung können sie jedoch hinauszögern oder sogar gerichtlich anfechten. Somit entsteht nicht nur eine gegenseitige Unsicherheit über die Höhe der Lizenzzahlung, sondern auch darüber, ob überhaupt eine Gebühr bezahlt wird (Simcoe et al. 2009). Dennoch werden FRAND-Verpflichtungen häufig als ein wichtiges Instrument gesehen, um wettbewerbswidrigem Verhalten Einhalt zu gebieten. Kartellbehörden bezeichnen FRAND-Verpflichtungen als Heilmittel, um den Risiken potenzieller Wettbewerbsvorteile in der Standardisierung entgegenzutreten.

7.4 Offenlegung Standard Essentieller Patente

Viele SSO verlangen die Offenlegung von SEPs. Die Offenlegung basiert in der Regel auf dem guten Glauben und den persönlichen Kenntnissen des Unternehmensvertreters, der die Erklärung abgibt, da die SSO keine Überprüfung der Behauptung durchführen, dass ein Patent tatsächlich Standard essentiell ist (Rysman und Simcoe 2008; Pohlmann 2016). Die Datenerhebung der offengelegten SEPs beruht auf den von den SSOs veröffentlichten Informationen und unternimmt keinen Versuch, die Richtigkeit der Wesentlichkeitserklärung selbst zu überprüfen. In keinem Fall können einzelne SEP-Erklärungen als Beweis für die tatsächliche Standard-Wesentlichkeit der angemeldeten Patente verstanden werden. Dennoch sind SEP-Erklärungen in der Regel die einzige umfassende und systematische Informationsquelle, die nicht nur dem Forscher, sondern auch Wirtschaftsakteuren zur Verfügung steht, die an dem Standard interessiert sind. SEP-Erklärungen liefern daher aussagekräftige Informationen, die in der Wirtschaftsforschung verwendet werden können (Baron und Pohlmann 2018)

Dieses Buchkapitel baut auf den öffentlichen SEP-Erklärungen der wichtigsten SSOs auf. Alle diese SSO stellen Online-Datenbanken von SEP-Erklärungen mit Informationen zur Verfügung, die von dem deklarierenden Unternehmen zur Verfügung gestellt werden, wie zum Beispiel das Datum der Erklärung, die relevanten Standards und die Patentnummer der angeblichen SEPs. In einigen Fällen geben Unternehmen jedoch so genannte „pauschale" Erklärungen ab, wobei der Patentinhaber nur erklärt, SEPs für einen Standard zu besitzen, ohne die Patentnummer zu offenbaren oder andere Patente oder Ansprüche transparent zu machen. SEP-Deklarationen können sich entweder auf eine bestimmte technische Spezifikation (TS) oder auf ein Standardprojekt (z. B. 4G/5G, WLAN, HEVC) beziehen. In der empirischen Untersuchung wurden alle SEP-Deklarationen auf Projektebene aggregiert, um die SEPs pro Standardprojekt konstant zu vergleichen. Die in dieser Analyse enthaltenen SEP-Erklärungen decken den Zeitraum 1992–2015 ab. Um die Konsistenz der Ergebnisse sicherzustellen, wurden nur SEP-Deklarationen berücksichtigt, bei denen zumindest eine Patentnummer und ein Standarddokument vorhanden war. So wurden Pauschaldeklarationen nicht berücksichtigt.

Abbildung 7.1 gibt einen Überblick über die Anzahl der deklarierten SEP-Familien bezüglich der jeweiligen SSO (Standard Setting Organisation). Die meisten SEPs wurden beim European Telecommunication Standards Institute (ETSI) deklariert, was mehr als 70 % aller weltweiten SEP-Erklärungen darstellt. ETSI konzentriert sich, ähn-

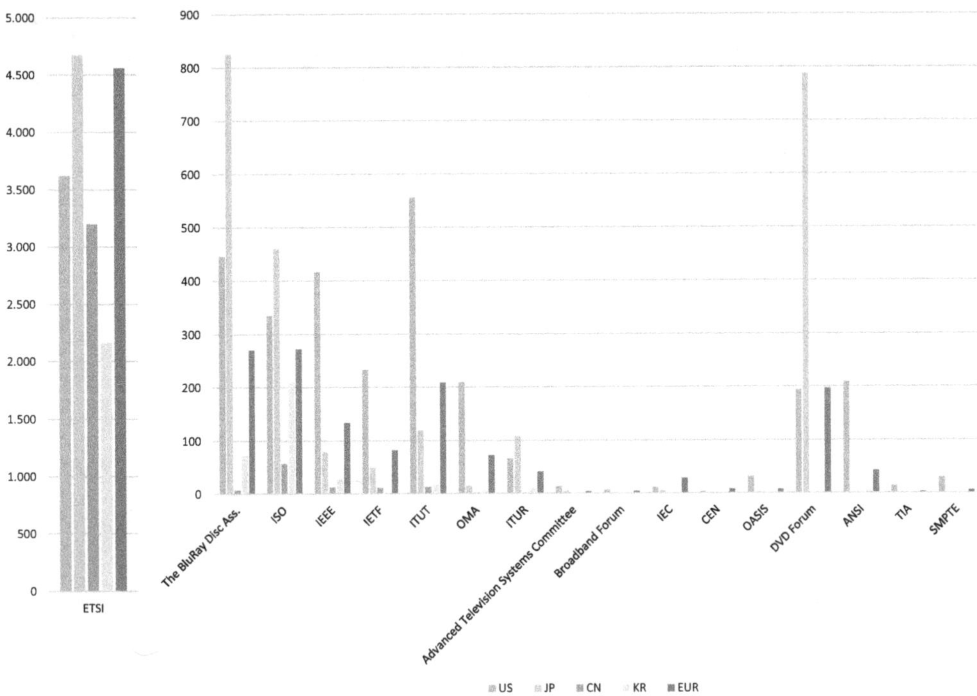

Abb. 7.1: Anzahl der deklarierten SEP-Familien pro Prioritätspatentamt und SSO (Quelle: Eigene Darstellung).

lich wie TIA (Telecommunications Industry Association) oder IEEE, auf Kommunikationstechnologien. SSOs, die Technologien für Medien und Unterhaltungselektronik standardisieren, wie die Blu-ray Disc Association, das DVD Forum oder ITUT, machen ebenfalls einen großen Teil der SEP-Deklarationen aus, während SSOs im Computertechnologiebereich wie IETS oder OASIS eher wenige deklarierte SEPs haben.

Abbildung 7.2 zeigt den Anteil erklärter SEP-Familien pro Standard- und Prioritätsamt. Es wurden die Prioritätseinreichungen im EP und in allen europäischen nationalen Ämtern unter EUR (38 EPC-Länder plus 2 Erweiterungsstaaten) zusammengefasst. Die Grafik zeigt starke Konzentrationen bei EUR-Prioritätseinreichungen für RFID, DVB, MPEG 1, 21 und MP3, US-Prioritätsanmeldungen konzentrieren sich auf Standards wie WLAN, WiMax, HDTV und JPEG, JP-Priority-Anmeldungen konzentrieren sich auf DVD und MPEG 7. Die Standardprojekte mit der höchsten Anzahl von SEP-Familien wie GSM, UMTS und LTE zeigen Anmeldungen in allen Büros. Die Abbildung legt dar, dass sich die Patentpriorität bei einigen Standards auf nur ein oder zwei Länder konzentriert (z. B. MPEG7, DVD, HDTV). Dies zeigt, dass diese standardisierten Technologien höchstwahrscheinlich zunächst im Grenzbereich dieser Regionen produziert und auch vermarktet wurden, bevor sie auf den globalen Märkten umgesetzt wurden.

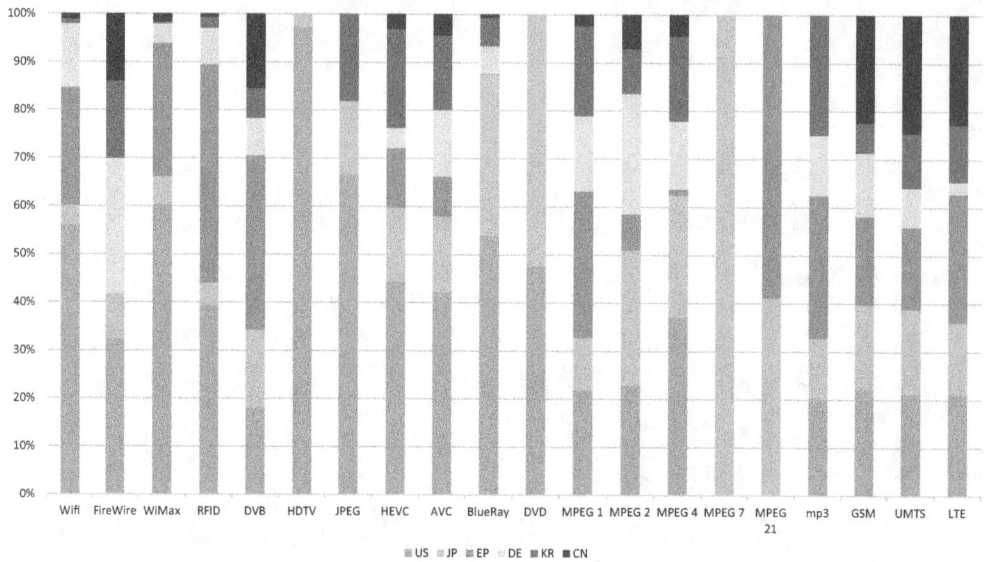

Abb. 7.2: Anteil der deklarierten SEP-Familien pro Standardprojekte und prioritäres Patentamt (Quelle: Eigene Darstellung).

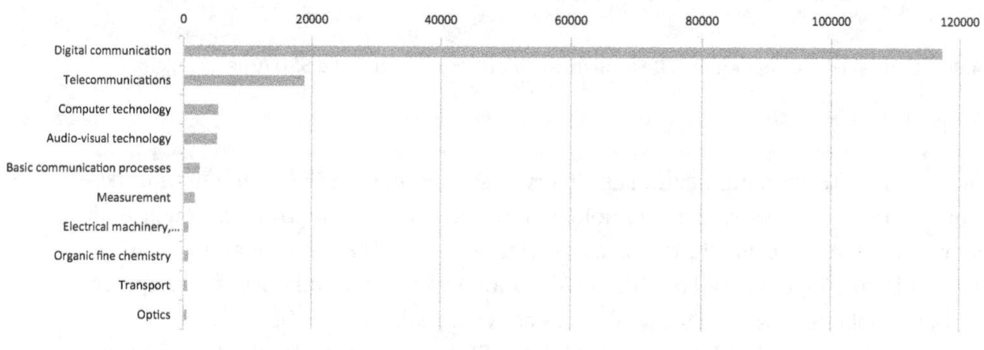

Abb. 7.3: Anzahl der deklarierten SEP-Familien im Hinblick auf die wichtigsten Brancheneinstufungen (Quelle: Eigene Darstellung).

Während für ETSI die Anzahl der Prioritätsanmeldungen für SEP-Familien ziemlich gleichmäßig auf alle Patentämter verteilt ist, findet sich bei den anderen SSO Konzentrationen von Prioritäten in bestimmten Patentämtern. SSOs wie die Blu-ray Disc Association, das DVD Forum oder ISO werden von US- und JP-deklarierten SEPs dominiert, während CEN oder IEC von europäischen Prioritäten dominiert werden. Um die deklarierten SEPs für verschiedene Sektoren besser zu clustern, wird die Branchenklassifikation basierend auf der WIPO-IPC-Industriekonkordanz von Schmoch (2008). Abbildung 7.3 zeigt die Anzahl der deklarierten SEP-Familien in den wichtigsten Industriezweigen.

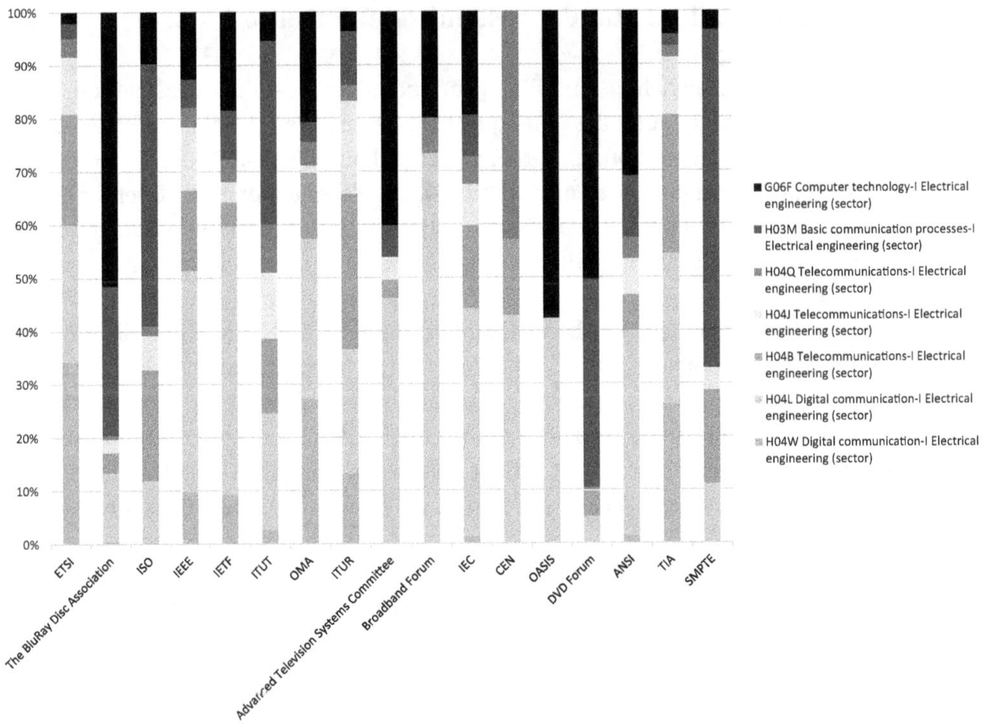

Abb. 7.4: Wichtigste IPC-Klassifizierung des angegebenen Anteils der SEP-Familie pro SSO (Quelle: Eigene Darstellung).

Die meisten erklärten SEP-Familien beziehen sich auf digitale Kommunikations- und Telekommunikationsindustrien, gefolgt von audiovisueller Technologie und Computertechnologie. Dennoch beziehen sich nur wenige erklärte SEP-Familien auf elektrische Maschinen oder die Transportindustrie. Die beiden letztgenannten Branchen werden in den kommenden Jahren voraussichtlich im Hinblick auf zukünftige Technologien wie Connected Vehicle, Internet der Dinge und Smart Services zunehmen. Um ein besseres Bild von der großen Anzahl von deklarierten SEP-Familien in der „H" – und „G" -IPC-Klassifikation zu erhalten, wird die Haupt-IPC-Klassifikation granularer und per SSO betrachtet. Abbildung 7.4 zeigt, dass die technologische Konzentration bei den SSOs sehr unterschiedlich ist, wobei z. B. audiovisuelle Technologien (G11B) sich auf die BluRay Disc Association, das DVD-Forum oder ISO konzentrieren, Basic Communication Processes (H03D) konzentrieren sich auf CEN und IEC und Computer Technology (G10L) konzentrieren sich auf OASIS, IETF und OMA.

7.5 Patentbesitzer standardessentieller Patente

Tabelle 7.1 zeigt die wichtigsten SEP-Eigentümer, die Anzahl der deklarierten SEPs, das durchschnittliche Alter des Patentportfolios, den Anteil der aktiven Patente, den Market Coverage Index (normalisierte Patentfamiliengröße) sowie den Technical Relevance Index (normalisierte Forward-Zitate). Die Tabelle gibt einen Überblick über die verschiedenen Akteure, die die Patentportfolios in Bezug auf Größe, Alter, Marktabdeckung und Relevanz charakterisieren, berechnet anhand verschiedener Analysemethoden.

Viele Marktbeobachter haben behauptet, dass die Gesamtzahl der deklarierten SEP sei zu hoch oder zumindest höher als die tatsächliche Anzahl wirklich wichtiger Patente sei (Layne-Farrar et al. 2007). SSOs unterhalten Datenbanken von deklarierten SEPs, ohne zu untersuchen, ob die Patente eine für den jeweiligen Standard wesentliche Erfindung beanspruchen oder nicht. Außerdem prüfen SSO nicht, ob das Patent vom jeweiligen Patentamt erteilt wurde oder aktiv, ablaufen oder abgelaufen ist (Baron et al. 2016).

Um eine Einschätzung der Relevanz zu erhalten, wurden daher für jeden Rechteinhaber mehrere Wertmaßstäbe erstellt. Zuerst wurde das Alter des Portfolios sowie der Anteil der aktiven Patente berechnet, die noch nicht abgelaufen sind oder nicht fallen gelassen wurden. Das Portfolioalter zeigt, welche Unternehmen in jüngerer Zeit standardisierte Technologien patentieren lassen und welche Unternehmen seit mehreren Jahren aktiv sind. Die Portfolios von Unternehmen wie Philips, Siemens, Hitachi und NTT sind vergleichsweise alt, während Unternehmen wie Datang Mobile Communications, ZTE und Huawei eigene Patente besitzen, die erst kürzlich eingereicht wurden. Die Analyse spiegelt eine Verlagerung von Inhabern von Rechten aus den USA, Japan und Europa auf chinesische, koreanische und taiwanesische Rechteinhaber wider. Der Anteil der aktiven Patente ist für die meisten Inhaber überraschend hoch und korreliert negativ mit dem Alter des Portfolios.

Um den Wert der Patentportfolios zu messen, wurden bibliografische Bewertungsindikatoren berechnet. Zuerst wurde die Marktabdeckung eines Patents gemessen, indem die normalisierte Anzahl von Patentfamilien für weltweite Patentämter berechnet wurde (Pohlmann et al. 2015). Dieser Marktdeckungsindikator hilft, ein Patentportfolio in Bezug auf die geografische Abdeckung und den wahrgenommenen Patentwert zu bewerten. Die meisten der deklarierten SEP-Portfolios haben einen Marktüberdeckungswert, der über dem Durchschnitt für Patente in derselben IPC-CPC-Klassen liegt, demselben Veröffentlichungsjahr und demselben Land liegt. Während die meisten Portfolios eine ähnliche Punktzahl aufweisen, gehören LG, Huawei, Panasonic und Sharp zu den stärksten Portfolios in Bezug auf die Marktabdeckung. Darüber hinaus haben wir die technische Relevanz des Patentportfolios gemessen, indem wir die normalisierte Anzahl der Patentzitate berechnet haben. Eine höhere technische Relevanz spiegelt eine höhere Bedeutung innerhalb eines Technologiebereichs wider. Werte über eins liegen wiederum über Branchen-, Jahres- und

Tab. 7.1: Wichtigste SEP-Eigentümer nach Nationalität des Firmensitzes, Anzahl der gemeldeten SEPs, Alter des Patentportfolios im Durchschnitt, aktive Patente, Marktabdeckung und Technische Relevanz (Quelle: Eigene Darstellung).

Unternehmen	Ländercode	Anzahl der gemeldeten SEPs	Alter des Patentportfolios i. D.	Aktive Patente	Marktabdeckung	Technische Relevanz
QUALCOMM Inc.	US	20.678	12,24	83,92 %	1,72	1,13
Nokia Corporation	FI	13.393	13,65	83,87 %	1,66	0,88
InterDigital Inc.	US	12.522	13,14	86,87 %	1,68	0,77
LG Electronics Inc.	KR	10.772	8,69	90,07 %	1,76	1,73
Samsung Electronics	KR	10.618	10,4	93,74 %	1,54	1,73
Ericsson	SE	9.396	13,86	79,32 %	1,62	1,09
Huawei Technology	CN	6.500	8,33	85,40 %	1,76	1,28
Panasonic Corporation	JP	6.326	10,45	88,17 %	1,77	1,1
Google	US	4.576	12,61	82,54 %	1,4	1,26
NTT DOCOMO Inc.	JP	4.216	8,65	91,83 %	1,61	1,56
BlackBerry	CA	2.319	8,62	86,61 %	1,29	1,28
NEC Corporation	JP	2.299	10,61	87,91 %	1,17	0,87
Sony Corporation	JP	2.289	14,5	84,78 %	1,39	1,16
Siemens A.G.	DE	2.209	15	84,16 %	1,03	0,71
Sharp	JP	2.170	8,39	90,20 %	1,85	1,52
Nokia Siemens Networks	FN	2.073	7,85	87,69 %	1,65	1,13
Philips Electronics	NL	1.704	17,19	72,39 %	1,44	0,5
ZTE Corp.	CN	1.640	5,64	96,71 %	1,63	1,95
Mitsubishi Electric	JP	1.387	15,78	81,24 %	1,26	0,63
Rockstar Consortium	US	1.174	13,13	91,23 %	1,29	2,08
Alcatel-Lucent	FR	1.105	8,99	77,50 %	1,3	0,98
Toshiba Corporation	JP	953	15,74	86,57 %	1,07	0,75
Innovative Sonic	n.a.	796	8,29	83,67 %	0,63	1,38
Hitachi Ltd.	JP	549	16,46	86,52 %	0,81	0,77
Texas Instruments Inc.	US	487	11,29	93,02 %	0,92	1,91
Intel Corporation	US	479	12,96	83,30 %	1,34	0,94
SANYO Electric	JP	465	19,7	49,68 %	2,05	1,45
Datang Mobile Communications	CN	458	6,91	99,34 %	1,31	2,5
NTT Corporation	JP	454	18,29	74,67 %	0,77	1,41

Länderdurchschnitt. Gemäß dieses Indikators gehören die stärksten Portfolios dem Rockstar-Konsortium, Datang Mobile Communications, ZTE und Texas Instruments.

Um das Verhältnis von deklarierten SEP-Portfolios zu standardisierten Technologien zu quantifizieren, wurden drei Kennzahlen zur Standardrelevanz verwendet (Pohlmann 2016). Die erste Kennzahl misst standardbezogene Nicht-Patentliteratur-Zitate, die zählen, ob ein deklariertes SEP mindestens ein Standarddokument als Stand der Technik zitiert. Es wurden hier jedoch nur Zitierungen von Standards gezählt, die sich auf die Deklaration beziehen. Dies ist der Fall, wenn ein zum Standard erklärtes Patent, zum Beispiel IEEE 802.11 (WLAN-Technologien), entweder frühere Versionen von IEEE 802.11, den gleichen Standard wie dem Stand der Technik entsprechend, oder Dokumente, die demselben Projekt zugeordnet werden können, zitiert werden. Diese Zitationszählung misst die Beziehung des deklarierten SEP zur standardisierten Technologie. Insgesamt ist der Anteil der deklarierten SEPs, die Standarddokumente zitieren, vergleichsweise hoch, wobei die Portfolios von Innovative Sonic, Google und Sharp die höchsten Anteile an relevanten Normdokumenten aufweisen. Diese Kennzahlen zur Standardrelevanz sind jedoch nicht durch das Patentamt oder Veröffentlichungsjahr normalisiert und können daher auch anderen Praktiken der Suche nach dem Stand der Technik in den jeweiligen Ämtern unterliegen. So führte das Europäische Patentamt (EPA) 2009 eine neue Richtlinie ein, nach der Prüfer Zugang zu Dokumenten wie Standardentwürfen, Standarddokumenten und Sitzungsprotokollen erhielten, um besser nach Veröffentlichungen des Standes der Technik zu suchen. Patente, die nach 2009 beim EPA eingereicht wurden, können daher als Stand der Technik eher Standarddokumente anführen.

Die zweite Kennzahl zur Standardrelevanz zählt die Anzahl der Zitate, die von deklarierten SEPs erhalten werden, während die Selbstzitate unberücksichtigt bleiben. Diese Kennzahl spiegelt wider, ob andere Eigentümer erklärter SEP das angegebene Portfolio rückzitiert haben. Je mehr Zitate ein Portfolio erhält, desto relevanter erscheint es in anderen Standardsetzungsunternehmen. Unternehmen mit Patentportfolios mit den höchsten deklarierten SEP-Zitationsanteilen sind Qualcomm, Nokia, Interdigital und Samsung (Tabelle 7.2). Patentdokumente, die ein Patent zitieren, sind jedoch in der Regel mindestens 12 Monate neuer als das zitierte Patent selbst – dies liegt an einer Verzögerung bei der Veröffentlichung von eingereichten Anmeldungen. So werden Patente, die zur gleichen Zeit eingereicht werden, sich selten gegenseitig zitieren. Die Maßnahme kann die technische Relevanz eines Patentportfolios für spätere Generationen widerspiegeln (z. B. werden heute für UMTS relevante Patente als relevant für LTE genannt). Tatsächlich haben die vier erstgenannten Unternehmen zu frühen Standardsetzungsaktivitäten für GSM und UMTS beigetragen, während andere Rechteinhaber nur in späteren Generationen (z. B. LTE) von Standardsetzungsaktivitäten dem Standardsetzungsprozess beigetreten sind.

Tab. 7.2: Die wichtigsten SEP-Eigentümer nach Anzahl deklarierter SEPs, SEP-Familien, Prozentsatz von deklarierten SEPs, die den Standard referenzieren, Prozentsatz von deklarierten SEPs, die von anderen SEPs zitiert werden.

Unternehmen	Deklarierte SEPs	SEP-Familien	Anteil referenzierender SEPs (in %)	Anteil anderer referenzierender SEPs (in %)
QUALCOMM Inc.	20.678	1.314	27,40 %	6,02 %
Nokia Corporation	13.393	1.899	36,42 %	5,31 %
InterDigital Inc.	12.522	1.081	29,56 %	4,72 %
LG Electronics Inc.	10.772	1.114	43,99 %	3,51 %
Samsung Electronics	10.618	1.596	32,44 %	3,57 %
Ericsson	9.396	1.468	34,68 %	3,12 %
Huawei Technology	6.500	1.926	48,51 %	2,85 %
Panasonic Corporation	6.326	1.486	52,56 %	1,74 %
Google	4.576	1.504	56,13 %	1,65 %
NTT DOCOMO Inc.	4.216	692	48,05 %	1,06 %
BlackBerry	2.319	325	43,08 %	0,61 %
NEC Corporation	2.299	288	46,19 %	0,76 %
Sony Corporation	2.289	542	26,12 %	0,16 %
Siemens A.G.	2.209	356	43,82 %	0,75 %
Sharp	2.170	564	54,82 %	0,40 %
Nokia Siemens Networks	2.073	591	43,22 %	1,34 %
Philips Electronics	1.704	298	18,26 %	0,45 %
ZTE Corp.	1.640	560	41,71 %	0,86 %
Mitsubishi Electric	1.387	239	47,55 %	0,59 %
Rockstar Consortium	1.174	198	47,53 %	0,36 %
Alcatel-Lucent	1.105	415	45,63 %	0,48 %
Toshiba Corporation	953	301	24,66 %	0,03 %
Innovative Sonic	796	91	61,31 %	0,50 %
Hitachi Ltd.	549	220	40,07 %	0,36 %
Texas Instruments Inc.	487	158	44,76 %	0,29 %
Intel Corporation	479	66	43,63 %	0,16 %
SANYO Electric	465	64	26,45 %	0,24 %
Datang Mobile Communications	458	255	33,84 %	0.12 %
NTT Corporation	454	66	38,11 %	0.56 %

7.6 Patente und Standards für Smart-Service-Technologien: Das Beispiel der Automobilindustrie

Die meisten Marktexperten prognostizieren dramatische Veränderungen in der Autoindustrie aufgrund von veränderten Verbraucherpräferenzen, neuen Geschäftsmodellen und aufstrebender Marktinnovationen. Der Sektor wird voraussichtlich auch stark von neuen Änderungen in den Bereichen Nachhaltigkeit und Umweltpolitik sowie von bevorstehenden Veränderungen zu Vorschriften zu Sicherheitsfragen betroffen sein. Es wird prognostiziert, dass diese Kräfte zu disruptiven Technologietrends wie fahrerlosen Fahrzeugen, Elektrifizierung und Interkonnektivität führen werden (Pohlmann 2017).

Prognosestudien gehen davon aus, dass das intelligente Auto der nahen Zukunft ständig Informationen mit seiner Umwelt austauschen wird. Car-to-X- oder Auto-Auto-Kommunikationssysteme ermöglichen die Kommunikation zwischen Autos, Straßenrändern und Infrastruktur; während mechanische Elemente bald in Computersysteme innerhalb der Internetinfrastruktur eingebettet werden. Die zukünftige Autoindustrie könnte einer der ersten Bereiche sein, der sich auf Industrie-4.0- und Internet-of-Things-(IoT)Technologien stützt, die Geräte, Maschinen, Gebäude und andere Gegenstände mit Elektronik, Software oder Sensoren verbinden (Pohlmann 2016).

Die Interkonnektivität zwischen mehreren Geräten und Einheiten beruht auf der Spezifikation von Technologiestandards. Sie schaffen eine gemeinsame Sprache für Technologien und gewährleisten die Kompatibilität und Funktionsvielfalt komplexer Technologiesysteme. Die Integration von umfassend patentierten standardisierten Technologien schafft wirtschaftliche Risiken für Fahrzeughersteller. Lizenzgebühren – zum Beispiel für SEPs in Mobilfunkstandards wie UMTS und LTE oder bald 5G – können problemlos Hunderte von Millionen Dollar Lizenzkosten pro Jahr bedeuten. Solche Standards werden auch für jede Anwendung wichtig sein, bei der Fahrzeuge mit ihrer Umgebung kommunizieren (Baron und Pohlmann 2013; Leiponen 2008).

Die Standardsetzung in der Automobilindustrie wurde meist mit der Festlegung von De-facto-Standards innerhalb der Produktionslinien der Hersteller oder der Festlegung von ratifizierenden Sicherheitsstandards durch die Gesetzgebung verbunden. Im Bereich der Informations- und Kommunikationstechnologie (IKT) geht die Standardsetzung jedoch über die Spezifikation von Kompatibilitätsstandards hinaus und kann als gemeinsame Entwicklung hochentwickelter Technologien bezeichnet werden. Unternehmen treffen sich in standardsetzenden Arbeitsgruppen und präsentieren ihre innovativen Technologievorschläge zur Auswahl und Einbindung in hochkomplexe standardisierte Systeme. Während die meisten dieser Technologien derzeit auf Geräte wie Smartphones, Tablets und Notebooks beschränkt sind, könnten sie bald in Gebäude, Infrastruktur und Fahrzeuge integriert werden (Baron/Pohlmann, 2018).

Die Entwicklung und Anwendung von Standards unterscheidet sich nicht nur zwischen der Automobil- und der IKT-Industrie; das Gleiche gilt für die Patentlizenzierungsmechanismen. Patente in der Automobilindustrie sind in der Regel auf vertikalen Ebenen lizenziert. Ein Tier-1-Hersteller fordert üblicherweise keine Lizenzgebühren von einem OEM (Original Equipment Manufacturer), sondern würde diese Kosten lieber in seine Komponentenpreise einbeziehen. Dadurch können Lieferanten sicherstellen, dass ihre Komponenten frei von Rechten Dritter sind. Bei Lizenzverhandlungen basieren die Lizenzgebühren meist auf einem durch eine Erfindung verbesserten Teil – die Lizenzkosten haben somit bisher nur einen marginalen Einfluss auf die Fahrzeugpreise (Pohlmann 2017).

Die Lizenzierung von Patenten in der IKT-Branche konzentriert sich dagegen auf das Gerät und richtet sich somit an OEMs, deren Lizenzgebühren auf dem durchschnittlichen Verkaufspreis eines Geräts basieren. Folglich sind die Lizenzgebühren im Vergleich dazu viel höher, insbesondere für Hersteller, die kein Patentportfolio für eine Kreuzlizenz besitzen. In den Statuten von Organisationen, die Standards festlegen, wie z. B. der IP-Policy des European Telecommunications Standards Institute (ETSI), wird nicht explizit festgelegt, wie Lizenzgebühren für SEPs zu berechnen sind. Die Lizenzerwartungen zwischen SEP-Inhabern aus der IKT-Industrie und der Automobilbranche divergieren jedoch teilweise drastisch. Während in der IKT-Branche zweistellige Lizenzgebühren auf der Grundlage des gesamten Produktmarktumsatzes üblich sind, sind sie in der Automobilindustrie, in der die marginalen Gewinne vergleichsweise gering sind, undenkbar. In Zukunft können jedoch Lizenzierungsberechnungen auf Basis von Modulen anstelle von ganzen Komponenten oder Produkten zu erheblichen Kosten für Fahrzeughersteller führen, da Fahrzeuge oft mehrere Module integrieren, was dazu führen kann, dass um ein Vielfaches höher Lizenzgebühren bezahlt werden müssen. Es gibt Befürchtungen, dass ein solches Lizenzmodell für Autohersteller wirtschaftlich nicht machbar wäre (Pohlmann 2017).

Viele SEP-Besitzer sind daran gewöhnt zu argumentieren, dass der Wert eines Standards auf der Verwendung eines bestimmten Produkts basieren sollte. Gegenwärtig wird die Automobilkonnektivität meist nur in Ausnahmefällen wie Notrufen genutzt, die teilweise durch regulatorische Maßnahmen (z. B. eCall) erfolgen. Im Zuge der Lizenzverhandlungen für SEPs wird daher häufig argumentiert, dass Lizenzgebühren auf der kleinsten verkaufsfähigen Einheit basieren sollten – meist als Basisband-Chip bezeichnet. Dies ignoriert jedoch den inkrementellen Wert der Interkonnektivität eines Geräts. Während dies für Smartphones besonders hoch ist, ist die Situation bei Autos nicht so eindeutig. Derzeit beeinflussen Konnektivitätsfunktionen wie LTE und Wi-Fi die Kaufentscheidungen für ein neues Auto nicht wesentlich. Dies könnte sich jedoch ändern, wenn solche standardisierten Technologien neue intelligente und vernetzte Dienste einführen (z. B. Verkehrserkennung, Unfallverhütung oder fahrerlose Fahrzeuge). Diese Aussicht weckt bereits das Interesse von SEP-Besitzern, ihre SEPs gegen Autohersteller durchzusetzen, während Unternehmen aus der Telekommunikationsbranche abwarten, was als nächstes passiert. Während der Europäische Gerichtshof (EuGH) und das US-Justizministerium (DoJ) klare Regeln für die SEP-Lizenzierung und den Unterlassungsanspruch aufgestellt haben, gibt es keine konkreten Leitlinien zur gerechten, angemessenen und diskriminierungsfreien Berechnung (FRAND) von Lizenzbedingungen für SEPs. Die Auslegung der bestehenden Rechtsprechung unterscheidet sich grundlegend zwischen den Zuständigkeiten. Das bedeutet, dass ein Unterlassungsanspruch in einigen Ländern nicht in Frage kommt, in anderen Ländern wie Deutschland jedoch durchaus möglich ist. Dies hat für viele Automobilhersteller zu Rechtsunsicherheit und unvorhersehbaren Kosten geführt (Pohlmann 2016).

In der Folge haben mehrere Automobilhersteller und SEP-Eigentümer Initiativen ergriffen, um gegen aggressive Patentinhaber, die überhöhte Lizenzgebühren geltend machen wollen, zurückzuschlagen. Eine davon ist die Fair Standards Alliance (FSA), die im November 2015 in Europa gegründet wurde und laut ihrem Positionspapier die Lizenzierung von SEPs zu FRAND-Bedingungen fördern soll. Die FSA behauptet, dass innovative Branchen durch unfaire und unangemessene SEP-Lizenzierungspraktiken bedroht sind, die Markteintrittsbarrieren schaffen und somit das Potenzial für wirtschaftliches Wachstum in wichtigen Sektoren verringern können. Zu den Mitgliedern gehören unter anderem Volkswagen, Daimler, BMW, Google, AirTies, Cisco, Dell, Fairphone, HP, Intel, ip.access, Juniper Networks, Lenovo, Micromax, peiker acustic, Sierra Wireless, Telit und u-blox.

Eine weitere Initiative ist das in Europa ansässige CAR 2 CAR Communication Consortium, dessen Hauptzweck es ist, sich auf die harmonisierte Implementierung und den Einsatz eines kooperativen intelligenten Verkehrssystems (ITS) in Europa zu einigen. Das Konsortium erreichte die Zuteilung eines lizenzfreien Frequenzbands im Bereich von 5,9 Gigahertz für sicherheitsrelevante Dienste, die mit einer ähnlichen Frequenzzuteilung in den USA, Kanada, Mexiko und Australien abgestimmt sind. Es fördert die Zusammenarbeit zwischen Fahrzeugherstellern, Infrastrukturanbietern und Telekommunikationsbetreibern. Zu seinen Mitgliedern gehören Autohersteller wie Volkswagen, Daimler, BMW, Audi, Toyota, Honda und Renault; Automobilzulieferer wie Delphi, Denso, Continental, Valeo, Kapsch und Bosch sowie Lieferanten aus dem Telekommunikationssektor wie Qualcomm, LG und Huawei.

Ein drittes Konsortium ist das Car Connectivity Consortium, das einen offenen Standard für smartphonebasierte Auto-Connectivity-Lösungen namens MirrorLink entwickelt. Zu den Mitgliedern gehören Automobilhersteller wie Chevrolet, Volkswagen, Honda und Toyota sowie Mobilfunkhersteller wie Samsung, Sony und HTC. Außerdem wurde ein neuer Patentpool – Avanci – gebildet. Die gemeinsame Lizenzierungsinitiative hat bereits große SEP-Eigner aus der Mobilfunkindustrie wie Ericsson, Qualcomm, InterDigital, KPN, Sony und ZTE angezogen und verfolgt das Ziel, eine einzige Lizenzvereinbarung für Lizenzgeber und Lizenznehmer zu treffen.

Anstatt sich an jeden Technologieeigentümer zu wenden, um eine Lizenz anzufordern, zu verhandeln und zu bezahlen, sollten sich die Hersteller bald auf einen einzigen Marktplatz für Lizenzierungstechnologien für die Verbindung verlassen können. Dieses One-Stop-Shop-Prinzip deckt noch nicht 100 % aller SEPs ab (z. B. ist LTE nicht enthalten), und es bleibt abzuwarten, ob eine solche Abdeckung jemals eintreten wird. Ein SEP-Patentpool könnte jedoch die Transparenz hinsichtlich der Eigentumsverteilung erhöhen, während die Stückpreise des Avanci-Patentpools möglicherweise als Referenz in SEP-Verhandlungen angeführt werden könnten. In dieser Hinsicht können Patentpools eine wichtige Rolle spielen, wenn es darum geht, das Problem der multiplen oder doppelten Marginalisierung zu lösen, was die gesamten SEP-Lizenzgebühren reduzieren könnte. „Mehrfache Marginalisierung" beschreibt eine Situation, in der das Patentrecht nicht transparent ist und die Lizenzgeber den Anteil und Wert ihres SEP-Portfolios überschätzen können. Eine kumulative Lizenz von mehreren SEP-Besitzern kann folglich über das hinausgehen, was auf dem Markt wirtschaftlich optimal und machbar ist. Ein Patentpool, der etwa 60 % aller LTE-SEPs abdeckt und bestimmte Stückpreise festlegt, wird dabei helfen, Transparenz zu schaffen, auch wenn SEPs außerhalb des Pools möglicherweise noch für höhere Preise lizenziert werden (Pohlmann 2017).

7.7 Ausblick

Im Zuge von Industrie 4.0 und Smart Services werden zukünftige Technologien wie Smart Cars, Smart Home und Smart Energy oder andere, zunehmend patentierte Technologiestandards wie 4G/5G, HEVC, WLAN, NFC, RFID und Bluetooth integrieren. Die Anzahl der deklarierten SEPs steigt dabei ständig an (Baron/Pohlmann, 2018). Ein Auto, ein Roboter, ein Stromzähler oder auch ein Kühlschrank der sich über 5G oder WLAN mit dem Internet verbindet nutz patentierte Technologiestandards. Diese Patente müssen von den Herstellern entsprechend lizensiert werden. Während heute Lizenzgebühren beispielsweise für eine LTE-Integration in Autos bei ca. 15 USD pro Auto liegen, könnten langfristig die Lizenzgebühren für standardessentielle Patente stark ansteigen. Außerdem hat nicht nur die Zahl der deklarierten SEPs zugenommen, sondern auch die Anzahl und Vielfalt der Patentinhaber. Dies spiegelt sich in der zunehmenden geografischen Vielfalt der Rechteinhaber sowie in der zunehmenden Vielfalt von Geschäftsmodellen wider. Unternehmen aller Industrien sollten vertiefte Analysen zur Existenz relevanter SEPs durchführen, um mögliche Lizenzkosten oder rechtliche Probleme in einem frühen Stadium zu identifizieren. Das Risikopotenzial für die Einführung neuer Technologien oder Produkte kann so in den frühen Phasen quantifiziert und bewertet werden. Industrieunternehmen sollten bedenken, dass der Kauf von SEPs ein Weg sein kann, neue Märkte zu betreten. SEPs können bei Lizenzverhandlungen eine gute Verhandlungsmasse sein, um teure gerichtliche Auseinandersetzungen zu vermeiden.

Ähnlich wie in der Mobiltelefonbranche – wo der Übergang von Funktionstelefonen zu Smartphones zu beobachteten war und neue Geschäftsmodelle, Plattformen und Marktteilnehmer die Art und Weise veränderten, wie Gewinne zwischen Unternehmen verteilt wurden- wird sehr wahrscheinlich eine Verschiebung und Gewinnumverteilungen innerhalb weiterer Industrien wie z. B. der Autoindustrie zu beobachten sein. Der aktuelle Entwicklungsweg weist auf eine immer größere Konnektivität hin, von derzeit verwendeten internetbasierten Infotainment-Systemen über fortschrittlichere intelligente Assistenzsysteme bis hin zu vollständig autonomen Technologien. Connectivity hat das Potenzial, die Wertschöpfungskette grundlegend zu verändern. Um diesen Herausforderungen gerecht zu werden, müssen sich Industrieunternehmen der komplexen Lizenzierungswelt der IKT-Branche stellen und sicherstellen, dass sie über die richtige IP-Strategie verfügen. Eine IP-Strategie beinhaltet eine umfassendere Überwachung der IP-Aktivitäten über das bekannte Umfeld von Wettbewerbern und Zulieferern hinaus. Die IP-Analyse der Industrieunternehmen sollte auch ein Verständnis der IKT-Normungstätigkeiten in Betracht ziehen. Standards, die heute entwickelt werden, können in Zukunft die Grundlage für neue Plattformen und Anwendungen werden.

Die Lizenzierung von SEPs ist ein wichtiges Thema und wird bei der intensiver werdenden Digitalen Transformation immer relevanter. Leitende Manager von Industrieunternehmen aber auch KMUs mit Intention zur Entwicklung von Smart Services sollten deshalb einige wichtige Überlegungen berücksichtigen:
- Zukünftige Technologien, die Konnektivität ermöglichen, werden zunehmend auf patentierten Technologiestandards wie 4G/5G, WLAN, NFC, RFID, Bluetooth oder HEVC beruhen.
- Die Anzahl der erklärten SEPs steigt ständig. Patentmanager und IP-Strategien von KMUs sollten Lizenzgebühren und angemessene Sicherheitsleistungen im Voraus in Betracht ziehen.
- Patentmanager und IP-Strategien sollten nicht nur die Informationen berücksichtigen, die aus der Patentanmeldung stammen, sondern auch eine Überwachung von Standardisierungsaktivitäten und Erklärungen von SEPs in Betracht ziehen.
- Die leitenden Manager sollten den Verkauf von SEPs überwachen. Nicht selten kaufen so genannte „Patent-Trolle" (Pohlmann und Opitz 2013) SEP Portfolios auf, um diese später gegen Industrieunternehmen geltend zu machen und zu monetarisieren.
- Industrieunternehmen sollten eine gemeinsame Strategie für die Patentierung und Standardisierung verfolgen, um sicherzustellen, dass sie sich umfassend für die Entwicklung zukünftiger Technologien einsetzen.

Mirko Boehm und Davis Eisape

8 Normungs- und Standardisierungsorganisationen und Open Source Communities – Partner oder Wettbewerber?

8.1 Technische Standardisierung im IKT-Bereich

Normungs- und Standardisierungsorganisationen (*standard setting organisations*, SSOs) haben zum Teil eine jahrhundertlange Tradition in der Förderung und Verbreitung von technischen Lösungen und Innovationen. Der positive wirtschaftliche, soziale und politische Nutzen von Normung und Standardisierung führte zur Etablierung eines Netzwerks zwischen Industrien, Regierungen, Forschungseinrichtungen, nationalen, regionalen und themenspezifischen SSOs sowie der Internationalen Organisation für Normung (ISO) und anderen internationalen Normungsorganisationen, wie zum Beispiel IEC und ITU. Heute sind diese anerkannten normenschaffenden Institutionen wichtige Grundpfeiler der Gesellschaft und Instrumente und Dienstleister für Politik, traditionelle Industrien und Innovatoren. Sie definieren formelle Normen und setzen damit Standards, die die Gesellschaft auf allen Ebenen betreffen. Durch ISO in Zusammenarbeit mit nationalen SSOs entwickelte Standards werden u. a. Anforderungen zur Realisierung von Umweltschutz (ISOÉ, Informationssicherheit oder Qualitätsmanagementstandards in der Industrie beschrieben (ISO 2018a, 2018b, 2018c). Die Einhaltung dieser formellen Standards bedeutet, sich am offiziell anerkannten Stand der Technik zu orientieren – was eine gesellschaftliche Grunderwartung von Industrie und Verbrauchern und oft eine Anforderung der Marktaufsichtsbehörden. Für Innovatoren sind SSOs ein strategisches Instrument, „um innovative Lösungen in die Normung und Standardisierung einzubringen und somit deren effektive Verbreitung in der Wirtschaft zu fördern“ (DIN 2018).

Freie und Open Source Software (FOSS) hingegen ist ein relativ neues Phänomen. Sie fand breite Anerkennung, weil sie nachweislich in der Lage ist, qualitativ hochwertige, interoperable und weit verbreitete Softwarelösungen auf hohem Niveau und mit hohem Innovationstempo zu entwickeln. Das Linux-Betriebssystem sowie die Eclipse-Familie von Softwareentwicklungs-Produkten sind zu De-facto-Standards geworden. FOSS-Erfolgsgeschichten beeinflussen alle Lebensbereiche: Firefox hilft den Bürgern, ihre Privatsphäre zu schützen. Android wurde durch die Mobilfunkindustrie zur am weitesten verbreiteten Geräteplattform. Vieles von der kritischen Grundinfrastruktur des Internets (Core Infrastructure Initiative 2018) basiert auf den Ergebnissen privater Teilnehmer, die freiwillig in Communities an freien Softwarelösungen mitarbeiteten.

Da sowohl SSOs als auch FOSS Standards setzen und Innovationen vorantreiben, wird in Fachkreisen eine Zusammenführung von Open-Source-Projekten und

https://doi.org/10.1515/9783110629057-008

Normungs- und Standardisierungsprozessen durchaus als für beide Seiten potentiell gewinnbringend angesehen. Einerseits kann die Angleichung von Open Source und Normung und Standardisierung den Prozess der Normenentwicklung und die Übernahme von IKT-Standards (insbesondere für KMU) beschleunigen, andererseits können Normen und Standards für Interoperabilität von Open-Source-Software-Implementierungen sorgen (European Commission 2017c). Es gibt diesbezüglich zwar erste Ansätze, aber nicht viele konkrete Beispiele für eine erfolgreiche Zusammenarbeit zwischen SSOs und FOSS-Projekten. Anwender und Experten sind sich zudem noch nicht einig, ob FOSS eine „standardisierende Wirkung" ähnlich wie SSOs hat und damit einen konkurrierenden Ansatz zur formellen Normung und Standardisierung darstellt. Gleichzeitig sind das formelle Definieren und die implementatorische Anwendung von Normen und Standards komplementär und können von der Zusammenarbeit zwischen SSOs und der sogenannten breiteren Open-Source-Community profitieren. An welcher Stelle und in welcher Form SSOs und FOSS-Communities zusammenarbeiten können und wo sie strategische Alternativen im Hinblick auf das Setzen von relevanten und effektiven Standards darstellen, ist die zentrale Frage dieser Studie.

8.2 Untersuchungs- und Anwendungsbereich der Studie und Literaturübersicht

Formelle und informelle Normung und Standardisierung

Normen und Standards umfassen in diesem Kapitel technische Standards, die Anforderungen an technische Systeme formulieren, die wiederum aus einer Kombination von Hard- und Software bestehen (Blind und Mangelsdorf 2016). Hardware bezieht sich auf physische Güter, die Arbeit und Material benötigen, um gebaut zu werden und somit begrenzt reproduzierbar sind. Software sind Informationsgüter, die teuer in der Herstellung, aber billig zu reproduzieren sind (Varian 1995), was zu einem nahezu unbegrenzten Angebot führt. Bezogen auf Technologien zur elektronischen Datenverarbeitung können Standards die Funktionalität von Softwaresystemen (Softwarestandards), das Zusammenspiel von Software und Hardware (Schnittstellenstandards) oder Attribute der Hardware (Hardware-Standards) beschreiben. Technische Standards, die üblicherweise mit der Arbeit von FOSS-Communities im Zusammenhang stehen, sind entweder Softwarestandards oder Schnittstellenstandards, keine Hardwarestandards. FOSS-Communities können zwar offene Hardwaredesigns erstellen, die dann Informationsgüter sind (ESA 2018), oder sich sogar an der Herstellung solcher Hardware beteiligen, aber dies ist nicht ihr übliches Handlungsfeld und wird in dieser Studie nicht betrachtet. Kommunikationsprotokolle, die in der fünften Schicht und höher gemäß dem OSI-Modell (Englisch: Open Systems Interconnection Model) (ISO/IEC 7498-1) implementiert werden, bestehen meistens aus Software

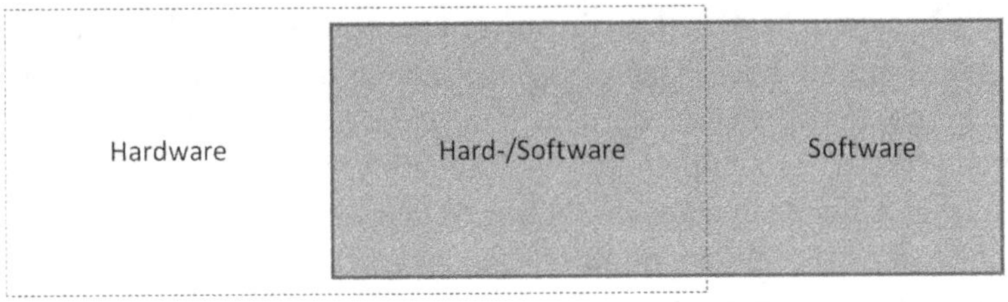

Abb. 8.1: Untersuchungs- und Anwendungsbereich der Studie (Quelle: Eigene Darstellung).

und sind für diese Studie relevant. Abbildung 8.1 zeigt dementsprechend den Untersuchungs- und Anwendungsbereich dieses Kapitels.

Die fortschreitende Kommodifizierung von Hardware begünstigt den Übergang von Hardwarestandards zu Softwarestandards, da in Hardware zunehmend Standardsoftwarelösungen implementiert werden. Die zunehmende Relevanz von Softwarestandards zeigt sich z. B. auch beim Übergang von hardwaregesteuerten zu softwaregesteuerten Netzwerken (ETSI 2012) oder beim Einsatz von Containertechnologien in Rechenzentren, die Hardwareschnittstellen zunehmend überflüssig machen, bis hin zum „Serverless Computing" oder „Function as a Service".

Die Notwendigkeit der Interoperabilität – im Sinne der Fähigkeit, nützliche Daten und andere Informationen über Systeme, Anwendungen oder Komponenten hinweg zu übertragen und darzustellen – wird allgemein als Ziel der Standardisierung identifiziert (Gasser und Palfrey 2007). Spezifikationen von Datenformaten, Hardwareschnittstellen und Kommunikationsprotokollen ermöglichen die Interoperabilität zwischen Geräten oder Programmen, die diesen Standards entsprechen. Sowohl SSOs als auch FOSS-Communities streben nach Interoperabilität, wobei unterschiedliche und teilweise konkurrierende Ansätze zum Einsatz kommen. Systeme können Interoperabilität erreichen, indem sie entweder einer gemeinsamen Spezifikation folgen, die in einem konsensbasierten formalen Prozess definiert wird (wie bei der formalen Normung und Standardisierung) oder indem sie eine gemeinsame Implementierung verwenden, was dem informellen Standardisierungsansatz der FOSS-Communities näherkommt. Durch die Festlegung von Apriori-Standards können Implementierer eine Vielzahl von standardkonformen Produkten entwickeln, die interoperabel sind und auf dem Markt konkurrieren. Aufgrund des relativ zeitaufwendigen formalen Standardisierungsprozesses können durch SSOs erarbeitete Standards nicht beliebig schnell geändert oder zurückgezogen werden, was einerseits Investitionssicherheit bietet, andererseits aber oft die notwendige Flexibilität vermissen lässt, um schnell auf veränderte Technologie- und Marktentwicklungen zu reagieren. Durch eine Apriori-Implementierung können freie Softwareprodukte die Interoperabilität durch eine gemeinsame, frei lizenzierte Implementierung erreichen und einen nicht differenzierenden Stand der Technik definieren, der im Laufe der Zeit durch neue Projekte oder Entwicklungsgabelungen in Frage gestellt werden kann.

SSOs bieten Prozesse an, bei denen Stakeholder konsensbasiert und schriftlich einen Standard verfassen. Sie überlassen es nachgelagerten Implementierern (Normenanwendern), Produkte zu erstellen, die dem Standard entsprechen. Dies schließt mit ein, dass bereits vor der Veröffentlichung des Standards, Produkte am Markt vorhanden sind, die anschließend mit einem zeitlichen Wettbewerbsvorteil den definierten Vorgaben entsprechen. FOSS-Communities wenden einen Code-first-Ansatz an, bei dem von allen Beteiligten erwartet wird, „funktionierenden Code" zu produzieren und nachgelagert im Bedarfsfall einen Standard zu verschriftlichen, der dann auf einer funktionierenden Referenzimplementierung basiert. Während SSOs oft argumentieren, dass formale Normung und Standardisierung die Voraussetzungen für einen Standard (de-jure-Standard) sind, erreichen FOSS-Communities „standardisierende Wirkung", indem sie Lösungen implementieren und verbreiten und über eine erfolgreiche Marktdurchdringung informelle De-facto-Standards setzen.

Die wissenschaftliche Literatur und die unternehmerische Praxis unterscheiden zwischen De-jure- und De-facto-Standards, die sich in ihrer Entstehung und in ihren Auswirkungen auf den Markt unterscheiden. Formelle (de-jure) Standards sind das Ergebnis eines meist komplexen, konsensbasierten Prozesses, der offen ist für eine Vielzahl von oft unterschiedlichen und konkurrierenden Stakeholdern (Blind 2002). Der Prozess differiert je nach Markt- und Branchenkontext sowie nach Zielen und Strategien der beteiligten Akteure (Folmer et al. 2009). Etablierte Plattformen für die Ausarbeitung von Multi-Stakeholder-Projekten implementieren einen formalisierten und teilweise geregelten Prozess, in dem das Finden eines gemeinsamen Nenners mehrere Jahre dauern kann. Dieser stabile und formalisierte Prozess ist eine Stärke von SSOs, denn er ermöglicht Transparenz, die Möglichkeit der Partizipation für alle interessierten Kreise und hohe Qualitätsstandards. Es ist zugleich eine Schwäche, denn SSOs sind in einigen Fällen nicht in der Lage, mit den sich ständig beschleunigenden Innovationszyklen Schritt zu halten (Shin et al. 2015). Flexiblere informelle Standardisierung hat sich weiterentwickelt und die Standardisierungslandschaft erweitert. Durch das Erreichen eines signifikanten oder dominanten Marktanteils werden die Technologien, die von den Marktteilnehmern entwickelt werden, zu De-facto-Standards (Pohlmann 2013). De-facto-Standards ergeben sich aus dem Wettbewerb in Märkten, durch Branchenallianzen, durch Tätigkeiten zur Markterschließung von Vermittlern, durch technische Spezifikationen, die von einem einflussreichen Marktakteur herausgegeben werden, durch das Konsumverhalten von Verbrauchern und andere Faktoren (Baron und Spulber 2018). Maßnahmen wie Vergaben, Werbung und Preisgestaltung helfen, die Technologie im größeren Maßstab am Markt zu verbreiten (Katz und Shapiro 1986; Spulber 2008). De-facto-Standards werden in private Standards unterschieden, die durch einzelne Organisationen gesetzt werden, und Marktstandards, die durch den Wettbewerb entstehen. Beide sind zunächst nicht durch eine formale SSO definiert worden (Baron und Spulber 2018). De-jure-Standards werden durch anerkannte nationale oder internationale SSOs entwickelt oder durch staatliche Regulierer in Auftrag gegeben (mandatiert). Regierungsbehörden können SSOs ratifizieren und SSOs können bestehende De-facto-Standards auf der Grundlage ihrer Akzeptanz am Markt formell anerkennen und sie somit in formelle Standards umwandeln (Baron und Spulber 2018). Die strikte Trennung von formeller und informeller Standardisierung wird dadurch in Frage gestellt. Das unterstreicht die Tatsache, dass Akteure sich zwischen der Teilnahme an formellen SSO-Prozessen und den in der De-facto-Standardisierung herrschenden Marktprozessen entscheiden sollen, dabei aber oft einen hybriden Ansatz entwickeln, der am besten ihre Geschäftsstrategie unterstützt (Vries und Oshri 2008). Partizipierende haben somit die Wahl zwischen formeller Normung, informeller Standardisierung und einer Kombination aus beidem.

Standardisierung durch gemeinsame Implementierungen

Die in diesem Kapitel betrachteten FOSS-Communities produzieren Informationsgüter, vor allem Computerprogramme, in einem kollaborativen, auf freiwilliger Beteiligung basierenden Prozess. FOSS-Produkte werden als „freie Software" bezeichnet, weil sie unter einer Lizenz vertrieben werden, die dem Benutzer die Freiheit gibt, diese Güter zu nutzen, zu studieren, zu modifizieren und weiterzuverbreiten (Stallman und Lessig 2010).

Was diese Freiheiten beinhalten, ist in der von der Open-Source-Initiative festgelegten Open-Source-Definition beschrieben. Der gebräuchliche Begriff Open Source beschreibt ursprünglich eine Kampagne zur Förderung freier Software in der Wirtschaf (Perens 2017). Sowohl freie Software als auch Open Source sind heute angemessene Kunstbegriffe, die sich synonym auf Software beziehen, die unter einer der Open-Source-Definition entsprechenden Lizenz vertrieben werden. Die Open-Source-Initiative ist für die Überprüfung und Genehmigung der Lizenzen zuständig.

Die FOSS-Community beschreibt in diesem Zusammenhang eine Gruppe von Mitwirkenden und teilweise auch von deren Organisationen, die sich freiwillig an der Erstellung von freien Softwareprodukten beteiligen. Sowohl Einzelpersonen als auch Organisationen wie Unternehmen, Universitäten und Behörden beteiligen sich an den Produktionsprozessen von FOSS in einem Modus, der allgemein als Peer-Produktion bezeichnet wird (Benkler 2002). Die von der Gruppe der Teilnehmenden angewandten Sozial- und Verhaltensnormen sowie Entscheidungsprozesse werden als Community-Governance bezeichnet. Ohne eine externe Autorität wird die Governance in der Regel von der Gruppe selbst festgelegt, wobei alle Autoritäten aus der Community kommen. Da jede Autorität in der Community selbstbestimmt ist, ist ein Verhalten gemäß den Verhaltensnormen der Community, die informell oder formell z. B. in Verhaltenskodizes festgelegt sind, Voraussetzung für die Teilnahme. Die Verletzung von Normen der Community gilt im Community-Kontext als „unsoziales" Verhalten. Während sich die einzelnen Communities auf die Entwicklung spezifischer Software oder Lösungen konzentrieren, wird sehr stark die Inter-Community-Zusammenarbeit praktiziert, wie sie bei regelmäßigen Großkonferenzen, wie z. B. FOSDEM7, zu beobachten ist. Die

Konferenzen bieten Tausenden von Referierenden aus verschiedene Bereichen und Hintergründen eine Plattform. Das gemeinsame Verständnis zwischen diesen Communities wird als Open-Source-Weg oder manchmal auch als Open-Source-Kultur bezeichnet. Die breitere Open-Source-Community versteht sich demnach als Gesamtheit aller an der Entwicklung von FOSS beteiligten Personen und Organisationen mit dem gemeinsamen Interesse, diese zu fördern und zu schützen. Die breitere Open-Source-Community entwickelt gemeinsam große und komplexe Softwareprodukte wie Linux-Distributionen, welche die Produkte tausender einzelner Communities kombinieren. Voraussetzung dafür ist ein gemeinsames Verständnis über die Erstellung von abgeleiteten und aggregierten Werken, das auf der Open-Source-Definition und anderen grundlegenden Open-Source-Normen basiert, die sich auf das gemeinsame Eigentum, auf den Zugriff auf den Software-Quellcode und auf die Entwicklungsprozesse in den Communities beziehen. Daraus kann ein Upstream-Downstream-Modell entwickelt werden, das beschreibt, wie die Entwicklungsprozesse der verschiedenen Communities miteinander interagieren und so eine gemeinschaftsübergreifende Zusammenarbeit in komplexen m:n-Beziehungen ermöglichen. Die Einhaltung dieses gemeinsamen Vorgehens und Verständnisses wird von allen Beteiligten erwartet.

Alle freien Software-Lizenzen gewähren dem Nutzer der Software das Recht, diese zu nutzen, zu studieren, zu modifizieren und weiterzugeben. Sobald eine Software unter einer freien Software-Lizenz veröffentlicht wird, ist sie für alle für immer frei nutzbar. Während einige freie Softwarelizenzen proprietäre Derivate erlauben, die selbst nicht FOSS sind, können die zugrundeliegenden nicht proprietären Bestandteile nicht „ent-open-sourced“ werden, sobald Kopien davon im Umlauf sind. Die in den freien Softwarelizenzen enthaltenen Nutzungsrechte verhindern den Ausschluss von Verbrauchern oder Unternehmen von der Nutzung der Software und sichern zudem eine Nicht-Rivalität der Software, so dass sie durch die Anwendung der Lizenzbedingungen zu einem Gemeingut wird. FOSS-Communities produzieren moderne nicht differenzierende Technologien. Ihre Software ist für alle verfügbar und daher kann nicht zwischen konkurrierenden Produkten unterschieden werden. Alle im Laufe der Zeit produzierten FOSS-Produkte tragen zu einem gemeinsamen Wissen bei, das stetig wächst, da keines seiner Elemente jemals verschwinden kann. Durch den Wettbewerb um den Einsatz ihrer Technologien lösen Communities schnelle Innovationszyklen aus. Wo immer der Stand der Technik verbessert werden kann, können bestehende Lösungen in Frage gestellt werden. Sobald ein dominantes Design entsteht, wird es schnell in der gesamten Branche angenommen. Es wird zum de-facto-Standard und ein Wirtschaftsgut. Der Prozess der FOSS-Community ist kollaborativ und dennoch innovativ und konkurrenzfähig. Da sie ein ständig wachsendes Gemeingut an Gütern der freien Technologie produziert, wird sie in verschiedenen Bereichen als vorteilhaft für das Gemeinwohl angesehen. Viele gemeinnützige Organisationen, wie die Open Document Foundation, sind nicht nur nicht gewinnorientierte Organisationen, sondern werden auch als gemeinnützig eingestuft.

Sowohl SSOs als auch FOSS-Communities unterscheiden zwischen ihren Produkten, dem Ergebnis ihrer Aktivitäten und ihren Prozessen, die beschreiben, wie diese Ergebnisse erstellt und vereinbart werden. Der Europäische Interoperabilitätsrahmen (European Commission 2017a) stellt beispielsweise Anforderungen an offene Standards mit Blick auf den Normungsprozess, so dass alle Beteiligten die Möglichkeit haben, zur Entwicklung der Spezifikation beizutragen. Eine öffentliche Begutachtung und Kommentierung muss demnach Teil des Entscheidungsprozesses sein. Mit Blick auf die Lizenzierung des Produkts soll sichergestellt werden, dass die Rechte am geistigen Eigentum an den Inhalten der Spezifikation auf FRAND-Basis vergeben werden, so dass die Implementierung sowohl in proprietäre als auch in Open Source Software vorzugsweise auf lizenzfreier Basis möglich ist. In dieser Studie wird die Interaktion zwischen SSOs und FOSS-Communities in ähnlicher Weise getrennt und aus Produkt- und Prozesssicht analysiert.

Wechselwirkungen zwischen Open Source und formeller Standardisierung

Die aktuelle Forschung zur Beziehung zwischen FOSS und SSOs konzentriert sich auf die Kompatibilität von Lizenzbedingungen von „Freier Software" mit denen von formellen Standards, insbesondere in Kombination mit den sogenannten standardessentielle Patenten (SEPs). Lundell et al. (2015) kommen zum Schluss, dass die Unsicherheit über die Identität der Rechteinhaber und die darin enthaltenen Patentansprüche mit erheblichen Risiken für die Implementierer von FOSS verbunden sind und empfehlen eine gebührenfreie Lizenzoption von SEP für freie Softwareimplementierungen. Die Diskussion über die Definition offener Standard konzentriert sich vor allem auf die Beziehung zwischen den Lizenzbedingungen von Standards, die SEP enthalten, und die Durchführbarkeit einer Zusammenarbeit im Sinne des FOSS-Modells. Es scheint zwar akzeptiert zu sein, dass die Verfügbarkeit einer Open-Source-Software-Implementierung eine schnellere Annahme und Akzeptanz des Standards fördert, da alle einen einfachen Zugang zur Implementierung des Standards hat und ihn ausprobieren und testen kann (Almeida et al. 2011), aber es gibt noch keine Einigung über die Lizenzbedingungen, die erforderlich sind, um freie Softwareimplementierungen zu erleichtern. Es kann zwar davon ausgegangen werden, dass das formelle Setzen eines Standards und die Implementierung in Bezug auf die Lizenzpolitik getrennt betrachtet werden sollten aber Praktiken- wie die automatische Unterlizenzierung abgeleiteter Werke und die fehlende Überwachung einzelner Lizenzen und Lizenznehmer- werden als wesentlich für die Zusammenarbeit im Sinne eines FOSS-Modells angesehen (Ghosh 2005).

Die Zusammenarbeit zwischen SSOs und FOSS-Communities erscheint aufgrund des hohen Innovationstempos bei freier Software und des offensichtlichen Nutzens einer ständig wachsenden Anzahl von Softwareprodukten als Gemeingut wünschenswert. Die Kompatibilität der Lizenzbedingungen ist nur ein Aspekt, um diese Zusammenarbeit zu ermöglichen. Beteiligte tragen freiwillig zu freier Software bei. Informationsasymmetrien sowie Unterschiede in kulturellen Normen und Erwartungen können ihre Motivation dazu beeinflussen, möglicherweise bis hin zur Hemmung einer erfolgreichen Zusammenarbeit. Hier sind integrative Partizipationskonditionen, finanzielle Förderung, Projektbegleitung sowie eine koordinierte Politikgestaltung erforderlich, um eine erfolgreiche Zusammenarbeit zwischen SSOs und FOSS-Communities zu realisieren (Openforum Europe 2017b).

Obwohl die Frage der rechtlichen Kompatibilität in Fachkreisen diskutiert und die Nützlichkeit der Zusammenarbeit zwischen SSOs und FOSS-Communities festgestellt wurde, gibt es kaum Untersuchungen darüber, welchen Nutzen beide Seiten aus einer solchen Zusammenarbeit ziehen würden. Aus der Praxis gibt es erfolgreiche Beispiele. Die Entwicklung des OpenDocument-Standards bringt die Beteiligte der Community und der Industrie bei OASIS zusammen. Die Zusammenarbeit führte zu einer ISO Norm (OASIS 2015). Das Standardisierungskonsortium IETF versteht sich als offene Organisation ohne formelle Mitgliedschaft und entwickelt Internet- und Netzwerkstandards wie TCP/IP oder das weit verbreitete Secure Shell (SSH)-Protokoll. Open Source Mano ist eine Initiative des Europäischen Instituts für Telekommunikationsnormen (ETSI) zur Entwicklung eines Open Source-NFV-Verwaltungs- und Orchestrierungs-Software-Stacks (MANO) (ETSI 2012). Solche Kooperationen sind jedoch noch eher selten. Dieses Kapitel untersucht Faktoren zur Förderung und Hemmnisse für größere Kooperationen und entwickelt Empfehlungen für SSOs, FOSS, Regulatoren und Unternehmen, um diese umzusetzen.

8.3 Modell und Ziele

Ein grundlegendes Forschungsziel dieses Kapitels ist die Erstellung eines allgemeingültigen Phasenmodells der Standardisierung, das auf verschiedene Standardisierungsinstrumente, einschließlich der formellen Standardisierung in SSOs und den FOSS-Prozessen, angewendet werden kann. Vor dem Hintergrund, dass die De-facto-Standardisierung organisch ist und recht unterschiedlichen Prozessen folgt und formelle Normungs- und Standardisierungsprozesse in der Regel gut definiert und strikt eingehalten werden, ist eines der Hauptziele dieser Studie die Entwicklung eines integrativen Standardisierungsmodells. Mit Hilfe des Standardisierungsmodells können SSO- und FOSS-Aktivitäten verglichen werden. Das Phasenmodell der Standardisierung unterstützt die Identifikation von komplementären und substitutiven Aktivitäten. Auf Basis des Modells können dann unterschiedliche Ansätze der Standardisierung beschrieben werden, die in den qualitativen Experteninterviews identifiziert werden. Abschließend möchten wird politischen Entscheidungsträgern, Unternehmen, SSO- und FOSS-Communities Empfehlungen zur Positionierung und Weiterentwicklung ihrer Organisationen gegeben.

Frühe und späte Standardisierung

Ein Standard ist eine Art Vereinbarung über die funktionalen Erwartungen an ein Produkt, z. B. eine erwartete Qualität, Effizienz oder Leistung. Bei der De-jure-Standardisierung besteht der Standard aus einer schriftlichen Spezifizierung von Eigenschaften, die anschließend durch standardkonforme Produkte umgesetzt werden. Bei De-facto-Standards treten diese Ereignisse nicht unbedingt in dieser Reihenfolge auf. Produkte können implementiert, in den Markt eingeführt und mit einer nachträglichen schriftlichen Spezifikation von Eigenschaften zum Erfolg geführt werden. Dies deutet darauf hin, dass Innovationen, die zu Standards werden, Implementierungs- und Spezifikationsphasen aufweisen. Die Reihenfolge ist jedoch nicht vorgegeben. Es wird deshalb der Begriff „frühe Standardisierung" verwendet, wenn die Spezifikation zuerst erstellt und dann implementiert wird, und „späte Standardisierung", wenn die Implementierung zuerst erstellt und anschließend formell spezifiziert wird.

Diese Beobachtung führt zu der Hypothese, dass Prozesse, die eine standardisierende Wirkung verursachen, eine feste Reihe von relativ generischen Phasen durchlaufen und dass verschiedene Standardisierungsinstrumente sich in der Reihenfolge unterscheiden. Eine standardisierende Wirkung beschreibt in diesem Zusammenhang den durch ein Standardisierungsinstrument herbeigeführten Übergang von einem wahrgenommenen Standardisierungsbedarf hin zu der Situation, in der dieser Bedarf durch die erfolgreiche weite Verbreitung einer Lösung im weiteren Sinne befriedigt wurde. Der Standardisierungsbedarf kann sich aus verschiedenen staatlichen, gesellschaftlichen oder marktwirtschaftlichen Motiven ergeben (Blind und Mangelsdorf 2016). Eine standardisierende Wirkung kann durch diverse Aktivitäten aktiv oder auch eher beiläufig hervorgerufen werden. Abbildung 8.2 zeigt die verschiedenen Quellen, die eine standardisierende Wirkung hervorrufen können.

Gesetze, die Rechtsprechung zum Beispiel zu Qualitäts- und Sicherheitsvorgaben, EU-Richtlinien, die national umgesetzt werden müssen, Mandate von Regulatoren an SSOs, die mittels eines konsensbasierten Prozesses, der auf freiwilliger Beteiligung und Einbeziehung aller interessierten Kreise basiert, die beste technische Umsetzung für regulatorische Vorgaben finden, Aktivitäten von nationalen und internationalen SSOs, Aktivitäten von Konsortien, Aktivitäten von FOSS-Communities, Verträge zwi-

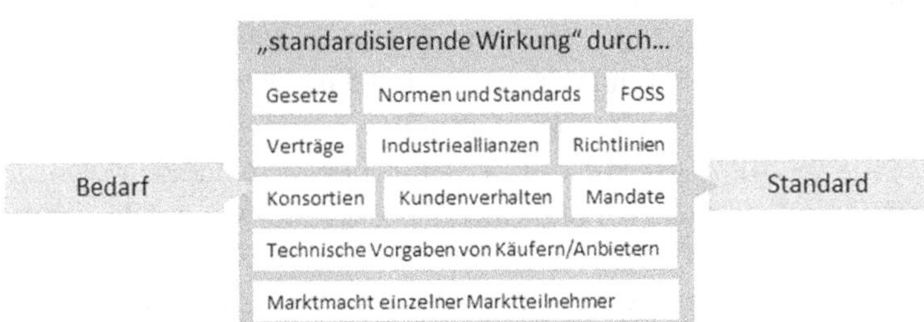

Abb. 8.2: Die standardisierende Wirkung von Marktaktivitäten (Quelle: Eigene Darstellung).

schen großen Marktteilnehmern zu Art, Qualität und Umfang von Dienstleistungen und Produkten, große Industrieallianzen, die sich zu technischen Anforderungen abstimmen, Anforderungen und Vorgaben der öffentlichen Beschaffung aber auch von großen industriellen Käufern, das vorhandene Angebot einzelner großer Markt-Player mit entsprechend großer Marktmacht und nicht zuletzt das Kundenverhalten bewirken eine standardisierende Wirkung, indem sie die Marktakteure zu einem gemeinsamen Verhalten veranlassen. Standardisierungseffekte können zudem durch normalisierte Bräuche und Praktiken verursacht werden, die durch Traditionen und Verhaltenskodizes in einigen Industriezweigen, insbesondere im Handel, aber auch in Industriekonsortien, Berufscharta oder FOSS-Communities verbreitet sind.

Um die nomenklatorische Verwirrung zu vermeiden, die sich aus der üblichen Verwendung des Begriffs „Standard" im Sinne einer Norm als Dokument, z. B. ISO 216, sowie einer technischen Standardlösung ergibt, verwenden wir den Begriff Standard für eine überwiegend verwendete Lösung eines technischen Problems, den Begriff Spezifikation (und Norm synonym) für das Dokument, das diese Lösung beschreibt, und den Begriff Implementierung für ein Produkt, das den Standard gemäß der Spezifikation verkörpert. Andere Interpretationen dieser Begriffe sind möglich. Es würde jedoch den Zweck dieser Studie verfehlen, das Verständnis des Begriffs Standard auf eine formalisierte Spezifikation zu reduzieren, da es die meisten De-facto-Standards und insbesondere FOSS-Produkte ausschließen würde.

Interoperabilität bei Software- und Schnittstellenstandards

Die De-facto-Standardisierung folgt keinem gängigen Modell, das leicht beschrieben oder repliziert werden kann, denn die Marktkräfte bestimmen den Erfolg eines De-facto-Standards auf Basis von Produktverfügbarkeit, Marketingkompetenz und Timing. In Bezug auf FOSS wird diese Schwierigkeit, ein gemeinsames Modell für die Entwicklung von De-facto-Standards zu beschreiben, dadurch verstärkt, da es in FOSS-Communities eine Entwicklung weg von gemeinsamen Datenformate oder Kommunikationsprotokollen hin zu gemeinsamen Implementierungen gibt.

Als Reaktion auf die Dominanz spezifischer Anwendungen im IKT-Sektor ging die breitere Open-Source-Community zunächst das Problem der Wiederherstellung einer wettbewerbsfähigen Umgebung an, indem sie Standarddatenformate entwickelte und sich für dominante kommerzielle Produkte einsetzte, um diese zu unterstützen. Der OpenDocument-Standard öffnete den Markt für Office-Pakete, indem er Microsoft Office herausforderte (OASIS 2015). Die Existenz solch starker De-facto-Standards, die in dominanten proprietären Anwendungen implementiert wurden, kann auf die explosive historische Entwicklung des PC-Marktes zurückgeführt werden.

Der weit verbreitete Einsatz vernetzter Anwendungen erhöhte den Wettbewerb im IKT-Sektor, indem er die Abhängigkeit von bestimmten Dateiformaten verringerte. Interoperabilität wurde erreicht, indem die Kommunikation zwischen verschiedenen

Anwendungen durch standardisierte Protokolle ermöglicht wurde. Eine relativ große und vielfältige Anzahl von Stakeholdern war an der Erstellung dieser Protokolle als offene und gebührenfreie Standards beteiligt, beispielsweise bei der Entwicklung des XML-Standards im World Wide Web Consortium (W3C) (W3C 2018).

Mit der Einführung und erfolgreichen Diffusion von FOSS in Unternehmenskontexten etablierten sich neue Formen der Zusammenarbeit in der Industrie. Open-Source-Dachorganisationen wie die Eclipse Foundation oder die Linux Foundation ermöglichten eine direkte, permanente Zusammenarbeit bei der Entwicklung von FOSS in großen Konsortien mit diversen Teilnehmern. Der daraus resultierende Bestand an nicht differenzierender Software als Gemeingut bildet heute die Grundlage für proprietäre, darauf aufbauende kommerzielle Produkte. Der Fokus auf die Standarderstellung verlagerte sich wieder von den Protokollen auf die gemeinsame Umsetzung. Viele dieser Konsortien verfolgen heute eine Ccode-first-Philosophie und betrachten die Spezifikation nicht nur als eher nachgelagerte Begleiterscheinung, sondern auch als Grund für die Fragmentierung der Kommunität. Fragmentierung bezieht sich auf eine Situation, in der die gesamte Community konkurrierende Implementierungen derselben technischen Lösung entwickelt, was zu einem Wettlauf um Akzeptanz und weniger Mitwirkende für jedes einzelne Produkt führt. Fragmentierung gilt als Verschwendung von Ressourcen, da in FOSS eine gemeinsam entwickelte Implementierung für alle verfügbar ist und der Wettbewerb um Marktanteile in diesem Fall unnötig ist (Parker-Johnson und Doiron 2018).

Dauerhafte, nicht differenzierende Zusammenarbeit

Anstatt mit standardkonformen Produkten verschiedener Hersteller um Marktanteile zu konkurrieren, konkurrieren die Lösungen von FOSS bereits bei der Entstehung um Akzeptanz und Beiträge. Die Kombination von FOSS und proprietären Quellcode (auch als "Pareto-Regel der Software" bezeichnet) ermöglicht es Produktentwicklern den Großteil ihrer Forschungs- und Entwicklungsausgaben in die Differenzierung von Produkteigenschaften zu investieren.

Das daraus resultierende Modell der Zusammenarbeit bei der gemeinsamen Umsetzung von ansonsten konkurrierenden Marktteilnehmern unterscheidet sich von früheren Ansätzen, insbesondere der vorwettbewerblichen Forschungs- und Entwicklungszusammenarbeit. Zuvor hatten Industriekonsortien ein ausgeklügeltes Mandat festgelegt, um eine vorwettbewerbliche Zusammenarbeit zu ermöglichen, ohne Bedenken wegen möglicher Absprachen in den Augen der Kartellbehörden aufkommen zu lassen. Im Rahmen des permanenten, nicht differenzierenden Kooperationsmodells arbeiten Unternehmen nun unter der Schirmherrschaft von FOSS-Stiftungen kontinuierlich an den nicht-differenzierenden Elementen des Software-Stacks mit ihren Wettbewerbern zusammen. So wird konkurrierenden Marktteilnehmer ermöglicht, kontinuierlich zusammenzuarbeiten, um einen gemeinsamen Software-Stack

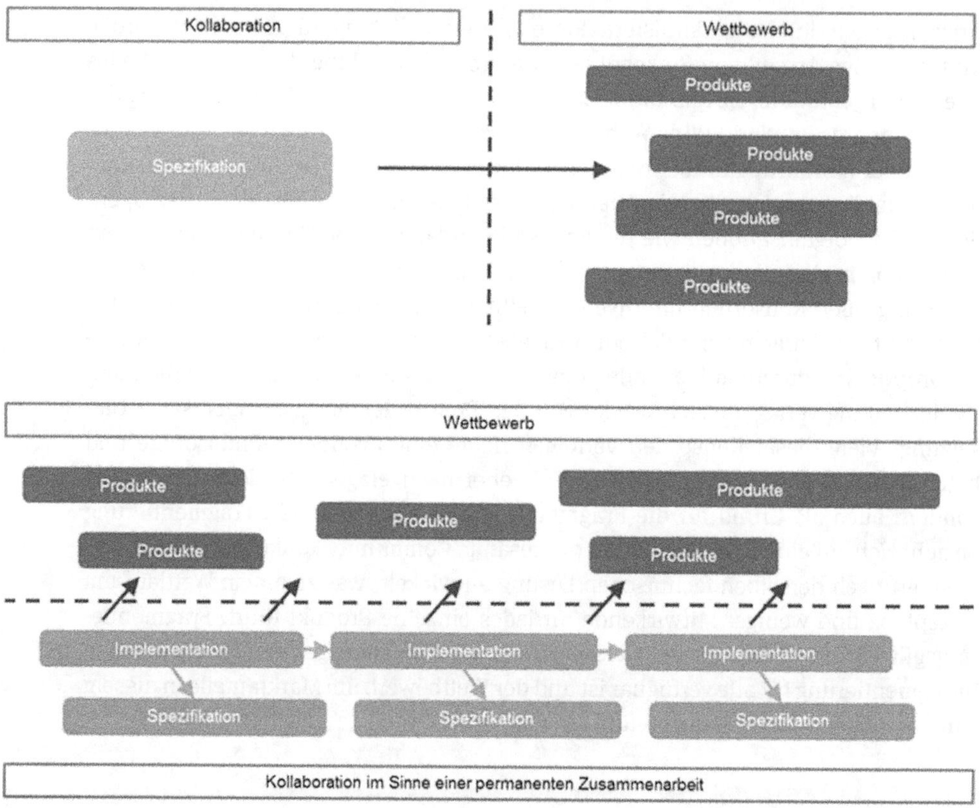

Abb. 8.3: Vorwettbewerbliche Kollaboration und kollaborative Koexistenz (Quelle: Eigene Darstellung).

zu entwickeln, der als grundlegende, nicht differenzierende Technologievoraussetzung für Produkte dient, die freie und proprietäre Software kombinieren. Im Gegensatz zur vorwettbewerblichen Zusammenarbeit bei der Entwicklung proprietärer, differenzierender Produkte sind kartellrechtliche Bedenken im permanenten, nicht differenzierenden Kooperationsmodell nicht relevant, da eine Kollusion nicht möglich ist, wenn die Ergebnisse unmittelbar der Öffentlichkeit zur Verfügung stehen und der Entwicklungsprozess generell allen interessierten Akteuren offensteht. Abbildung 8.3 illustriert die vorwettbewerbliche Kollaboration und kollaborative Koexistenz.

Permanente, nicht differenzierende Zusammenarbeit reduziert die Transaktionskosten der Zusammenarbeit durch nicht verhandelbare freie Softwarelizenzbedingungen erheblich und eliminiert Wohlfahrtsverluste, die durch die parallele Entwicklung von Produkten in einem Wettbewerb um den besten Standard entstehen. Implementierer sind motiviert sich an der Zusammenarbeit zu beteiligen. Die Möglichkeit, den Großteil des Software-Stacks zu teilen ist die Voraussetzung für die Produktion mit wettbewerbsähnlichen Kosten.

Die Entstehung des permanenten nicht differenzierenden Kooperationsmodells beeinflusst die Wirksamkeit von Standardisierungsinstrumenten. Der Nutzen von Spezifikationen verringert sich, wenn angenommene Standards auf einer einzigen, sich schnell entwickelnden gemeinsamen Implementierung basieren. Wo ein solches Entwicklungsmodell anwendbar ist, wie z. B. mit dem Linux-Kernel, ist Interoperabilität von Anfang an gegeben, so dass die Spezifikation diesem Zweck nicht mehr dient. Als Code-First-Organisation arbeiten AGL-Mitglieder zusammen, um eine neue Linux-basierte Software-Plattform und ein Anwendungs-Framework zu entwickeln, das als De-facto-Standard für die Automobilindustrie dient. Die Einführung einer offenen Plattform in der gesamten Branche ermöglicht es Automobilherstellern und Zulieferern, dieselbe Codebasis gemeinsam zu nutzen und wiederzuverwenden, was die Entwicklungskosten senkt, die Zeit bis zur Markteinführung (Time-to-Market) für neue Produkte verkürzt und schnelle Innovationen ermöglicht (AutomotoveGradeLinux 2018). In solchen Szenarien dient der Produkt-Quellcode als Dokumentation des Standards, was eine Spezifikation grundsätzlich überflüssig macht. Eine Spezifikation kann dennoch nützlich sein, wenn sie über die reine Förderung von Interoperabilität hinaus nützlich ist, beispielsweise um Sicherheitsvorgaben oder andere regulatorische Anforderungen zu dokumentieren.

Phasenmodell der Standardisierung

Der formelle Normungs- und Standardisierungsprozess variiert zwischen den verschiedenen SSOs, erfolgt jedoch in der Regel durch eine Kombination von Antrags-, Vorbereitungs-, Beratungs-, Revisions-, Genehmigungs- und Veröffentlichungsstufen (Torti 2015). Initial werden ein oder mehrere Normungsanträge zur Abstimmung durch das zuständige technische Komitee eingereicht. Nach der Identifizierung des Vorschlags mit der größten Unterstützung durch Experten diskutiert eine Arbeitsgruppe die vorgeschlagenen technischen Lösungsansätze zur Entwicklung des neuen Standards. Anschließend wird ein Entwurf veröffentlicht, zu dem die Öffentlichkeit Stellung nehmen kann. Die Stellungnahmen werden in der Arbeitsgruppe diskutiert und eine endgültige Fassung veröffentlicht (Torti 2015), die ab diesem Zeitpunkt als offizieller Stand der Technik vermarktet und verbreitet wird, um eine hohe Marktakzeptanz und -durchdringung zu erreichen.

Strukturierte Prozesse zur Entwicklung neuer Produkte, die technische Lösungen implementieren und zu De-facto-Standards werden, folgen in ihren Grundzügen den Phasen Produktstrategieentwicklung, Ideengenerierung, Screening, Evaluierung, Businessanalyse, Produktentwicklung, Markttests und Kommerzialisierung (Stamm 2008). Diese Phasen wurden im Laufe der Zeit mehrfach in der Literatur übernommen, modifiziert und schließlich in drei Hauptschritte unterteilt: Vorentwicklung, Produktentwicklung sowie Test und Kommerzialisierung (Stamm 2008).

Basierend auf diesen beiden Prozessmodellen der Standardisierung und der Produktentwicklung durchlaufen alle Produkte mit einer „standardisierenden Wirkung" vier grundlegende Phasen – Ideation (Ideenentwicklung), Spezifikation, Implementierung und Diffusion. Abbildung 8.4 zeigt die vier grundlegenden Phasen im Phasenmodell der Standardisierung. Die Reihenfolge dieser Phasen hängt von der gewählten Strategie bzw. dem gewählten Standardisierungsinstrument ab und kann iterativ mehrfach durchlaufen werden.

Ausgangspunkt ist das strategische Bedürfnis nach einer standardisierten Lösung, die eine strategische Entscheidung zur Initiierung eines Prozesses oder zur Partizipation an einem Prozess mit einer standardisierenden Wirkung auslöst. Die Notwendigkeit kann beispielsweise durch einen Mangel an akzeptablen Lösungen auf der Mikroebene verursacht werden. Ineffizienzen, die zu Reibungsverlusten zwischen Akteuren führen und somit Interoperabilität auf der Makroebene erfordern, oder durch gesellschaftliche Bedürfnisse, wie Anforderungen an Sicherheitsstandards. Bedürfnisse der Mikro- und Makroebene stellen einen Standard-Pull (nachfrageorientierte Zugkraft aus dem Markt) für die Standardisierung dar, während neben dem nachfrageorientierten Bearbeiten von Normungsanfragen SSOs auch im eigenen Interesse durch einen Standard-Push (nicht nachgefragter Schub in den Markt) eigeninitiativ und strategisch frühe Standards setzen, um gegenüber anderen SSOs ein Thema zu besetzen, oder gesellschaftliche Bedürfnisse einen regulatorischen Standard-Push erfordern. In jedem Fall veranlasst die Notwendigkeit der Standardisierung die Marktteilnehmer, die Entwicklung einer technischen Lösung durch den Eintritt in die Ideenphase (Ideation) einzuleiten. In der Ideenphase werden mögliche Spezifikations- oder Umsetzungsansätze und -lösungen vorgeschlagen, analysiert und bewertet, bis ein erfolgversprechendes erstes Konzept gefunden ist. Der Prozess der De-jure- oder De-facto-Standardisierung beginnt mit einem Vorschlag für eine technische Lösung für einen wahrgenommenen Standardisierungsbedarf. Dieses Verständnis entspricht dem klassischen Konzept des Verhältnisses von Anforderungen, Bedürfnissen und Nachfrage in der Wirtschaft. Ab der Ideation unterscheiden sich De-jure- und De-facto-Standardisierungsprozesse. Wenn die beteiligten Akteure eine formelle Standardisierungsstrategie wählen, treten sie nun in die Spezifikationsphase ein. Unter der Moderation einer SSO und unter Anwendung eines strukturierten, formalisierten und transparenten Prozesses, wird eine Spezifikation für die gewünschte technische Lösung erstellt und formell genehmigt. Sobald diese Spezifikation, das formale Standarddokument, veröffentlicht ist, ermöglicht es den Herstellern, in die Implementierungsphase einzutreten und mit allen normgerechten Produkten zu konkurrieren, die nun der ursprünglichen Nachfrage nach einem Standard entsprechen. Der Standard ITU-T V.24, der Empfehlungen für die Datenendeinrichtung/Datenübertragungseinrichtung-Schnittstelle zur Übertragung von Binärdaten, Steuer- und Zeitsignalen ausspricht (ITU-T. V.24 2000), ist ein Beispiel für einen formalen technischen Standard, der nach seiner Veröffentlichung den Preiswettbewerb

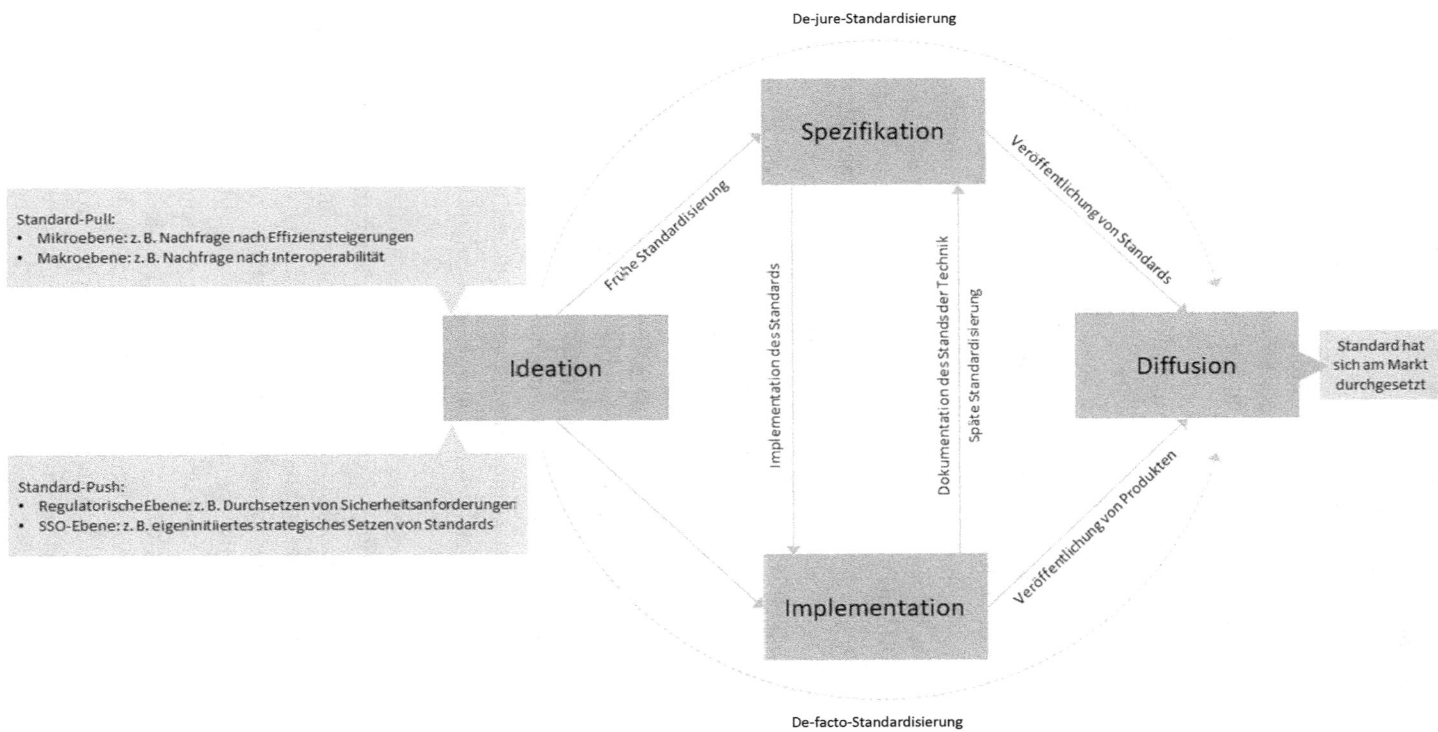

Abb. 8.4: Phasenmodell der Standardisierung (Quelle: Eigene Darstellung). (Das Diagramm erinnert mit Form und Aufbau an das Raumschiff Enterprise von Star Trek und hieß während der Studie daher kurz „Star-Trek-Modell".)

durch eine Vielzahl von Implementierern gefördert hat. Dieser Ansatz beschreibt das frühe Standardisierungsmodell.

Alternativ können die Anbieter auch sofort in die Implementierungsphase eintreten, indem sie Produkte entwickeln und ohne vorherige Spezifizierung in den Markt einführen. Die daraus resultierenden Produkte werden nicht systematisch interoperabel sein, auch wenn der Druck des Marktes die Anbieter zwingen kann, ihren Verbrauchern ein gewisses Maß an Kompatibilität mit konkurrierenden Produkten zu bieten. Die Verbrauchernachfrage und der angenommene ursprüngliche Bedarf an Standardisierung können die Anbieter dazu motivieren, nach der Einführung ihrer Produkte formale Spezifikationen zu erstellen. Durch die Apriori-Implementierung und nachgelagerte Spezifikation haben sich diese Hersteller für ein spätes Standardisierungsmodell entschieden, wie es für FOSS-Communities üblich ist. Die Open Container Initiative wurde beispielsweise ins Leben gerufen, nachdem die marktbeherrschende Stellung des Docker-Containermotors die Notwendigkeit offenbarte, den Wettbewerb durch Spezifikationen von Containerlaufzeiten und verwandten Produkten wieder in Gang zu bringen. Die Open Container Initiative definiert sich als eine offene Governance-Struktur für den ausdrücklichen Zweck offene Industriestandards rund um Containerformate und Laufzeit zu schaffen (Open Container Initiative 2018).

Der Prozess der technischen Standardisierung endet mit der Übernahme einer oder mehrerer Lösungen für den ursprünglichen Bedarf an Standardisierung. Sind spezifikationskonforme Produkte erst einmal verbreitet, werden die Marktteilnehmer in eine Kombination aus Preiswettbewerb um die standardisierten Produkteigenschaften und Produktwettbewerb um ihre differenzierenden Eigenschaften geführt. Der Erfolg ihrer Produkte manifestiert sich in einer schwachen oder starken Marktposition. Im IKT-Markt, insbesondere bei Netzwerk- und Plattformprodukten, können Netzwerkeffekte dazu führen, dass der Markt zu einem dominanten Anbieter „kippt“ und sein Produkt zu einem De-facto-Standard wird (Shapiro und Varian 1998). Unabhängig von der Standardisierungsstrategie endet der Standardisierungsprozess für diesen spezifischen Bedarf, sobald eine Lösung zum anerkannten und angewendeten Standard geworden ist.

In der Realität ist der Entwicklungsprozess eines bestimmten Standards und der entsprechenden Implementierungen möglicherweise nicht so eindeutig getrennt. Unternehmen können sich gleichzeitig in der Implementierungs- und Spezifikationsphase engagieren, z. B. um vor oder während der Implementierung eines formellen Standards standardessentielle Patentanmeldungen einreichen zu können, oder um ihre Produkte noch während der Entwicklung des formellen Standards oder direkt danach einführen zu können. Einige Unternehmen mit Erfindungen entscheiden sich strategisch dafür, sich an der Entwicklung von Standards zu beteiligen, um die Marktunsicherheit zu verringern oder die Konformität mit Regulierungen sicherzustellen (Blind und Mangelsdorf 2016). Als dritte Alternative neben der frühen und späten Standardisierung haben sich diese Akteure für ein paralleles Standardisierungsmodell entschieden (Lundell et al. 2015).

Das in dieser Studie entwickelte Vier-Phasen-Modell ist in der Lage, eine Vielzahl von frühen, späten oder parallelen Standardisierungsprozessen zu beschreiben. Da FOSS-Initiativen in der Regel einem späten oder parallelen Standardisierungsmodell folgen, dient das Modell als Referenz für eine vergleichende Analyse der Entwicklung von SSO- und FOSS-basierten Standards. Auf Grundlage des Modells kann nun im Hinblick auf den Übergang von der Idee zur Marktdiffusion die Frage beantwortet werden, welche Faktoren ausschlaggebend sind, um sich für eine frühe, parallele oder späte Standardisierung zu entscheiden. Aus den in dieser Studie erhobenen empirischen Daten lassen sich zwei Einflussfaktoren ableiten. Erstens, die Änderungs- und Anpassungskosten und zweitens das branchenspezifische Innovationstempo.

8.4 Methode und empirische Ergebnisse

Beide Seiten, SSOs und FOSS-Communities, repräsentieren eine gewachsene und etablierte Kultur, die in quantitativer Hinsicht schwer zu beschreiben ist. Die empirische Untersuchung für dieses Papier wurde in drei Schritten durchgeführt. Zunächst werden Daten durch eine Reihe von qualitativen Experteninterviews erhoben. Zweitens wird ein Modell aufgestellt, um eine allgemeingültige Vergleichbarkeit der einzelnen Prozesse zu ermöglichen. Drittens wird aus den Interviews ein Kontext der gemeinsamen Chancen und Risiken herausgearbeitet, der durch wichtige Entwicklungen im IKT-Sektor hervorgerufen wird, die sowohl SSOs als auch FOSS betreffen. Auf der Basis werden zwei separate SWOT-Analysen durchgeführt, um die Ergebnisse für beide Bereiche individuell zu strukturieren. Durch eine vergleichende Analyse der beiden SWOT-Ergebnisse wurden mögliche Bereiche konkurrierender und komplementärer Aktivitäten zwischen SSOs und FOSS identifiziert.

Risiken und Chancen im IKT-Ökosystem

SSOs und die breitere Open-Source-Community operieren im gleichen Raum der technischen Innovation und werden von Risiken und Chancen beeinflusst, die durch Markttrends, technologische Entwicklungen und langfristige gesellschaftliche Paradigmenwechsel verursacht werden, die zumindest kurz- bis mittelfristig außerhalb ihrer Kontrolle liegen. Der weit verbreitete Einsatz von Computern und die Schaffung des Internets führten zur Digitalisierung und zur Entstehung der digitalen Gesellschaft. Während andere technische Fortschritte der letzten Zeit evolutionär erscheinen, hat die Digitalisierung die Wirkung einer radikalen Innovation auf globaler Ebene. Die Digitalisierung führt zu vielen disruptiven Innovationen (WEC 2016).

Der wesentliche Effekt der Digitalisierung in diesem Kontext ist die drastische Reduzierung von Transaktionskosten der Zusammenarbeit und des Informationsaustauschs. Drei wesentliche Paradigmenwechsel im Zusammenhang mit der Digitalisierung wurden in dieser Studie identifiziert. Die Entwicklung besserer Methoden der Zusammenarbeit, ein allgemeiner Trend zu Offenheit und Transparenz sowie eine Verschiebung der Relevanz von nationaler zu supranationaler und internationaler Zusammenarbeit und Regulierung. Ein vierter einflussreicher Trend ist der Wandel im Verständnis der Rolle des modernen Staates. Früher in vielen Ländern als Anbieter von Arbeitsplätzen durch den öffentlichen Dienst und als Produzent von Gütern und Dienstleistungen durch öffentliche Unternehmen konzipiert, setzt der Staat in seiner modernen Form die Regeln und greift ein, um Marktversagen zu korrigieren, anstatt sich selbst als Substitutionsmarkt und Manager von Unternehmen einzubringen (Tirole 2016). SSOs und FOSS nehmen die Digitalisierung als Schlüsselfaktoren für ihre Interaktion untereinander und mit der Gesellschaft wahr.

Die Entwicklung verbesserter Methoden der Zusammenarbeit steht in direktem Zusammenhang mit der Nutzung des Internets als Mittel der direkten Kommunikation zwischen den Nutzern. Online-Kollaborationsinstrumente machen die Veröffentlichung und Verteilung physischer Dokumente nahezu überflüssig, erleichtern die Teilnahme unabhängig von der physischen Umgebung und ermöglichen eine Transparenz, die bisher aufgrund der hohen Kosten für die Teilnahme und den Informationsaustausch nicht möglich war. Detaillierte formelle Standards sind in einem Workflow nützlich, in dem diese Standards, die im Vorfeld in direkter Zusammenarbeit erstellt wurden, zur Spezifikation für die nachfolgende eigenständige Entwicklung konformer Produkte werden. Dieser Workflow war effektiv, weil die direkte Zusammenarbeit teuer und zeitaufwändig war. Ihr Nutzen ist heute weniger klar, vor allem im Bereich der Software und softwarebezogener Technologien, wo permanente Online-Zusammenarbeit und die durchgängige Verfügbarkeit aller relevanten Dokumentationen die Regel sind. Es entstehen weniger zentralisierte und integrativere Entscheidungsmodelle, die formell und informell geregelte Gremienarbeit sowie das in die Gremienmitglieder gesetzte Maß an Vertrauen und Autorität zunehmend überflüssig machen. Diese Veränderung kann sowohl als Chance als auch als Bedrohung empfunden werden, je nachdem, inwieweit die Arbeit in formell ernannten Ausschüssen von zentraler Bedeutung für die Kultur und das Geschäftsmodell der Organisation ist. Einige SSOs, wie das Institute of Electrical and Electronics Engineers (IEEE), reagierten mit der Dezentralisierung ihrer Gremienarbeit. FOSS-Communities sind in der Regel dezentral organisiert. Meritokratie in Online-Communities bedeutet, dass z. B. ein Vertreter eines großen Industrielandes nicht mehr Einfluss haben sollte als ein Vertreter eines Entwicklungslandes. Diese Chancen für einen globalen industriellen Innovationsprozess, bedingt durch die Zunahme der Stakeholder-Vielfalt, werden von den Unternehmen, die von den alten Methoden profitiert haben, als Bedrohung empfunden. Die zunehmende Zahl von Start-ups und Spin-offs und insbesondere die Zusammenarbeit mit diesen wird als Chance gesehen, um in neuen Technologiebereichen relevant und erfolgreich zu bleiben. SSOs sind auf neue technische Lösungen und qualifizierte Experten angewiesen, die sich in die formelle Standardisierung einbringen. Die Entwicklung innovativer marktrelevanter Standards erfordert neue innovative Gremienmitglieder sowie den Zugang zu innovativen Spitzentechnologien, die von den teilnehmenden Mitgliedsunternehmen eingebracht werden. Diese Herausforderung für SSOs erfordert ein Umdenken mit Blick auf Kollaborationen und die Gremienarbeit. Sie stellt eine Chance dar, um mit Innovatoren und der breiteren Open-Source-Community zusammenzuarbeiten.

Neue Möglichkeiten des Informationsaustauschs führen zu einem großen Trend hin zu mehr Offenheit und Transparenz. Was mit FOSS als eine Bewegung in Richtung grundlegender Benutzerfreiheiten begann (Stallman und Lessig 2010) verbreitete sich u. a. zu Open Access in der Wissenschaft, zu offenen Daten und offenen Organisationen (Whitehurst 2015). Die bestehenden Institutionen entwickelten und manifestierten sich teilweise unter der Annahme, dass eine direkte dezentrale und allgegenwärtige Zusammenarbeit zwischen allen Beteiligten teuer oder praktisch unmöglich ist. Durch die Digitalisierung sind heute jedoch die technischen Mittel für eine solche dezentrale Zusammenarbeit vorhanden, so dass die Erwartung entsteht, dass transparente und offene Methoden der Zusammenarbeit breiter angewendet werden sollten. FOSS-Communities sind ein Beispiel für neue Institutionen, die sich dem Paradigma der transparenten Zusammenarbeit anpassen. In die Kultur von SSOs sind Regeln für den Umgang mit geistigen Eigentumsrechten sowohl gegenüber den Normen als eigenständige Produkte als auch gegenüber den in den technischen Inhalten der Norm enthaltenen Erfindungen tief verwurzelt. So werden beispielsweise vom Deutschen Institut für Normung e. V. (DIN) Normen auch in gedruckter Form über einen Verlag vertrieben. Detaillierte IPR-Lizenzierungsrichtlinien von SSOs regeln, wie SEP den Implementierern zur Verfügung gestellt werden. Obwohl sich viele SSOs als transparent, inklusiv und offen betrachten, sind SSOs eng mit dem Begriff der Exklusivität verknüpft. Der Trend zur Offenheit stellt die SSOs somit vor den Spagat zwischen Exklusivität und offener Zusammenarbeit. Durch die begrenzte Anzahl von Teilnehmern in formellen Normungsgremien bekommen die Teilnehmer einen erheblichen Wissensvorsprung gegenüber Nichtteilnehmern. SSOs können ihren Mitgliedern Marktbeeinflussung, Kontrolle über IPR und Time-to-Market-Vorteile bieten, weshalb die institutionalisierte formelle Standardisierung sowohl bei der Industrie als auch bei den Regulierungsbehörden als erfolgreiches Instrument angesehen wird. Auch wenn die Trennung zwischen Exklusivität und Trend-zur-Offenheit in einigen Interviews als Konflikt zwischen den etablierten Unternehmen und der Beteiligung von FOSS-Communities beschrieben wurde, geben Unternehmen an, dass sie gleichzeitig erfolgreich ihre Kerngeschäfte mit FOSS-Aktivitäten kombinieren können. Die Zahl der Unternehmen, die an Kooperationsprojekten bei FOSS-Dachverbänden wie der Linux Foundation teilnehmen, zeigt, dass es für Unternehmen keine grundsätzliche Schwierigkeiten darin gibt, offene und transparente Kooperationsmodelle einzuführen und dass die gemeldeten Schwierigkeiten vor allem in bestimmten Branchen relevant sind, in denen das traditionelle Modell der Normung und Standardisierung in Kombination mit IPR-Lizenzierung für die beteiligten Unternehmen am vorteilhaftesten ist, beispielsweise im Bereich der Telekommunikation und Mobilkommunikation.

Die Debatte auf der europäischen Ebene über die Rolle von Patenten, SEP und fairen, angemessenen und nichtdiskriminierenden (FRAND) Lizenzen bei der IKT-Standardisierung zeigt eine starke Stakeholder-Polarisierung, die auf beiden Seiten das Eingehen von Kompromissen verhindert, auch wenn sich Chancen und Risiken für alle Beteiligten bieten. Die intensive Einflussnahme von etablierten Institutionen wie dem Europäischen Patentamt (EPA) wird von der breiteren Open-Source-Community als Bedrohung empfunden, vor allem das sich wiederholende Muster, andere geistige Eigentumsrechte oder vertragliche Vereinbarungen zu nutzen, um die von freien Softwarelizenzen gewährten Nutzungsrechte zu mindern, welche die grundlegenden Ideale der Softwarefreiheit repräsentieren. In der Vergangenheit wurden Contributor License Agreements (CLA), Markenlizenzprogramme, Geschäftsgeheimnisse z. B. in Form von verzögerten Quellcode-Releases, SEP in Kombination mit FRAND-Lizenzen und andere Mittel eingesetzt, um eine privilegierte Position eines Unternehmens auf Kosten der Softwarefreiheit zu erhalten. Andere Akteure haben versucht, den Begriff Open Source neu zu definieren, mit dem Ziel, die Wiederverwendung des Quellcodes oder die Entwicklung abgeleiteter Werke zu verhindern. Solche Aktivitäten werden im weiteren Sinne als „FUD" (*fear, uncertainty and doubt*; dt: Angst, Unsicherheit und Zweifel) bezeichnet und gelten als Bedrohung für die Existenzfähigkeit des Upstream-Downstream-Modells. Die Versuche sind jedoch selten erfolgreich (Corbet und Kroah-Hartman 2018).

Um relevante, adäquate und frühzeitige Standards veröffentlichen zu können, betrachten SSOs ihre IPR-Regeln und SEP-Richtlinien als Chance. Sie sollen Anreiz für Innovatoren sein, die durch das Einbringen ihrer Technologien in einen formellen Standard attraktive Renditen für ihre Forschung- und Entwicklungsaufwendungen erzielen können. Andere Technologieentwickler hoffen darauf, einen De-facto-Standard zu etablieren, indem sie ihre technischen Lösungen unter einer FOSS-Lizenz anbieten, was wiederum ihre Motivation zur Teilnahme an der Standardsetzung bei SSOs verringert. Die Konvergenz der Technologien, die Durchdringung nahezu aller Technologiefelder durch IKT (Digitalisierung) sowie die Trends zu Open Data, Open Information und Open Access erhöhen die Bedeutung von Interoperabilität und Schnittstellenstandards. Die Teilnehmer haben die Wahl zwischen der Erstellung von Spezifikationen, gemeinsamen Implementierungen oder beidem. Dies wurde in den Interviews als eine Chance identifiziert, denn die Nachfrage nach entsprechenden formellen Standards und Spezifikationen steigt. Darüber hinaus haben SSOs die Möglichkeit, den Prozess der Normung und Standardisierung zu verschlanken, eine Plattform für gemeinsame Implementierungen mit der FOSS-Community zu schaffen und für beide eine potenzielle Zusammenarbeit zu ermöglichen. Die FOSS-Communities sind besonders sensibel gegenüber den wahrgenommenen Gefahren des Trittbrettfahrens von SEP-Inhabern und die potenziellen Risiken, die sich aus Informationsasymmetrien zwischen Patentrechtsinhabern und der Community ergeben. FOSS-Communities nehmen vor allem die fehlende Klarheit darüber, was FRAND in der Realität und im Detail bedeutet und die Gefahr, dass nicht teilnehmenden Unternehmen, die somit nicht an die SSO-Lizenzpolitik gebunden sind, Rechte gegen gemeinsame Implementierungen geltend machen, als starke Bedrohung wahr. Die breitere Open-Source-Community ist jedoch in der Regel zuversichtlich, dass sie über hohe eigene Innovationskapazitäten verfügt, was die Gefahr verringert, dass nicht teilnehmende Unternehmen Patente erhalten, die wesentliche FOSS-Technologien berühren.

Die Verlagerung der Rolle des modernen Staates von einem Arbeitgeber und Produzenten zu einem Regulierer schafft ein neues Gleichgewicht zwischen gesellschaftlichen sowie regulatorischen Interessen und der Industrie (Tirole 2016). Die formelle Normung und Standardisierung gewinnt in ihrer Rolle als Anbieter von Referenzrahmen und Regeln, die die Regulierer zur Festlegung von Richtlinien oder Rahmenverträgen nutzen können, an Bedeutung. In diesem Zusammenhang unterstützen Standards die Sicherstellung der Einhaltung von Compliance- und Rechtsfragen. Dies ist eine Chance für nationale Normungsgremien, die in regionale oder internationale SSOs eingebunden sind, da ihr Wirkungsbereich der erweiterten regulatorischen Reichweite entspricht. Dieser Trend unterstützt die Erwartungen an die Offenheit von Standards. Der Europäische Interoperabilitätsrahmen fordert offene Standards, um allen Beteiligten die Möglichkeit zu geben, zur Entwicklung der Spezifikation beizutragen, die Verfügbarkeit der Spezifikation für alle zu prüfen und die entsprechenden Rechte am geistigen Eigentum auf FRAND-Basis so zu lizenzieren, dass sie sowohl in proprietärer als auch in Open Source Software und vorzugsweise auf lizenzfreier Basis implementiert werden können (European Commission 2017a) (European Commission. 2017c). Es scheint eine allgemeine Erwartung in den Communities zu geben, dass von Regulierungsbehörden mandatierte Standards offen sein sollten.

Diese Haltung steht im Zusammenhang mit dem oben beschriebenen allgemeinen Trend zu Offenheit und Zusammenarbeit. Es besteht im Allgemeinen die Erwartung, dass mit öffentlichen Mitteln entwickelte Standards kostenlos zur Verfügung gestellt werden. Genauso besteht die Erwartung, dass mit öffentlichen Mitteln entwickelte Software immer unter einer freien Softwarelizenz veröffentlicht werden sollte. Die Kampagne „Public Code Public Money“ (Free Software Foundation Europe 2018) ist eine Community-Aktion, die sich für diesen Ansatz einsetzt.

Der Fokus auf Regulierung birgt sowohl für SSOs als auch für FOSS-Communities Chancen. Eine mögliche Diskrepanz zwischen der technischen Entwicklung und der sozialen Verantwortung, welche die Regulierungsbehörden nicht aus den Augen verlieren dürfen, besteht. Es ist üblich, dass SSOs Verträge mit dem Staat abschließen oder ganz staatlich geführt werden und sich verpflichten, ein breites Spektrum von Stakeholdern in ihre Standardsetzungsprozesse einzubeziehen sowie die soziale Verantwortung mit Blick auf die standardisierten technischen Lösungen zu berücksichtigen. Dieser bestehende institutionelle Rahmen zwischen SSOs und der Öffentlichkeit versetzt SSOs in die einzigartige Lage, Standards zu entwickeln, die dann quasi rechtlich bindend werden. Die selbstregulierte FOSS-Community ist nicht nur nicht verpflichtet, soziale Verantwortung zu übernehmen, sie weigert sich oft ausdrücklich, sich von Stakeholdern beeinflussen zu lassen, die nicht aktiv an der Entwicklung ihrer

Produkte beteiligt sind. Die freiwillige Teilnahme ist ein wirksamer Regulator, um sicherzustellen, dass die Gemeinden selbst für eine Vielzahl von Beitragszahlern offen sind. Sie lenkt die Gemeinden jedoch nicht dazu, externe Interessen im Auge zu behalten. Da die breitere Open-Source-Community einen wichtigen und spürbaren Einfluss auf die Gesellschaft hat, besteht ein artikuliertes öffentliches Interesse an der Entwicklung Freier Software, auf die Regulierer im Bedarfsfall regulatorisch eingreifen können. Dies kann als ein Risiko für die breitere FOSS-Community verstanden werden, die sich bisher in erster Linie selbst reguliert. Die meisten Gemeinden sind sich dieser Möglichkeit nicht voll bewusst oder akzeptieren sie nicht.

Eine weitere Veränderung, die in den Interviews identifiziert wurde, ist die Verschiebung der Relevanz von nationaler zu supra- und internationaler Zusammenarbeit und Regulierung durch die Globalisierung. Es liegt auf der Hand, dass die Vorteile von Normen und Standards umso größer werden, je weiter sie angenommen werden. Die verschiedenen Typen von Netzsteckern erinnern regelmäßig daran, dass SSOs ursprünglich in ihren Ländern auf nationaler Ebene entwickelt wurde und erst später begannen, international zusammenzuarbeiten. Es ist auch offensichtlich, dass die parallele Entwicklung technischer Normen und Standards in verschiedenen nationalen Normungsgremien einen Wohlfahrtsverlust darstellt. Die Interaktion mit Regulierungsbehörden in Europa findet jedoch auf nationaler und EU-Ebene statt. Die daraus resultierende Notwendigkeit einer neuen Abgrenzung der Verantwortlichkeiten ist sowohl eine Chance als auch eine Bedrohung für SSOs. Die Entwicklung von Normen kann sich in Richtung internationaler, möglicherweise branchenspezifischer Normungsorganisationen verlagern, während die Verbreitung, Übersetzung und Übernahme von Normen sowie die Adaption an nationale Besonderheiten in der Verantwortung der nationalen Normungsorganisation verbleiben kann. Nationale Grenzen spielten für die FOSS-Communities keine wichtige Rolle, auch wenn es kulturelle Barrieren gibt. Der Zusammenhalt innerhalb der Community ist stark und bündelt sich in Regionen mit einem gemeinsamen kulturellen und sprachlichen Hintergrund. Es gibt zum Beispiel wenig Interaktion zwischen der chinesischen und der europäischen FOSS-Community. Internationale Zusammenarbeit wird als eine Chance für FOSS-Communities verstanden, auch wenn sie nicht vollkommen international integriert ist. Unternehmen, die an der Entwicklung von Standards und an den Aktivitäten von FOSS in erheblichem Umfang beteiligt sind, sind in der Regel in mehreren Ländern tätig und profitieren von den durch die Konvergenz der technischen Standards bedingten verringerten Markteintrittsbarrieren.

Auf nationaler Ebene kann es schwierig sein, Einfluss auf die Entwicklung von Defacto-Standards zu nehmen, da diese zum Teil auf internationaler Ebene entstehen. Beim Setzten von De-facto-Standards kann es sogar zu einem Wettbewerb zwischen den Aktivitäten einer Community, die in mehreren Ländern aktiv ist. Dies stellt ein Risiko dar, ihre Verantwortung gegenüber ihren eigenen Communities wahrzunehmen. Das zeigt sich bereits in den Schwierigkeiten bei der Regulierung großer Internetplattformen mit Sitz in den USA oder China.

Auch bei De-jure-Standards stehen ISO und die von der EG und den nationalen Normungsgremien anerkannte SSOs vor der Herausforderung ein neues Gleichgewicht der geteilten Verantwortung zu finden, die ihren politischen, wirtschaftlichen und gesellschaftlichen Verantwortungen auf jeder Ebene gerecht werden.

Stärken und Schwächen von FOSS

Die hier identifizierten Stärken von FOSS sind das Rapid Prototyping, ein globales Entwicklungsmodell, das auf frühen und regelmäßigen Veröffentlichungen basiert („Release early, Release often"), die freiwillige Teilnahme an Community-Aktivitäten und der etablierte Gesamtentwicklungsprozess der breiteren Open-Source-Community in einem komplexen Upstream-Downstream-Netzwerk, das durch Community-Dachorganisationen, insbesondere FOSS-Stiftungen, gefördert wird. Schwachstellen sind ein Mangel an etablierten Supply-Chain-Management-Prozessen, Unsicherheit und Willkür bei der Lizenzkompatibilität und Lizenzkonformität sowie eine Meritokratie, die sich vor allem auf die Produktbeiträge konzentriert und gleichzeitig andere potenzielle interessierte Kreise vernachlässigt.

Unter Rapid Prototyping versteht man die Fähigkeit, schnell Lösungen für anstehende technische Probleme zu skizzieren und diese anhand der Reaktionen anderer Teilnehmer zu bewerten. Dies ermöglicht eine wettbewerbsfähige, iterative und evolutionäre Auswahl von Lösungen in einem frühen Stadium und begrenzt kostspielige Vorabinvestitionen. Rapid Prototyping ermöglicht bestehende De-facto-Standards in Frage zu stellen und die Hysterese, die durch eine bestehende, veraltete Lösung verursacht wird, zu reduzieren. Daher sind die Marktsegmente von FOSS „kipplig", d. h. sie neigen dazu selbst weit verbreitete Lösungen schnell zu ersetzen, wenn eine neue, vielversprechendere Lösung überzeugender erscheint. Ein aktuelles Beispiel ist der Bedeutungsverlust des OpenStack-Projekts, bei dem im Jahr 2016 eine Vielzahl von Akteuren massiv in die Entwicklung effizienter Container-basierter Technologien wie Kubernetes10 investiert hat. Die große Überschneidung der Akteure, die früher in OpenStack und jetzt in Kubernetes investiert haben, zeigt, dass neuere Lösungen veraltete Produkte verdrängen, nicht aber die Community der Mitwirkenden in diesem speziellen Marktsegment. Die Zusammenarbeit ist wichtiger als die spezifische Technologie, da die Produkte vergleichsweise kurzlebig sind. Die daraus resultierende eher aggressive kreative Zerstörung führt zu kurzen Innovationszyklen und reduziert große Vorabinvestitionen in Technologien, die später nicht in den Markt gelangen.

„Release early, Release often" beschreibt einen Community-Grundsatz, der die Veröffentlichung von Zwischenergebnissen so früh wie möglich vorsieht und Feedback und Beiträge von anderen Interessierten einfordert. „Release early, Release often" ist mit dem öffentlichen Rapid Prototyping verwandt, überlebt aber die ersten explorativen Schritte und wird auch angewendet, wenn eine Lösung Anklang gefunden hat und sich eine Community um sie herum zu bilden beginnt. Durch die frühzeitige Einbindung der Anwender in die kollaborative Entwicklung ist der resultierende Feedback-Zyklus um eine Größenordnung schneller als die meisten kommerziellen proprietären Software-Projekte (Weber 2004). Da alle Beiträge sofort im Produktquellcode veröffentlicht werden, werden alle darin eingebetteten Erfindungen zum Stand der Technik, und der ursprüngliche Erfinder ist im kollaborativen Entwicklungsprozess schwer zu identifizieren. Zudem verkörpert jeder einzelne Beitrag nur einen kleinen, inkrementellen Erfindungsschritt. FOSS-Communities erfinden gemeinsam, sind aber selten in der Lage, Patente auf ihre Erfindungen zu erwerben, selbst wenn sie es wollten. Dies trägt dazu bei, dass der Nutzen des Patentsystems als Ganzes in der breiteren FOSS-Community nicht wahrgenommen wird. Bei FOSS-Communities genießt das Open Invention Network (OIN) (OIN 2018), ein lizenzfreies Netzwerk mit über 2500 FOSS-Community-Teilnehmern, das die Kerntechnologien von den Produkten von Mitglieds-FOSS-Communities in seinem Lizenzvertrag abdeckt, großes Vertrauen. Mitwirkende haben ein gemeinsames Eigentum an den Ergebnissen des Kooperationsprozesses, das sich auf Urheberrechte, Erfindungen, aber auch auf den Begriff „unsere Communities" als Einheiten erstreckt. Aufgrund der beschriebenen Dynamik der konstanten Erweiterung des Stands der Technik, sind Patentinhaber, die auf Erfindungen aus der breiteren FOSS-Community zurückgreifen und Ansprüche geltend machen wollen oder ihre Erfindungen nicht unter lizenzfreien Bedingungen bzw. über OIN lizenzieren, nahezu ausschließlich nicht partizipierende oder nicht mitwirkende Unternehmen, was ihrem Ruf und den von proprietären computerimplementierten Erfindungen gegenüber der FOSS-Community schadet.

Die freiwillige Teilnahme an den Aktivitäten von FOSS ist von grundlegender Bedeutung für das Verständnis der Selbstregulierungsfähigkeiten in den Communities. Alle Beteiligten bringen ihre Ressourcen freiwillig in den gesamten FOSS-Prozess ein (Lakhani und Wolf 2003). Sobald sie sich in einer bestimmten Community engagieren, stehen die Teilnehmer vor dem Dilemma, ihre Wahl zur Teilnahme ständig zu evaluieren und können jederzeit das Projekt verlassen, wenn das Engagement nicht mehr durch Interessen gedeckt ist (Hirschman 1970). Diese Verhaltenskorrektur in Verbindung mit einer insgesamt starken Fluktuation der Mitwirkenden stellt sicher, dass die Governance innerhalb der Communities selbstheilend ist, sich in Richtung Open-Source-Kultur annähert und dass Communities je nachdem, wie gut sie ihren Zweck erfüllen, entstehen, wachsen, schrumpfen und verschwinden, ohne dass öffentliche Investitionen oder Einmischung erforderlich sind.

Das Upstream/Downstream-Modell der Zusammenarbeit innerhalb der größeren FOSS-Community verwendet das mentale Bild eines großen Flusses, der das Wasser von vielen kleinen Nebenflüssen (den Communities) sammelt und an den Ozean (die Anwender) liefert. Um Produkte von der Komplexität einer ganzen Linux-Distribution wie Debian oder den Standard-Paketindex einer großen Programmiersprache wie Python zu erstellen, bedarf es eines koordinierten Einsatzes von potentiell Tausenden von einzelnen Communities. Produktverbesserungen entstehen in den Gemeinden und werden dann durch immer komplexere Produkte „down the stream" aggregiert.

Rückmeldungen wie Fehlermeldungen und Verbesserungswünsche, aber auch Modifikationen (Patches), die für die Integration in die Upstream-Projekte gedacht sind, werden näher an den Anwendern generiert und wandern dann „up the stream", um schließlich von der Community, aus der die Lösung stammt, wiederum integriert zu werden. Mit dem Ziel einer maximalen Wiederverwendung von Codeänderungen entwickelte die breitere Community eine starke Vorliebe für die Arbeit im Upstream-Bereich, da sie sich bemüht, Änderungen so nah wie möglich an der ursprünglichen Lösung zu integrieren. FOSS-Lizenzen werden auf alle Produkte im Upstream- und Downstream-Netzwerk angewendet und erleichtern die häufige Integration und Weiterverteilung von Gesamtprodukten. Da potentiell tausende von Unternehmen involviert sind, sind die wesentlichen Bedingungen aller FOSS-Lizenzen kodifiziert und beinhalten immer die „vier Freiheiten der Software", nämlich sie zu nutzen, zu studieren, zu modifizieren und weiterzugeben (Stallman und Lessig 2010). Ebenso wendet die breitere FOSS-Community grundlegende normalisierte Prozesse an, wie Fehlerberichte und Patches „upstream" disseminiert werden. Linux-Distributoren zum Beispiel beteiligen sich routinemäßig an der Bereitstellung kleinerer Patches und der Meldung von Problemen an eine Vielzahl von Upstream-Communities mit minimalen Reibungsverlusten. Als De-facto-Standards werden Werkzeuge wie Versionskontrollsysteme und Issue-Tracker eingesetzt, die einen gemeinsamen Workflow abbilden. In jüngster Zeit hat Github das Upstream-Downstream-Modell mit seinem (proprietären) Pull-Request-Workflow geprägt, der sehr weit verbreitet ist. Ein derart komplexes Netzwerk aus vielen Upstream- und Downstream-Teilnehmern, die ihren eigenen Interessen folgen, wäre anfällig für dem Prinzip des Gemeinguts entgegenstehende Ansprüche, bei denen die Verhandlungskosten stark kollaborationshemmend wären. (Heller 1998). Daher sind die von den FOSS-Communities angewendeten Lizenzen nicht verhandelbar. Die Upstream-Communities bieten die Nutzung ihres Produkts unter einer bestimmten Lizenz an und die Downstream-Anwender akzeptieren dieses Angebot durch die Nutzung der Software oder beschließen, sie nicht zu nutzen (Phipps 2011). Ebenso, aber nicht in gleichem Maße, sind Verhaltensnormen wie Open Access, Transparenz oder Meritokratie in der breiteren FOSS-Community nicht verhandelbar. Das Ergebnis sind vernachlässigbare Transaktionskosten für die Teilnahme am Upstream-Downstream-Netzwerk. Standardisierte Governance-Normen beginnen sich in der IKT-Branche zu entwickeln und werden von Wirtschaftsverbänden wie der Linux Foundation unterstützt. Die Rolle dieser FOSS-Stiftungen, auch Dachgemeinschaften genannt, besteht darin, gemeinsame Governance-Normen zu etablieren, die die Zusammenarbeit in der breiteren Open-Source-Community erleichtern und fördern.

Die in den Interviews identifizierten Schwächen von FOSS spiegeln die Bedeutung der Effizienz der kollaborativen Entwicklungsprozesse wider. FOSS verfügt derzeit nicht über weit verbreitete Supply-Chain-Management-Prozesse. Das Upstream-Downstream-Modell ermöglicht eine effiziente Zusammenarbeit in der gesamten Community, hilft aber nicht dabei, die Beziehungen zu ihren Softwarelieferanten zu strukturieren. Anders als in anderen Industriezweigen werden übliche Attribute von Leistungen wie die Herkunft von Teilen des Produkts oder die Einhaltung von Lizenzen für freie Software üblicherweise nicht vertraglich vereinbart. Ausgehend von der Gesamtverantwortung für die Lizenzkonformität des Endprodukts bewerten die Hersteller in der Regel den kompletten Software Stack ihrer Produkte, auch wenn wesentliche Elemente davon von sonst vertrauenswürdigen Lieferanten bereitgestellt wurden. Die etablierten Normen der Zusammenarbeit in der breiteren FOSS-Community sind noch nicht vollständig in Best Practices oder De-facto-Standards im IKT-Sektor umgesetzt worden. Dies führt zu Ineffizienzen, insbesondere zu hohen Kosten für die Aufrechterhaltung der Lizenzkonformität und -kompatibilität, und zu Hindernissen für die Einführung freier Software in kommerzielle Produkte.

Das OpenChain-Projekt ist ein aktueller Versuch, die Anforderungen an die Lieferkette zu spezifizieren (OpenChain 2018). Die langfristige Wartung von FOSS-Produkten, die dem Lebenszyklus langlebiger Industrieprodukte gleichkommt, ist ebenfalls schwierig zu etablieren.

Die Einhaltung der Lizenzbestimmungen ist eine Voraussetzung für den Vertrieb von Produkten, die FOSS oder eine Mischung aus FOSS und proprietärem Code enthalten. Durch einstweilige Verfügungen können Mitwirkende, die das Urheberrecht am Produkt besitzen, Unternehmen daran hindern, ihre Produkte zu verkaufen, wenn der begründete Verdacht besteht, dass ein Produktverkäufer gegen die Verpflichtungen aus der Weiterverbreitung von FOSS-Code verstößt. Es gibt jedoch eine wahrgenommene Unsicherheit und Willkür, wie freie Softwarelizenzen durchgesetzt werden. Die Durchsetzung wird am häufigsten von Community-Repräsentanten wie dem Software Freedom Law Center (SFLC) verfolgt. Es gibt auch Fälle, in denen einzelne Inhaber von Urheberrechten gegen gewerbliche FOSS-Anwender vorgehen – teilweise zu ihrem persönlichen Vorteil. Gelegentlich wurden Unternehmen sogar empfohlen, die Familie der GPL-Lizenzen ganz zu vermeiden, was dazu führen würde, dass ein Drittel der bestehenden FOSS-Lösungen nicht genutzt wird. Diese Unsicherheit wurde von der FSF in ihren „Grundsätzen der gemeinschaftsorientierten GPL-Durchsetzung" (Gay 2015), mit dem „Linux Kernel Community Enforcement Statement" (van Riel et al. 2017) und anderen adressiert. Die GPL Version 3 gibt Lizenzverletzern mehr Zeit, Fehler zu korrigieren, bevor ein Rechtsstreit beginnen kann. Die meisten unter der GPL lizenzierten Programme verwenden jedoch immer noch die Version 2. Einige einflussreiche Organisationen, die Code unter der GPL Version 2 veröffentlichen, haben begonnen sich öffentlich zur Anwendung der GPL-3.0 „Heilungsklausel" auf ihre Produkte zu verpflichten (RedHat 2017). Diese Initiativen zeigen, dass das Management der Lizenzkonformität noch nicht so normal und standardisiert ist, wie es sein könnte. Die Meritokratie ist ein wichtiger Grundsatz der Unternehmensführung in den FOSS-Communities. Jeder Teilnehmer, unabhängig davon, ob es sich um einen einzelnen Freiwilligen, einen Vertreter einer Organisation oder eine organisatorische Einheit selbst handelt, verdient Ansehen aufgrund seiner konkreten Beiträge zum Community-Produkt. Die Beiträge werden jedoch nicht alle gleich bewertet. Verbesserungen des Kernprodukts der Community werden in der Regel mehr geschätzt als Übersetzungen in selten verwendeten Programmiersprachen oder administrative Unterstützung, auch wenn sie für die gesellschaftlichen Bestrebungen der FOSS-Communities ebenso wichtig sind. Ein Linux-Kernel-Entwickler gewinnt im Vergleich zu einem Dokumentations-Autor deutlich mehr an Ansehen. Einerseits ist dies ein direkter Ausdruck der Selbstorganisation in den Gemeinden. Andererseits schmälert diese FOSS-Meritokratie die Bedeutung der Stakeholder, die Interesse am Community-Produkt zeigen, aber nicht direkt Code-relevant teilnehmen. Dies ist zum Teil beabsichtigt – Communities versuchen regelmäßig, ihre Governance-Normen auf die direkt Beteiligten zu konzentrieren, indem sie versuchen, Politik und „bloße Redner“ davon abzuhalten, sich in den Prozess einzumischen. Für Regulatoren, Vertreter zivilgesellschaftlicher Interessen und andere externe Stakeholder kann deshalb der Anschein entstehen, dass FOSS-Communities die Verantwortung für die durch die von ihnen geschaffenen Produkte verursachten externen Effekte meiden. Selbst Freie-Software-Nutzergruppen berichten über mangelndes Interesse von Communities an ihrem Feedback. Durch den Aufbau von Loyalität zu und einem Standing in der Community kann sich eine Insider-Kultur entwickeln, in der die Zugehörigkeit zur Community zum Selbstzweck wird. Im Widerspruch zur Idee der offenen Kultur entstehen dadurch Eintrittsbarrieren für neue Mitglieder oder bisher nicht präsente Stakeholder. Meritokratie in FOSS-Communities ist demnach ein zweischneidiges Schwert.

Die in den Interviews identifizierten Schwächen des FOSS-Ökosystems stellen Risiken aus der Teilnahme an der Entwicklung und dem Einsatz freier Software in proprietären Produkten dar, die aus einem Mangel an Standards für Supply-Chain-Management, Compliance und Governance-Normen resultieren. Diese Befragungsergebnisse zu FOSS-Communities weisen möglicherweise ein Bias mit Blick auf Normung- und Standardisierung auf, da die Interview-Kandidaten und Kandidatinnen für ihr Wissen in diesem Bereich ausgewählt wurden. Die Ergebnisse entsprechen jedoch den aktuellen Trends in der IKT-Branche, insbesondere den Bemühungen überschaubare Risiken durch die Festlegung von Lieferketten-, Compliance- und Governance-Normen zu minimieren. Während es in den letzten Jahren vor allem durch konzertierte Industrieinitiativen zu Verbesserungen gekommen ist, kann das verbleibende Risiko der Nutzung von FOSS derzeit noch nicht abgesichert werden. Dies zeigt, dass die identifizierten Schwachstellen relevant und wichtig für den weiteren Erfolg der breiteren Open-Source-Community sind.

Stärken und Schwächen von SSOs

Die Stärken von SSOs, die in den Interviews als besonders relevant für diese Studie hervorgehoben wurden, sind bewährte formelle Standardisierungsprozesse, definierte Regeln für IPR, Reichweite und Marke, relativ geringes Investitionsrisiko und Effektivität der SSO-Dienstleistungsangebote. Schwächen sind die vorhandenen Humanressourcen, die Abhängigkeit von einflussreichen Stakeholdern, historische Strukturen und Verantwortlichkeiten, die unklare Definition von IPR-Regeln, die Grenzen des formalen Standardsetzungsprozesses und die vertriebsorientierten Geschäftsmodelle von SSOs.

Durch eine lange Geschichte der Entwicklung formeller Standards haben sich SSOs zu vernetzten Plattformen mit bewährten Instrumenten und Prozessen zur formalen Standardisierung entwickelt. Der formale Standardisierungsprozess ermöglicht es jeder juristischen Person, sich an der konsensbasierten Entwicklung, Dokumentation und Genehmigung des offiziellen Standes der Technik zu beteiligen und gleichzeitig sicherzustellen, dass alle relevanten Interessengruppen und die Öffentlichkeit informiert, konsultiert und zur Teilnahme eingeladen werden. Die meisten SSOs sind verpflichtet, bei der formellen Standardisierung soziale, ökologische und öffentliche Interessen zu berücksichtigen, daher sind SSOs ein hervorragendes Instrument für den Transfer und die Verbreitung technischer Lösungen in den Markt, für nationale und internationale wirtschaftspolitische Maßnahmen, zur Marktregulierung, zur Schaffung von Rechtssicherheit und zur Umsetzung von Sicherheits- und Schutzmaßnahmen.

Zwei Stärken von SSOs, die auf ihrer Marke und Reputation beruhen, sind ihre Reichweite und ihre großen nationalen und internationalen Netzwerke in Industrie, Politik und Forschungskreisen einschließlich der entsprechenden Lobbyarbeit. Die große Reichweite ist eine der Motivationen für Technologiegeber, ihre technische Lösung in den formellen Standardisierungsprozess einzubringen. Durch die erfolgreiche Einbindung ihrer technischen Lösung in einen formellen Standard findet die damit als offizieller Stand der Technik anerkannte technische Lösung leichter Zustimmung bei nationalen und internationalen Normenanwendern und Geschäftspartnern, was die Marktdiffusion der technischen Lösung deutlich steigern kann. Formelle nationale SSOs sind von den Regierungen akkreditiert, um die Interessen der Wirtschaft und der Unternehmen auf der internationalen Bühne zu vertreten. Nationale Technologiegeber, die sich an der nationalen Normung und Standardisierung beteiligen, haben somit die Möglichkeit, ihr Land in einer entsprechenden internationalen Normung zu vertreten und so die Reichweite ihrer Technologie auf globaler Ebene zu erhöhen. Formelle Standards sind ein Instrument der Wirtschafts- und Handelspolitik, was ebenfalls die Reichweite und Relevanz der erfolgreich eingebrachten Technologien national und international erhöht.

Um innovative Technologiegeber anzuziehen, haben SSOs Richtlinien und Regeln für den Umgang mit geistigen Eigentumsrechten (IPR) und Patenten im Rahmen des formellen Normungs- und Standardisierungsprozesses und der daraus resultierenden Standards definiert. Die Lizenzpolitik in Bezug auf SEP soll potenziellen Technologiegebern eine Amortisation der Investition in Bezug auf ihre Entwicklungskosten in Aussicht stellen und den Normenanwendern mehr Rechtssicherheit geben. Die IPR-Richtlinien gewährleisten die Lizenzierung von SEP zu FRAND-Bedingungen und sind gleichzeitig so flexibel, dass Technologiegeber und Normenanwender eine marktspezifische Vereinbarung über die Lizenzbedingungen treffen können. Die Aufnahme von Patenten in formelle Standards trägt dazu bei, dass innovative Technologien eine hohe Marktdiffusion erlangen und zum offiziell anerkannten Stand der Technik werden, was die formelle Standardisierung für Forschungseinrichtungen und innovative Unternehmen attraktiv macht.

Das Arbeitsprogramm einer SSO folgt in der Regel langfristigen Roadmaps, Missionsstatements und langfristigen Strategien der jeweiligen SSO. Darüber hinaus kann der gründliche formelle Prozess der Normung und Standardisierung je nach gewähltem Standardisierungsprozess zwischen 1,5 und 5 Jahren dauern. Die veröffentlichten Standards werden alle drei bis fünf Jahre systematisch überarbeitet, was es den Stakeholdern und der Öffentlichkeit ermöglicht, eine Norm zu aktualisieren, zu bestätigen oder zurückzuziehen. Die jeweiligen technischen Gremien-Mitglieder haben dabei einen erheblichen Einfluss auf diese Entscheidung. Das macht die formelle Standardisierung relativ vorhersehbar, was das Investitionsrisiko sowohl für aktive Normungspartizipierende als auch für Normenanwender reduziert. Dies ist von großem Nutzen im Bereich von Technologien mit hohen Änderungs- und Anpassungskosten (z. B. hardwaregetriebene Industrien).

Formelle Standardisierung kann als Sekundärmarkt gesehen werden, in dem geistigen Eigentum und Informationen strategisch geteilt, paketiert, neu verteilt und in den Markt transferiert werden. SSOs bieten strategische und wirkungsvolle Diffusions-, Netzwerk- und Informationswerkzeuge und -dienstleistungen an. Technische Ausschussmitglieder haben einen „Clubvorteil", da sie frühzeitig und detailliert über technologische Entwicklungen und Normungsaktivitäten Bescheid wissen und die Möglichkeit haben, direkt auf die daraus resultierende Norm Einfluss zu nehmen, was zu einem signifikanten Wettbewerbsvorteil führen kann.

Die in den Interviews identifizierten Schwächen von SSOs spiegeln die Herausforderung der formalen SSOs mit den ständig schnellerwerdenden Innovationszyklen wider. Dies gilt insbesondere für Technologiefelder, die mit geringen Änderungs- und Anpassungskosten für Unternehmen verbunden sind (z. B. softwarebezogene Produkte) und die durch schnelle Technologiewechsel und volatile Trendentwicklungen charakterisiert werden. Die starren und sorgfältigen Prozesse von SSOs sind oft zu langsam und zu unflexibel, um schnelllebige Marktbedürfnisse rechtzeitig zu erfüllen. Da SSOs verpflichtet sind, bei der Standardisierung das gesellschaftliche und öffentliche Interesse zu berücksichtigen, kann dies den Standardisierungsprozess verlangsamen, aber auch die Attraktivität der formalen Standardisierung für Unternehmen verringern, die mehr an ihren Geschäftszielen als an gesellschaftlichen und öffentlichen Bedürfnissen interessiert sind. Die Industrie sieht somit möglicherweise einen Vorteil darin, De-facto-Standards zu setzen, um so die Grenzen und Einschränkungen des gesellschaftlichen und öffentlichen Interesses zu umgehen. Dies stellt für SSOs eine Herausforderung dar, formelle Normen und Standards mit hohem Innovationsgrad, hoher Marktrelevanz und schnellen Geschwindigkeit auch noch rechtzeitig zu veröffentlichen.

Mitarbeiter von SSOs weisen oft einen „Standardisierungshabitus“ auf, der mit einer Affinität zu formellen Prozessen und wenig Leidenschaft und Vision für innovative Ansätze, neue Ideen und neue Themen einhergeht. SSOs haben oft nicht genug oder nicht die richtigen Mitarbeiter, um neue Trends und Technologien erfolgreich aufzunehmen und weiter zu entwickeln. Zudem werden Kompetenzen und Qualifikationen der Mitarbeiter von SSOs nicht mit der Geschwindigkeit der zunehmend schneller werdenden Innovationszyklen weiterentwickelt.

Ein weiteres Hindernis, mit dem sich SSOs auseinandersetzen müssen, ist der Einfluss und die Abhängigkeit von mächtigen Stakeholdern. SSOs schulden einflussreichen Stakeholdern und Mitgliedern oft Rechtfertigungen für ihre Aktivitäten, was ihre Fähigkeit, auf Marktsignale zu reagieren, einschränkt, wenn diese nicht im Interesse ihrer Stakeholder sind. Die Mitglieder der Fachausschüsse sind oft eher politik- und interessenorientiert statt inhaltsorientiert. Dies bedeutet, dass nicht immer die beste technische Lösung in einem Standard veröffentlicht wird, da das Aufeinandertreffen von konkurrierenden marktstrategischen und z. B. auf ISO-Ebene auch politischen Interessen innerhalb eines Standardisierungsprozesses einen daraus resultierenden konsensbasierten Standard auf den kleinsten gemeinsamen Nenner „verwässert“, der damit eher unspezifisch und ineffizient ist. SSOs haben zudem Schwierigkeiten, auf schnelllebige Markttrends zu reagieren und neue Technologien zu absorbieren, wenn die Ausschussmitglieder oder andere mächtige Interessengruppen sich weigern, Vorschläge für einen neuen Standard mit einer radikal neuen Technologie oder der Mitgliedschaft eines neuen innovativen Marktteilnehmers zu unterstützen, da der Schutz des Status quo für sie oft von größerem Interesse ist.

Klar definierte thematische Verantwortlichkeiten, die auf historischen Strukturen und Kompetenzen der SSOs beruhen, verschwimmen im Kontext der Technologiekonvergenz, was es für SSOs und Fachausschüsse zu einer großen Herausforderung macht, sich klar von anderen SSOs und Fachausschüssen abzugrenzen. Aus Angst, den nächsten neuen Erfolgsstandard zu verpassen, ist oft ein „Wettlauf zum Mond“ die Folge, denn technische Normungsgremien und SSOs möchten als erstes als relevante und kompetente Partner mit Blick auf neue technologische Entwicklungen auftreten. Dies kann als „Kampf um Relevanz“ innerhalb und zwischen SSOs verstanden werden. Das Ergebnis sind sich überlappende und zum Teil ineffiziente formelle Standards mit unklarer Marktrelevanz. Marktrelevanz ist für SSOs von hoher Bedeutung, da viele privat organisierte SSOs Geschäftsmodellen folgen, die auf dem Verkauf von Normen und Standards, Sekundärliteratur und Anwenderschulungen basieren. Daher gefährden inhaltlich konkurrierende und kostenlose Standards die aktuellen Geschäftsmodelle dieser SSOs.

Eine Schwäche von SSOs sind ihre IPR-Regeln, die auf fairen, vernünftigen und nicht diskriminierenden (FRAND) Lizenzen basieren, die allerdings in der Realität ein hohes Maß an Interpretation zulassen. Dies führt häufig zu Rechtsstreitigkeiten zwischen SEP-Eigentümern und Standardimplementierern. Dadurch werden einerseits mögliche Standardimplementierer abgeschreckt, da sie befürchten, in Gerichtsverfah-

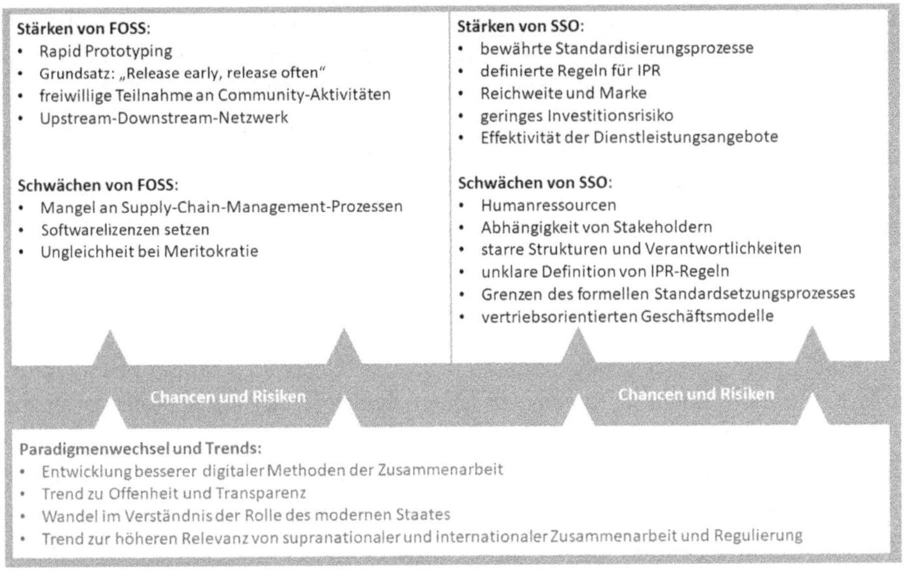

Abb. 8.5: SWOT-Analyse zu FOSS und SSOs (Quelle: Eigene Darstellung).

ren zu landen. Andererseits könnten Technologiegeber, die im Standardisierungsprozess ihre Technologie nicht einbringen und daher ihr Patent nicht erfolgreich in einen formellen Standard einbinden konnten, zu anderen Standardsetzern wechseln und ihre technischen Lösungen dort kostenlos anbieten, was die Marktposition der veröffentlichten formellen Normen und Standards mit ihren SEPs in Frage stellt und mögliche Standardimplementierer weiter verunsichert und abschreckt. Theoretisch können SEPs auch für offen und frei deklariert werden, aber in der Realität werden die IPR-Regeln von SSOs oft als unvereinbar mit offenen und freien IPR-Regeln oder als „zu gefährlich" von Vertretern offener Organisationen (z. B. Open-Source-Organisationen) empfunden. Abbildung 8.5 zeigt zusammenfassend die Ergebnisse der Stärke-Schwächen-Analyse von FOSS und SSO.

8.5 SSOs und FOSS-Communities – Partner oder Wettbewerber?

Nach dem Identifizieren von gemeinsamen externen Einflüssen im IKT-Sektor, die sowohl SSO- als auch FOSS-Communities betreffen und jeweils Chancen und Risiken darstellen, und der getrennten Aufgliederung ihrer Stärken und Schwächen, ist es offensichtlich, dass SSO- und FOSS-Communities sich gegenseitig ergänzen und gleichzeitig bei jeweils verschiedenen Aspekten um Relevanz konkurrieren.

SSOs verfügen über Bekanntheit, Erfahrung, Renommee, anerkannte und bewährte Prozesse und eine langfristige Roadmap, die den Teilnehmern aus Industrie und Politik Stabilität und Einfluss versprechen. Durch die Definition und Dokumentation des Standes der Technik und sowie den Transfer von technischen Innovationen in den Markt fördern sie das Zusammenwirken verschiedenster Akteure und fungieren als Intermediär zwischen Innovatoren, Industrie, Forschung und Regulierern. Die breitere FOSS-Community entwickelt technische Innovationen in einem hohen Tempo, steuert Investitionen effektiv durch die Eliminierung von Fehlern in einem frühen Stadium des Prozesses und realisiert eine evolutionäre Produktentwicklung mit frühen und regelmäßigen Releases. Inhaltliche Beiträge werden selbstheilend und effizient durch freiwillige Teilnahme eingebracht. Stiftungen fungieren als Dachorganisationen, die das Upstream-Downstream-Modell fördern. Dies eröffnet SSOs die Möglichkeit, Standards auf der Basis von Code-First-FOSS-Lösungen zu erstellen, ähnlich wie das OpenDocument-Format, das im Nachgang standardisiert wurde (OASIS 2015). Die Kombination einer FOSS-Implementierung mit späterer formeller Standardisierung wurde in den Interviews wiederholt erwähnt und würde die frühe konkurrierende Auswahl von FOSS-Lösungen auf die Auswahl von technischen Lösungen für die Normung und Standardisierung anwenden. Auch wenn die Kombination noch kein gemeinsamer Ansatz ist, könnte er die wettbewerbsfähige Auswahl technischer Lösungen für die formale Standardisierung verbessern. Da das permanente nicht differenzierende Kooperationsmodell die Notwendigkeit von Spezifikationen aus reinen Interoperabilitätsgründen eliminiert, muss die formale Standardisierung aus anderen Gründen sinnvoll sein, zum Beispiel für das Qualitätsmanagement oder die Einhaltung von Sicherheitsstandards oder Exportvorschriften.

Die bedeutendste Determinante, die in dieser Studie identifiziert wurde, sind die sogenannten Änderungs- und Anpassungskosten. FOSS-Communities gedeihen in einer Umgebung, in der Änderungen und Korrekturen an Produkten und Spezifikationen fast sofort vorgenommen werden können. Die Kernel-Entwicklungsgemeinschaft integriert Änderungen in Linux mit einer durchschnittlichen Rate von 8,5 Patches pro Stunde (Corbet und Kroah-Hartman 2018). Die Kosten für jede einzelne Änderung in dieser Umgebung sind nahezu vernachlässigbar. Fehler können einfach und schnell behoben werden, was die Nützlichkeit von Spezifikationen verringert, die in diesem Tempo nur schwer auf dem neuesten Stand zu halten wären. Andererseits erfordern Änderungen an den für die drahtlose Netzwerkkommunikation verwendeten Protokollen möglicherweise Hardware-Updates und wären kostspielig und zeitaufwändig. Diese Extreme erstrecken sich über ein Kontinuum, in dem die Änderungs- und Anpassungskosten sinken und das Innovationstempo steigt. Irgendwo auf diesem Kontinuum ist ein Punkt, an dem die Änderungs- und Anpassungskosten für SSO- und FOSS-Communities gleich sind und das Feld in zwei Abschnitte unterteilt wird, in denen SSOs bzw. FOSS effizienter sind. Abbildung 8.6 illustriert den Zusammenhang zwischen den Änderungs- und Anpassungskosten sowie der Innovationsgeschwindigkeit. Das Innovationstempo ist in der Regel umgekehrt proportional zu den Änderungs- und Anpassungskosten, da Software einfacher zu implementieren ist als neue Hardware. Die Kommodifizierung beeinflusst die Änderungs- und Anpassungskosten und macht die Spezifikation weniger relevant für Produkte, deren Aktualisierung we-

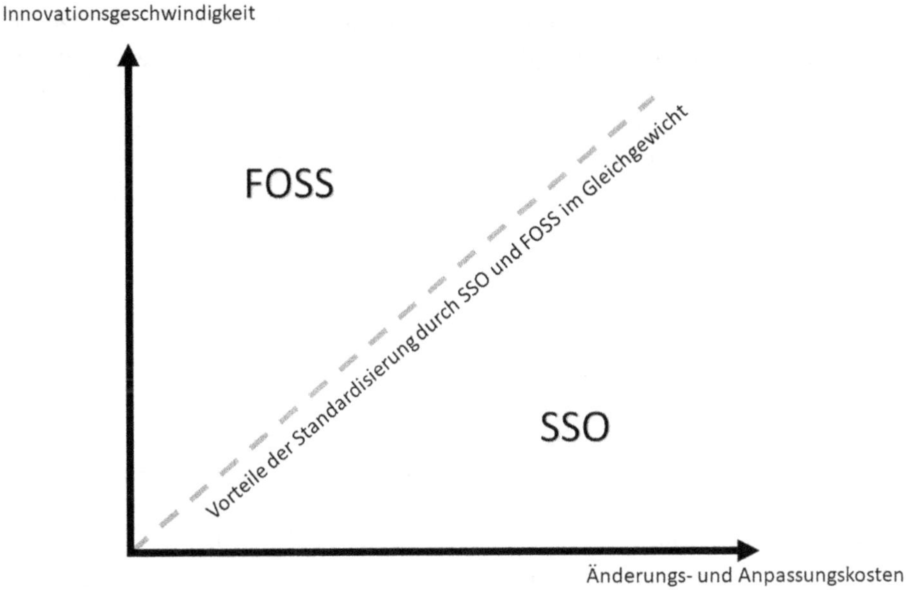

Abb. 8.6: Änderungs- und Anpassungskosten und Innovationsgeschwindigkeit (Quelle: Eigene Darstellung).

niger kostspielig wird. Basierend auf diesem Verständnis ist es offensichtlich, dass sich SSOs und FOSS-Communities als Prozesse für das Management von technischen Innovationen ergänzen, die mehr oder weniger effizient sind, basierend auf den intrinsischen Eigenschaften des spezifischen Innovationsfeldes.

Im Vergleich zu den Stärken der FOSS-Community sind die Schwächen von SSOs vor allem in Umgebungen mit geringen Änderungs- und Anpassungskosten zu sehen. Wo FOSS-Communities mit zahlreichen Versuchen frühzeitig scheitern und die beste Lösung für ein technisches Problem finden, scheitern SSOs oft an der Trägheit ihrer Stakeholder. Im Extremfall produzieren SSOs Standards, die selten oder nie angewendet werden. In einem durchaus radikalen Prozess der kreativen Zerstörung treiben die FOSS-Communities die Innovation in der Datenverarbeitung voran, indem sie bei der evolutionären Auswahl konkurrierender Lösungen effizienter sind. Die breitere FOSS-Community ist sich bewusst, dass der Release-early-release-often-Ansatz von Software schneller und qualitativ hochwertiger ist als die langsame und gründliche Ausschussarbeit, die SSOs auch in Fällen anwendet, in denen es möglicherweise nicht notwendig ist. Die freiwillige Teilnahme stellt sicher, dass die Mitwirkenden in erster Linie von der Software begeistert sind, die sie gemeinsam entwickeln, und sich weniger darum kümmern, lebenslange Mitarbeiter mit dem Prestige einer nationalen Institution zu sein. Die Gemeinden ziehen daher eher qualifizierte Erfinder als kompetente Administratoren an.

Einzelne Freiwillige, die in FOSS-Projekten inhaltlich beitragen, identifizieren sich in der Regel selbst mit ihren Aufgaben und arbeiten ohne finanziellen Ausgleich. Die Communities, an denen sie teilnehmen, können sie ermutigen aber sie nicht anweisen, sich an formellen Normungs- und Standardisierungsaktivitäten zu beteiligen. Industriegeförderte Communities sind zwar ausreichend finanziert aber noch nicht motiviert, in die Teilnahme an Normungs- und Standardisierungsaktivitäten zu investieren, die ihrer Ansicht nach vor allem anderen zugutekommen. Es ist unwahrscheinlich, dass FOSS-Beitragende, die sich an SSO-Aktivitäten beteiligen, davon in ihren Communities im Sinne von höherem Ansehen profitieren werden. Regeln für die Teilnahme an formellen Standardisierungsprozessen, die es zum Beispiel erforderlich machen, dass Teilnehmer Repräsentanten einer juristischen Person sind, die auch ihre Aktivitäten, Mitgliedsbeiträge und Reisezeiten finanziert, stellen eine Eintrittsbarriere dar, die für die Teilnahme von FOSS-Mitarbeitern wahrscheinlich kaum überwindbar ist. Um diese Partizipationshürden für FOSS-Community-Mitglieder zur Teilnahme abzubauen, benötigen SSOs neue Beteiligungsregeln und Governance-Normen, die die freiwillige Teilnahme von Privatpersonen ermöglichen.

Einige SSOs werden zum Teil durch den Verkauf von Normen und Standards finanziert. Der Trend zu Offenheit und Transparenz weckt Erwartungen an offene und kostenlose Standards, zumindest dann, wenn sie von den Regulierungsbehörden vorgeschrieben sind oder auf andere Weise Voraussetzungen für den Eintritt in Märkte mit öffentlichen Investitionen jeglicher Art sind. FOSS-Entwickler werden nur dann bei der Festlegung von formellen Normen und Standards zusammenarbeiten, wenn die daraus resultierenden Standards frei verfügbar sind. Absatzorientierte SSOs können den Anteil ihres Budgets, der durch den Verkauf von formellen Normen und Standards erzielt wird, auf andere Finanzierungsquellen übertragen, wie z. B. höhere Einnahmen aus Mitgliedsbeiträgen, professionelle Dienstleistungen für ihre Mitglieder und öffentliche Mittel. Durch die Bereitstellung von Dienstleistungen zur Förderung von FOSS-Community-Aktivitäten haben SSOs die Möglichkeit, ihren Mitgliedern ein breiteres Spektrum an Standardisierungsdienstleistungen aus einer Hand anzubieten, was die Mitgliederzahl erhöhen und neue Einnahmequellen erschließen kann.

FOSS-Communities sind generell offen für die Teilnahme von Beitragenden aus der ganzen Welt. Hier ist es schwierig festzumachen, in welchem Land eine Community ansässig ist, so dass es im FOSS-Umfeld auch keine Rolle spielt. Die globale Aufstellung entspricht dem Trend zur supra- und internationalen Regulierung, wobei SSOs möglicherweise aus der Sicht der FOSS-Community als engstirnig angesehen werden können, insbesondere wenn sie konkurrierende Standards in nationalen Normungsgremien entwickeln. Die dezentrale Organisation der breiteren Open-Source-Community verursacht vernachlässigbare Transaktionskosten einer globalen Beteiligung. Dies entspricht der Denkweise von Erfindern, die eher an der Entwicklung von Produkten als an der Erstellung von Spezifikationen arbeiten.

Die Stärken von SSOs im Vergleich zu den Schwächen von FOSS konzentrieren sich auf Prozesse und eine enge Definition von Meritokratie. Wo FOSS-Communities mit der Etablierung nützlicher Standards für das Supply-Chain-Management zu kämpfen haben, bietet SSOs nicht nur stabile Prozesse und Dokumentation, die die Supply Chain für die Industrie prägen, sondern sie setzen entsprechende anerkannte formelle Standards. Im Gegensatz zu FOSS sind SSOs im IKT-Sektor nicht nur präsent, sondern vereinheitlichen auch globale Lieferketten.

Wo FOSS-Communities mit der Komplexität der Aufrechterhaltung der Kompatibilität und Konformität mit freien Softwarelizenzen in komplexen Software-Stacks zu kämpfen haben, legen SSOs branchenübergreifende IPR-Richtlinien fest. Auch wenn es Meinungsverschiedenheiten darüber gibt, was die besten Lizenzierungsmodelle für geistiges Eigentum sind, genießen SSOs eine höhere Akzeptanz als Schiedsrichter für geistiges Eigentum (IP) bei einer breiteren Gruppe von Interessengruppen, einschließlich der Regulierungsbehörden.

FOSS-Communities sind attraktiv für Codebeitragende. Oft fehlt es ihnen an Mitteln und Personal für andere Aufgaben wie Community Management, Marketing oder politische Lobbyarbeit, so dass es gerade für kleinere Initiativen außerhalb einflussreicher Gruppen schwierig wird, lebensfähig zu werden bzw. zu bleiben. Insbesondere wenn solche Projekte von einigen ihrer Mitgliedsunternehmen initiiert wurden, könnten SSOs sie administrativ beherbergen und fördern und ähnliche Dienstleistungen für FOSS-Dachverbände anbieten.

Wo FOSS-Mitarbeiter auf der Grundlage einer engen Definition des produktbezogenen Beitrags Ansehen erlangen, bieten SSOs gut akzeptierte Multi-Stakeholder-Plattformen und beziehen die Zivilgesellschaft, Umweltgruppen und andere interessierte Parteien routinemäßig mit ein. Die allgemeine Akzeptanz des ausgewogenen SSO-Prozesses stärkt die Marke als öffentliche Interessen wahrender Dienstleister für technische Innovationen, was wiederum öffentliche finanzielle Mittel und politische Unterstützung sichert.

SSOs sind etablierte Instrumente zur Unterstützung von Industrieinvestitionen und öffentlichen Regulierungen. Einige FOSS-Communities sind noch nicht bereit, ähnliche Aufgaben zu übernehmen. Branchengetriebene Dachorganisationen wie die Linux Foundation ermutigen jedoch die Community, Verhaltensnormen einzuführen, die es ihnen ermöglichen, sich mit einem breiteren Spektrum von Stakeholdern auszutauschen.

Die Verbindung der Schwächen von SSOs mit den Schwächen von FOSS liefert ebenfalls interessante Ansätze. FOSS-Communities belohnen Produktbeiträge durch eine schnelllebige Meritokratie, während SSOs einen klar definierten, langsamen und gründlichen Prozess für ihre Ausschussarbeit anwenden. Innovationen, die in keine der beiden Ansätze passen, aber dennoch von der Standardisierung profitieren, stellen eine Herausforderung für beide Lager dar. Besonders groß angelegte bahnbrechende Forschungsarbeiten, die erhebliche Vorabinvestitionen erfordern (wie die Entwicklung von Pharmazeutika oder mobilen Kommunikationsprotokollen und Hardware), passen weder zu FOSS noch zu SSOs und werden in der Regel von Industriekonsortien oder konkurrierenden Großunternehmen durchgeführt. Weder SSOs noch

FOSS sind für die daraus resultierenden Dickichte an SEPs gut gerüstet, insbesondere gegen den allgemeinen Trend zu mehr Offenheit und Transparenz. In Industriezweigen mit starken Innovationsanreizen durch SEPs wird FOSS eher selten eingeführt. Standardisierung erfolgt hier in eher branchenspezifischen SSOs, wie ETSI. Die Globalisierung stellt die Rolle der nationalen SSOs und die etablierte historisch gewachsene Hierarchie von SSOs in Frage. Außerhalb von FOSS-Communities werden Standards noch immer auf der nationalen Ebene entwickelt und von den Regulierungsbehörden eher als Instrumente der nationalen Wirtschaftspolitik betrachtet, auch wenn im IKT-Sektor der makroökonomische Nutzen durch eine möglichst breite Anwendung eines Standards maximiert würde. Um zu vermeiden, dass sich die Geschichte der verschiedenen Spurweiten und Steckdosenausführungen wiederholt, sollten Normen in globaler Zusammenarbeit entwickelt werden.

Die IPR-Lizenzpolitik von SSOs entwickelte sich vor dem Hintergrund der Industriegesellschaft. FOSS-Communities arbeiten immer noch daran, die Kompatibilität und Compliance in komplexen Software-Stacks aufrechtzuerhalten. So gibt es z. B. keine gemeinsame Plattform für SSOs und FOSS-Communities, um die Anforderungen an offene Standards, die genaue Bedeutung von FRAND oder die kostenfreie Nutzung von mandatierten Normen sowie Standardisierung im weiteren Sinne zu entwickeln.

Der „Open-Source-Weg" ermöglicht die Entwicklung neuer Modelle der permanenten nicht differenzierenden Zusammenarbeit Die Koexistenz von SSOs und FOSS-Communities bietet den Teilnehmern der technischen Standardisierung die Wahl, welches Instrument am besten zu ihrem jeweiligen Umfeld passt.

Die Mehrheit der heutigen FOSS Gemeinden versteht es als ihre Aufgabe, Software zu entwickeln und Industriestandards zu etablieren. Sie wenden das FOSS-Modell an, weil sie glauben, dass es der bessere Weg ist dieses Ziel zu erreichen. Dieser Ansatz sollte nicht als Gleichgültigkeit gegenüber den ethischen Grundlagen der Softwarefreiheit missverstanden werden. Die meisten Mitwirkenden sehen sich selbst als ethisch vorbildlich, da sie durch die Schaffung von FOSS dem Gemeinwohl dienen. Die Erkenntnis, dass ein Beitrag zu freier Software bedeutet, Spaß zu haben und produktiv zu sein und gleichzeitig das Richtige zu tun, ist der Schlüssel zum Verständnis vom Erfolg von FOSS. Die Teilnehmer erwarten ein gleichberechtigtes Verhalten und gemeinsames Eigentum an den Ergebnissen der Zusammenarbeit sowie Transparenz und Offenheit im Prozess. Modelle der Zusammenarbeit zwischen SSOs und FOSS sollten diese Realität widerspiegeln.

8.6 Empfehlungen

In den obigen Kapiteln wurden Prozesse und Aktivitäten mit standardisierender Wirkung von SSOs und FOSS-Communities miteinander verglichen. Aus den Ergebnissen werden Empfehlungen für die FOSS-Communities, SSOs, Regulierungsbehörden und Unternehmen abgeleitet. Die Empfehlungen unterteilen sich in produkt-, prozess- und

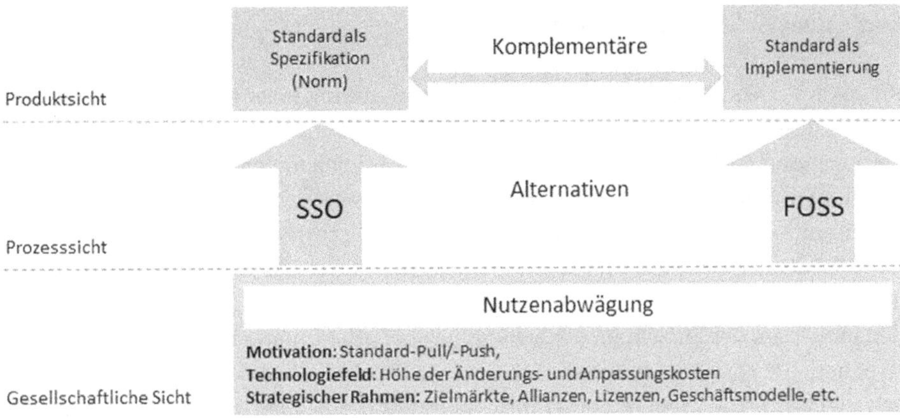

Abb. 8.7: SSOs und FOSS aus Produktsicht, Prozesssicht und gesellschaftlicher Sicht (Quelle: Eigene Darstellung).

gesellschaftsbezogenen Empfehlungen. Abbildung 8.7 illustriert diese verschiedenen Sichtweisen.

Aus Produktsicht ist festzustellen, dass formelle Standards in sich Produkte mit standardisierender Wirkung sind, die festlegen, wie technische Lösungen implementiert werden. Die FOSS-Communities entwickeln Produkte, die durch ihre breite Anwendung eine standardisierende Wirkung entfalten. SSOs sind erfolgreich in der Entwicklung formeller Normen und Standards, während FOSS-Communities einen Vorteil bei der Entwicklung nicht differenzierender Implementierungen haben. Wenn sowohl Spezifikationen als auch Implementierungen gefragt sind, können sich SSOs und FOSS-Communities erfolgreich ergänzen.

SSOs folgen dabei einen Top-Down-Prozess, während FOSS-Communities einen dezentralen Code-first-Prozess implementieren. Für jeden Produktentwicklungsprozess müssen die Teilnehmer den einen oder anderen Ansatz wählen. Je nachdem, welcher Prozessansatz für das gewünschte Ergebnis besser geeignet ist, entscheiden sich die Akteure für die Teilnahme an SSOs oder FOSS-Communities. Für Bestrebungen, die die Entwicklung mehrerer Produkte beinhalten, wie z. B. eine formelle Norm und eine Referenzimplementierung, können verschiedene Ansätze kombiniert werden. Was den Prozess betrifft, so sind SSOs und FOSS-Communities Wettbewerber.

Aus gesellschaftlicher Sicht haben SSOs eine Rolle bei der Umsetzung von (Sicherheits-)Regulierungen, fördern Innovation und Wettbewerbsfähigkeit und sind Instrumente zur Ausgestaltung der Industriepolitik. FOSS-Communities arbeiten auf der Grundlage einer freiwilligen Beteiligung und einer Autorität, die allein in den Communities liegt. Die Regulierungsbehörden haben die Wahl, sowohl SSOs als auch die gesamte FOSS-Community zu beeinflussen, zu unterstützen oder zu beraten, um Innovation und Wettbewerbsfähigkeit zu fördern und politische Ziele durchzusetzen. Aus gesellschaftlicher Sicht sind SSOs und FOSS-Communities unabhängige und komplementäre Standardisierungsinstrumente für politische Entscheidungsträger.

Empfehlungen für FOSS-Communities

Die breitere FOSS-Community wird von der Anwendung einer allgemeingültigen Definition dessen, was einen „Beitrag“ ausmacht und von der Gleichbehandlung aller Beitragenden profitieren, unabhängig davon, ob es sich um einzelne Freiwillige, Unternehmen, Forschungseinrichtungen oder Regierungsbehörden handelt. In FOSS-Communities teilweise vorherrschende historische Vorurteile, dass freie Software das Vorrecht der Zivilgesellschaft ist, dürfen ausgeräumt werden. Die globale Zusammenarbeit der FOSS-Communities bietet eine einzigartige Möglichkeit, Brücken zwischen den Interessen des Einzelnen, der Zivilgesellschaft, der Unternehmen und des Staates zu bauen. Die Voraussetzung dafür ist, dass ein Betrag zur Entwicklung freier Software geleistet wird. Die breitere Community kann auf die Realisierung dieses Potenzials hinarbeiten, indem sie die Qualität des Kooperationsprozesses für alle Beitragenden, durch Community-Management und die Festlegung von Governance-Normen aktiv beeinflusst. Gleichzeitig sollte sie die Prinzipien freier Software wie Meritokratie, Transparenz, Nichtdiskriminierung, gemeinsames Eigentum und offene Zusammenarbeit aufrechterhalten und verstärken. Durch die Identifizierung und Lobbyarbeit für Softwarefreiheit als übergeordnetes Ziel kann die FOSS-Community die Grundlagen für eine erfolgreiche Integration mit Regulierungsbehörden und gesellschaftlichen Institutionen wie SSOs schaffen. Nur De-facto-Standards, die auch formell in Normen und Standards dokumentiert werden, werden in der Gesetzgebung erwähnt, so dass die Communities die Wahl haben, ihre Spezifikationen selbst zu erstellen oder mit SSOs zusammenzuarbeiten und von deren Reichweite, Reputation und Netzwerk zu diesem Zweck zu profitieren. Die Communities müssen sich darauf einstellen in Zukunft an höhere Erwartungen in Bezug auf die soziale Verantwortung gebunden zu sein und sollten dies als Zeichen ihres Beitrags zum Gemeinwohl betrachten.

Empfehlungen an SSOs

SSOs sollten in die Vertiefung der Kenntnisse über die Mechanismen und Prinzipien der FOSS-Kollaborationen investieren, um die Stärken aber auch Grenzen des Open-Source-Ansatzes zu verstehen. Das Wissen um die Anwendbarkeit von FOSS auf Software- und Software-Hardware-Schnittstelleninnovationen wird dazu beitragen, die Aktivitäten in Bereichen mit höheren Änderungs- und Anpassungskosten von der Domäne der FOSS-Communities abzugrenzen. SSOs können sich selbstbewusst in Technologiebereichen positionieren, in denen hohe Änderungs-und Anpassungskosten und dadurch ein ressourcenbedingtes langsameres Innovationstempo und eine prozessgetreue Apriori-Standardisierung von Vorteil sind. Bei der Zusammenarbeit mit FOSS-Communities sollte es als wichtig angesehen werden, die FOSS-Community-Verhaltensnormen zu verstehen, die sich in der kollaborativen Zusammenarbeit manifestiert haben. SSOs sollten mit Blick auf die Kollaboration mit FOSS-Communities besonders die Förderung von Normungs- und Standardisierungsvorhaben mit standardessentiellen Patenten kritisch betrachten, bei denen private Unternehmen versuchen das kollaborativ erarbeitete Ergebnis im eigenen Interesse zu monetarisieren. SSOs können z. B. beschließen, die Teilnahme von FOSS-Community-Mitgliedern zu unterstützen und zu fördern. Auf Mitgliedsbeiträge, auf kollaborationshemmende Verfahren für die Gremienarbeit und andere Barrieren könnte verzichtet werden, da sie nicht nur eine Zusammenarbeitsbarriere darstellen, sondern auch die Akzeptanz der SSOs durch Verletzung der Meritokratie untergraben. Von einigen SSO-Mitgliedsunternehmen ist Widerstand gegen die Förderung von FOSS-Aktivitäten zu erwarten, entweder aus Mangel an Verständnis oder weil die Ergebnisse mit ihren bestehenden Produkten konkurrieren können. Im Hinblick auf ihre eigenen Geschäftsmodelle sollten SSOs diese proaktiv überdenken und sich darauf vorbereiten, sich von Modellen zu entfernen, die vom Verkauf von Informationsgütern, wie die Veräußerung von Kopien eines Standards gegen eine Gebühr, abhängig sind. Ein erster Schritt kann das Bereitstellen von kostenlosen Kopien von Standards für FOSS-Communities sein. Im Allgemeinen werden Mitgliedsbeiträge für teilnehmende Unternehmen in der breiteren FOSS-Community akzeptiert, nicht aber für die Nutzung von Spezifikationen oder Produkten, die kollaborativ erarbeitet worden sind. SSOs sollten in Betracht ziehen, zu akzeptieren, dass der traditionelle Ansatz der Normung und Standardisierung mit den niedrigen Änderungs- und Anpassungskosten und dem hohen Innovationstempo der Softwareindustrie nicht immer optimal funktioniert und stattdessen beschließen, ihre Aktivitäten so zu erweitern, so dass sie Teil der breiteren Open-Source-Community werden. Durch die Anerkennung der FOSS-Community als gleichberechtigter Partner im Bereich der Entwicklung von Normen und Standards könnten SSOs Teil der Meritokratie der Community selbst werden und ihr Dienstleistungsportfolio erweitern, indem sie ihren Mitgliedern Einblick in die De-facto-Standardisierung und weitere Aktivitäten von FOSS-Communities in einem bestimmten Technologiefeld bieten. SSOs könnten die Zusammenarbeit mit den FOSS-Communities als eine Chance betrachten, neue Regeln und Prozesse zu etablieren, um die Eintrittsbarrieren für Innovatoren in den Bereich der formellen Normung und Standardisierung zu verringern.

Empfehlungen für Unternehmen

Um wettbewerbsfähig zu bleiben, müssen Unternehmen ihre Forschungs- und Entwicklungsausgaben auf Merkmale konzentrieren, welche die Produkte in den Augen der Verbraucher differenzieren. Durch die Anwendung des Grundsatzes „Differenzieren oder Standardisieren“ bündeln Unternehmen Investitionen in nicht differenzierende Merkmale mit anderen Kooperationspartnern – sogar Wettbewerbern, so dass sie den Anteil der Forschungs- und Entwicklungsausgaben erhöhen können, der in das investiert wird, was ihre eigenen Produkte einzigartig macht. Die Teilnahme in

FOSS-Communities ist dabei eine bewährte Methode zur permanenten, nicht differenzierenden Zusammenarbeit. Um erfolgreich in FOSS-Communities teilnehmen zu können, müssen Unternehmen die unterschiedlichen Verhaltensnormen der Communities verstehen, die in der kollaborativen Umgebung von FOSS-Communities im Vergleich zum Wettbewerbsumfeld angewendet werden. Die allgemeine Anwendung von nicht verhandelbaren Lizenzen und Governance-Normen bedeutet, dass Unternehmen von Versuchen Abstand nehmen sollten, die Ergebnisse kollaborativer FOSS-Entwicklungsprozesse durch nachgelagerte Einschränkungen der Softwarefreiheit zu nutzen. Sobald akzeptiert wird, dass die Produkte von FOSS den nicht differenzierenden Stand der Technik repräsentieren, wird der Erwerb von Exklusivrechten an den in der kollaborativen Umgebung entwickelten Funktionen bedeutungslos. Um als „gute Bürger“ der breiteren Open-Source-Community akzeptiert zu werden, sollten Unternehmen die Verhaltens- und Governance-Normen der breiteren Open-Source-Community bei der Teilnahme verstehen und respektieren. Die Entscheidungen, sich an der Spezifikation und der Implementierung von Standards zu beteiligen, müssen separat getroffen und als komplementär betrachtet werden.

Empfehlungen an die Regulierungsbehörden

SSOs und FOSS engagieren sich in einem gesunden Wettbewerb (aus der Prozesssicht), der technische Innovationen fördert. Werden beide als industriepolitische Instrumente betrachtet, können Regulierungsbehörden sich dafür entscheiden, gleiche Wettbewerbsbedingungen zu schaffen. Dies erfordert einen Austausch zwischen dem evolutionären Auswahlprozess in FOSS und der Formalisierung von SSOs, kann aber auch zusätzliche Verpflichtungen wie die Arbeit mit Multi-Stakeholder-Plattformen oder die Einhaltung von Mindeststandards für Governance-Normen, die die langfristige Lebensfähigkeit des FOSS-Entwicklungsmodells unterstützen, mit sich bringen. Zu diesem Zweck sollte die Rolle der FOSS-Dachverbände näher an die der SSOs herangezogen werden. Die öffentliche Unterstützung von FOSS-Stiftungen könnte auf ein Niveau angehoben werden, das mit der Unterstützung von SSOs vergleichbar ist, insbesondere wenn sie sich für einen gemeinnützigen Zweck engagieren. Die Akzeptanz des öffentlichen Interesses an den Beiträgen, die FOSS zum Gemeinwohl leistet, könnte die Gründung von europäischen FOSS-Entwicklungsorganisationen neben oder integriert mit bestehenden SSOs rechtfertigen. Hier ist ein schonender Ansatz zu wählen, um den empfindlichen Upstream-Downstream-Produktionsprozess nicht zu unterbrechen, der auf dem Prinzip der Selbstidentifizierung basiert. Dies kann vermieden werden, indem wettbewerbsfähige, zeitlich befristete Zuschüsse ähnlich der aktuellen Forschungsförderung der EU gewährt werden. Regierungs- und Regulierungsvertreter sollten erwarten, dass sie als willkommene inhaltlich Betragende aufgenommen werden, aber auch ihre Verdienste in den Gemeinden wie jeder andere Beitragende verdienen müssen. Bei der Entwicklung öffentlicher Maßnahmen zur Förderung der Entwicklung von FOSS sind branchenspezifische Erfahrungen möglicherweise nicht verallgemeinerbar. Der hochkonzentrierte, regulierte und politisch beeinflusste Mobilfunksektor sollte daher kein Maßstab für die Entwicklung der allgemeinen öffentlichen FOSS-Politik sein. Erfahrungen aus einer Vielzahl hochinnovativer Technologiebereiche wie Cloud-Native Computing, automotive Plattformen oder Programmiersprachen (AutomotoveGradeLinux 2018), die Standards setzen und implementieren, sollten herangezogen werden. Es müssen praktische Ansätze entwickelt werden, die den Trend zu Offenheit und Transparenz widerspiegeln. Exklusive Rechte Dritter an formellen Standards, die teilweise verpflichtend sind oder deren Einhaltung den Markteintritt erschwert, werden weniger akzeptiert sein und können von der Öffentlichkeit als Einladung zu moralisch gefährlichem Verhalten angesehen werden. Neben Wohlfahrtsverlusten durch „Erfindung um den Standard herum" oder Nichtkonformität zum Standard kann die öffentliche Politik, die SEPs fördert, die Wettbewerbsfähigkeit der lokalen Industriesektoren untergraben, indem sie Außenstehende zur weltweiten Zusammenarbeit bei der Entwicklung von FOSS-Lösungen einlädt. Die Verfügbarkeit formeller offener und kostenloser Standards, deren Einhaltung zwingend vorgeschrieben oder praktisch erforderlich ist, würde diese Entwicklung ausschließen.

Die Annahme, dass der Staat es vermeiden sollte, die wirtschaftlichen Aktivitäten privater Unternehmen auf dem Markt zu verdrängen, gilt im Allgemeinen nicht für die Aktivitäten von FOSS-Communities. Wird das kollaborativ erstellte Produkt unter einer freien Softwarelizenz als unendlich verfügbares Gemeingut zur Verfügung gestellt, beeinträchtigen oder konkurrieren Beiträge des Staates nicht mit privaten Unternehmen. Staatliche Stellen können beschließen, sich an den Aktivitäten von FOSS zu beteiligen, um ihren eigenen Nachfragen nach Lösungen entgegenzukommen, ohne den Wettbewerb zu beeinträchtigen (Free Software Foundation Europe 2018). Öffentliche inhaltliche Beiträge an FOSS-Communities sollten als wettbewerbsfördernd angesehen werden, da sie es allen Unternehmen ermöglichen, ihre Investitionen auf differenzierte Produkteigenschaften zu konzentrieren. Das Argument, dass alle von der öffentlichen Hand produzierten Informationsgüter unter freien Lizenzen freigegeben werden sollten, sollte ernsthaft untersucht werden. Die Einrichtung einer Agentur zur Förderung und Unterstützung der Entwicklung von FOSS auf EU-Ebene oder die Beauftragung bestehender SSOs auf europäischer oder nationaler Ebene mit dieser Verantwortung ist eine praktikable Option.

Im Rahmen dieser Studie wird – im Gegensatz zum engeren Verständnis der SSOs – Standardisierung entsprechend dem „Phasenmodell der Standardisierung" als ein Weg gesehen, der von der Idee zur branchenweiten Verbreitung durch die Phasen Spezifikation und Implementierungen, oder eine Kombination aus beiden, führt. Die Reihenfolge, in der die Phasen berührt werden, variiert mit den von den Teilnehmern gewählten technischen Innovationsstrategien. Bei der Anwendung dieses Modells stellen FOSS und SSOs konkurrierende Prozesse dar, die zu komplementären Produkten führen. Standardisierung dient einem Zweck, sie ist kein Selbstzweck. Es ist ein Mittel zur Verbesserung unserer allgemeinen Lebensqualität u. a. durch Effizienzgewinne und Skaleneffekte basierend auf der breiten Anwendung technischer Standards. Durch die Schaffung gleicher Wettbewerbsbedingungen, in denen SSOs und die breitere Open-Source-Community bei der technischen Standardisierung zusammenarbeiten und auch als Standardisierungsinstrumente konkurrieren können, können Innovatoren und Regulierungsbehörden sicherstellen, dass der am besten geeignete Prozess für die Entwicklung eines Standards ausgewählt wird. SSOs und FOSS sind Konkurrenten und Kollaborateure zugleich. Gemeinsam tragen sie dazu bei, die Chancen und die Risiken der Globalisierung und Digitalisierung zu erkennen und zu überwinden. Durch die Anerkennung des Beitrags von SSOs und der breiteren Open-Source-Community zum Gemeinwohl hat die Gesellschaft die Möglichkeit, die Grundlagen für moderne Institutionen zu schaffen, die technische Innovationen gestalten und fördern.

Danksagungen

Diese Studie wäre nicht möglich gewesen ohne die Hilfe von vielen motivierten Einzelpersonen, SSOs, der breiteren Open-Source-Community, der Wissenschaft und Freunden. Die Autoren danken allen Unterstützern.

Die Befragten, die an dieser Studie teilgenommen haben, haben jeweils einen langjährigen beruflichen Hintergrund und sind langfristig in ihren jeweiligen Rollen und Organisationen aktiv. Wir danken Alpesh Shah (IEEE), Dave Neary (Red Hat), David Faure (KDE Community), De-Won Cho (DIN e. V.), Dirk Weiler (Nokia/ETSI), Mike Schinagl (Document Foundation/FSFE) und Thorsten Behrens (LibreOffice) für die Teilnahme an unserer Studie.

Mona Mirtsch

9 Konformitätsbewertung im Bereich Cybersicherheit

9.1 Einleitung

Die digitale Transformation und insbesondere das Internet der Dinge (*Internet of Things* IoT) ermöglichen eine wachsende Zahl von neuen Dienstleistungen, sogenannten Smart Services, sowohl im industriellen- und auch im Verbraucherbereich. Einhergehend mit den Chancen treten jedoch auch Risiken insbesondere im Zusammenhang mit der IT- und Cybersicherheit in den Vordergrund, die nicht nur Organisationen, sondern auch Einzelpersonen und die breite Öffentlichkeit betreffen. Ein bekanntes Beispiel für aktuelle Bedrohungen im Bereich der Cybersicherheit stellt hierbei der sogenannte WannaCry-Ransomware-Vorfall[1] dar, der im Jahr 2017 unter anderem auf große Unternehmen wie die Deutsche Bahn AG abzielte und dort Anzeigetafeln in Bahnhöfen lahmlegte (BSI 2017).

Cybersicherheit ist ein komplexes Konstrukt, da es nicht nur die Produkte (einschließlich Hard- und Software) und Systeme, sondern auch die gesamte Infrastruktur (wie cloudbasierte Dienste) und verknüpfte Organisationen betrifft. Als Voraussetzungen für sichere Produkte, Dienstleistungen und Prozesse wird die Cybersicherheit nach Auffassung einiger Interessengruppen aus regulativer Sicht bisher jedoch unzureichend berücksichtigt (ANEC und BEUC 2018; IFIA/CEOC 2017; VdTÜV 2017).

Die Richtlinie zur Gewährleistung eines hohen gemeinsamen Sicherheitsniveaus von Netzwerk- und Informationssytemen in der EU (NIS-Richtlinie) stellt einen ersten Schritt dar, insbesondere im Bereich der kritischen Infrastrukturen (European Commission 2016). Der aktuelle europäische Vorschlag eines Rechtsaktes zur Cybersicherheit (Bundesrat 2017) – im Folgenden Cybersecurity Act – zielt darauf ab, mit Hilfe eines europäischen Zertifizierungsrahmens die Sicherheit und das Vertrauen in Produkte und Dienste der Informations- und Kommunikationstechnologie (IKT) zu erhöhen und die derzeitige europäische Fragmentierung in Bezug auf bestehende, meist nationale, Zertifizierungssysteme zu verringern.

Das Ziel dieses Kapitels besteht darin, die Rolle von Konformitätsbewertung für die Erhöhung der Cybersicherheit von Produkten, Dienstleistungen und Prozessen zu betrachten. Dazu wird der Begriff Cybersicherheit beleuchtet sowie ausgewählte Cy-

1 Hierbei handelte es sich um eine sogenannte Schadsoftware (*malware*), die den Zugriff auf Anwendungen oder Daten verschafft und mit einer Lösegeldforderung zur Freigabe der Daten oder Anwendungen (*ransom* englisch für Lösegeld), meist in Form von Kryptowährungen (wie z. B. bitcoin), verbunden ist.

https://doi.org/10.1515/9783110629057-009

bersicherheitsnormen kurz vorgestellt. Im Folgenden wird der regulative europäische Rahmen für die Konformitätsbewertung aus ordnungspolitischer Sicht sowie der aktuelle Verordnungsentwurf zum Cybersecurity Act (Bundesrat 2017) dargestellt. Im Analyseteil werden Positionen ausgewählter Interessengruppen, die in einem definierten Zeitraum in Bezug auf den Cybersecurity Act systematisch gesammelt wurden, analysiert und daraus Handlungsempfehlungen abgeleitet sowie ein Ausblick auf die Entwicklung der Konformitätsbewertung in der digitalen Transformation gegeben.

9.2 Status quo

Definition von Cybersicherheit

Die Begriffe Informationssicherheit, Informationstechnologie- (IT) Sicherheit und Cybersicherheit werden allzu oft synonym verwendet, wobei der Begriff Cybersicherheit am weitreichendsten ist (Solms und van Niekerk 2013). Allen Begriffen ist gemein, dass sie sich u. a. auf die drei Ziele Vertraulichkeit, Integrität und Verfügbarkeit beziehen. Diese sind nach der ISO/IEC Norm 27000 folgendermaßen definiert:

- Vertraulichkeit (*confidentiality*): Eigenschaft, dass Information unbefugten Personen, Entitäten oder Prozessen nicht verfügbar gemacht oder offengelegt wird
- Integrität (*integrity*): Eigenschaft der Richtigkeit und Vollständigkeit
- Verfügbarkeit (*availability*): Eigenschaft zugänglich und nutzbar zu sein, wenn eine befugte Entität Bedarf hat (DIN 2017)

Informationssicherheit beschreibt die „Aufrechterhaltung der Vertraulichkeit [...], Integrität [...] und Verfügbarkeit [...] von Informationen" (DIN 2017). Darauf aufbauend differenziert von Solms (2013) IT-Sicherheit von Informationssicherheit dahingehend, dass bei der IT-Sicherheit die Informationen mit Hilfe von IT-Technologien gespeichert oder übertragen werden. Laut dem Bundesministerium des Innern (2016) bezieht sich die IT-Sicherheit auf die Informationssicherheit innerhalb eines informationstechnischen Systems, wobei sich dieses auf eine abgeschlossene Einheit bezieht.

Cybersicherheit stellt insofern eine Erweiterung des Begriffes IT-Sicherheit dar, als dass der Cyberraum den virtuellen Raum aller (z. B. über das Internet) verbundenen und anschließbaren IT-Systeme weltweit beschreibt. Daher ist Cybersicherheit, z. B. in der deutschen Cybersicherheitsstrategie, als IT-Sicherheit aller angeschlossenen Informationssysteme definiert (Bundesministerium des Innern 2016).

Gemäß einer Studie der CEN/CENELEC-Fokusgruppe hat Cybersicherheit ferner einen weitaus größeren Anwendungsbereich und beschränkt sich nicht nur auf die Informationssicherheit (Abbildung 9.1).

Die Cybersicherheit gilt demnach auch für den Schutz von Sachwerten wie Produktionslinien, Kraftwerke oder Industrielle Automatisierungs- und Steuerungssysteme. Dabei kann die Bedrohungsquelle entweder krimineller Herkunft sein (z. B. bei

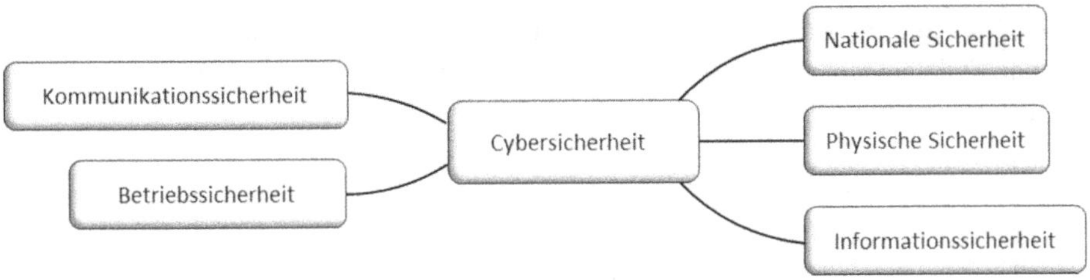

Abb. 9.1: Bestandteile von Cybersicherheit (Quelle: Eigene Darstellung basierend auf CEN/CENELEC (2017)).

Hackerangriffen) oder auch unbeabsichtigter Natur sein (z. B. aufgrund menschlicher Fehler). Zusammenfassend beschreibt die CEN/CENELEC-Fokusgruppe (2017) Cybersicherheit als Sicherheit im Cyberraum. Diese umfasst dabei die Merkmale Vertraulichkeit, Integrität und Verfügbarkeit im Sinne der ISO/IEC-Norm 27000 erweitert um den Schutz der Privatsphäre und die Resilienz vor Cyberangriffen. Die Schutzziele in Bezug auf die Privatsphäre umfassen laut einer Konferenz der unabhängigen Datenschutzbehörden des Bundes und der Länder (2018) folgende Aspekte:
- Datenminimierung: Begrenzung der notwendigen Datenerfassung auf das notwendige Maß
- Nichtverkettung: keine Zusammenführung von personenbezogenen Daten
- Transparenz: Darlegung der erhobenen Daten und Zweck der Erhebung
- Intervenierbarkeit: Recht auf Auskunft sowie Speicherung und Löschung der Daten bei Wunsch der Personen (DSK 2018)

Unter Resilienz vor Cyberangriffen wird die Widerstandsfähigkeit verstanden, auftretende Cyberangriffe zu bewältigen und u. a. daraus neue Erkenntnisse und Fähigkeiten zur Bewältigung potentieller zukünftiger Cyberangriffe zu gewinnen (CEN/CENELEC 2017).

Der Begriff Cybersicherheit kann jedoch nicht nur einen Zustand, sondern auch Tätigkeiten umfassen. Im Entwurf des Cybersecurity Acts werden als Cybersicherheit „alle Tätigkeiten, die notwendig sind, um Netz- und Informationssysteme, deren Nutzer und betroffenen Personen vor Cyberbedrohungen zu schützen" (Bundesrat 2017) verstanden. Diese Definition wird auch im Rahmen dieses Kapitels zugrunde gelegt.

Cybersicherheitsrelevante Normen und Standards

Eine große Anzahl von Normen und Standards befassen sich mit Cybersicherheit. Die Europäische Cyber-Sicherheitsorganisation (ECSO), die die europäische Cybersicherheits-Industrie als Vereinigung vertritt, hat eine umfangreiche Übersicht über relevante Spezifikationen, Normen und Systeme in Bezug auf Cybersicherheit erstellt, die

regelmäßig überarbeitet wird (European Cyber Security Organisation 2017). Demnach können Cybersicherheitsstandards und -normen unterteilt werden in Kategorien für:
- Produkte bzw. Komponenten
- Systeme
- Organisationen
- IKT-Service-Provider
- Cloud-Service- (d. h. Infrastruktur-) Anbietern
- Personen

Im Folgenden werden drei cybersicherheitsrelevante Normen bzw. Normenfamilien im Bereich Managementsysteme, Systeme/Komponenten sowie Kriterien zur Bewertung vorgestellt, denen im Kontext des Cybersecurity Acts besondere Bedeutung als Grundlage für die Konformitätsbewertung zugesprochen wurden (CEN/CENELEC 2018a). Diese unterscheiden sich neben dem Anwendungsgebiet, im Prüfansatz, in der Marktbedeutung und hinsichtlich der internationalen gegenseitigen Anerkennung.

Die weit verbreite Normenreihe ISO/IEC 27000 beschreibt den Aufbau und die Implementierung eines Informationssicherheitsmanagementsystems (ISMS). Da es sich um allgemeine Anforderungen handelt, ist die Normenreihe sowohl für kleine und mittlere Unternehmen (KMU) als auch für große Unternehmen sowie für weitere Organisationsarten (wie z. B. Behörden und gemeinnützige Gesellschaften) sektorübergreifend anwendbar, wobei insbesondere die Kosten der Implementierung der Norm und die Zertifizierung – gerade für KMU – eine nicht unerhebliche Hürde darstellen können. Das ISMS bezieht sich dabei sowohl auf IT-Systeme, Prozesse sowie Personen (Fuchsberger 2018). Während in der ISO/IEC 27000 relevante Begriffe definiert werden, legt die folgende ISO/IEC 27001 die ISMS-Zertifizierungsanforderungen fest. Branchenspezifische Anwendungen, wie die von Telekommunikationsorganisationen (ISO/IEC 27011), Cloud-Computing-Dienste (ISO/IEC 27017) oder Anforderungen an Energieversorgungsunternehmen (ISO/IEC TR 27019) werden in weiteren Bestandteilen der Normenreihe beschrieben. Eine Zertifizierung ist jedoch, analog zur ISO 9000er Standardfamilie und ISO 9001, nur nach ISO/IEC 27001 möglich (ISO/IEC 2013). Branchenspezifische Normen können als Bestandteil eines Konformitätsbewertungsprogramms mit einbezogen werden, wenn sie nicht im Widerspruch zu den in der ISO/IEC 27001 festgelegten Anforderungen stehen (ISO/IEC 2017). Gemäß der jährlich durchgeführten ISO-Studie wurden in Deutschland im Jahr 2016 insgesamt 1.338 Zertifikate von akkreditierten Konformitätsbewertungsstellen erteilt, wobei dies ein Anstieg um 35 % gegenüber dem Vorjahr darstellt (ISO 2017).

Die Normenreihe IEC 62443 „Industrielle Kommunikationsnetze – IT-Sicherheit für Netze und Systeme“ wurde für Produkte und Dienstleistungen im Bereich der industriellen Steuerungs- und Automatisierungstechnik entwickelt und stellt nach Auffassung von Konformitätsbewertungsstellen und der Industrie die bedeutendste Grundlagennorm für die Zertifizierung von Produkten, Prozessen und Dienstleistun-

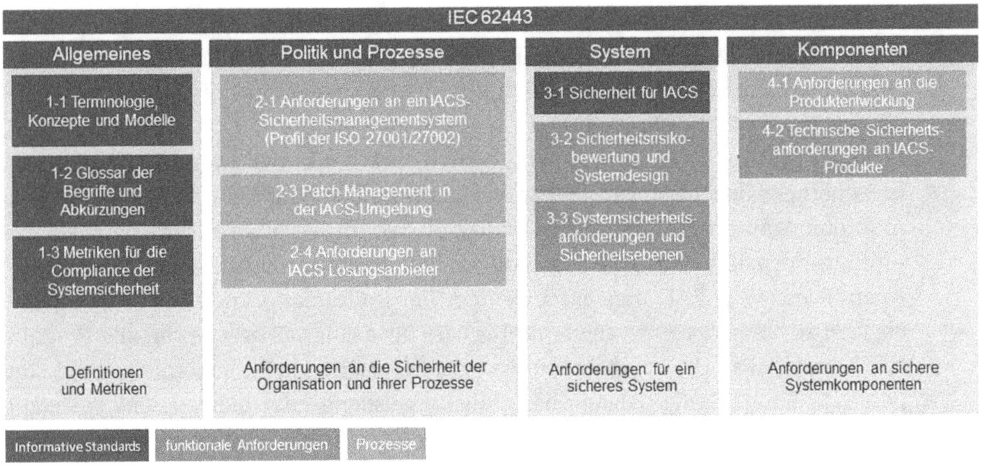

Abb. 9.2: Übersicht zur Normenreihe IEC 62443 (Quelle: Eigene Darstellung basierend auf TÜV Nord (2017b)).

gen im Bereich der vernetzten Systeme dar (TÜV Nord 2017b; ZVEI 2017). Initiiert von der internationalen Gesellschaft für Automatisierung wurde diese Standardreihe von der IEC weiterentwickelt.

Die Normenreihe IEC 62443 befasst sich zentral mit der Cybersicherheit von Industrial Automation Control Systemen (IACS), die als IT-System, bestehend aus mehreren Komponenten wie z. B. Aktoren und Sensoren, der Steuerung von Produktionsstraßen und Prozessstrecken dienen. Des Weiteren bezieht die IEC 62443 auch Anforderungen an die Produktentwicklung sowie Sicherheitsanforderungen an IACS Produkte mit ein. Aufgrund der komplexen Betrachtungsweise und des ganzheitlichen Schutzes wird die IEC 62443 als die führende Normenfamilie im Bereich Industrial Cybersecurity betrachtet und aufgrund fehlender branchenspezifischer Normen auch von weiteren Industriezweigen genutzt (ZVEI, 2017). Die Normenreihe gliedert sich in die Teile Allgemeines, Politik und Prozesse, System sowie Komponenten. Abbildung 9.2 zeigt die insgesamt 11 Teilnormen (TÜV Nord 2017b).

Eine weitere normative Grundlage in diesem Bereich steht seit 1999 mit der ISO/IEC 15408er Normenreihe zur Verfügung. Die darin formulierten Evaluationskriterien für IT-Sicherheit haben ihren Ursprung in einer internationalen, behördlichen Zusammenarbeit, die erstmals 1996 gemeinsame Grundlagen für die Bewertung von Datensicherheit postulierten. Das Ziel dieser Einigung war die bessere Vergleichbarkeit sowohl der Überprüfung von Informationstechnik als auch der Zertifizierung auf Produktebene. Die Bewertung kann sich dabei sowohl auf Produkte als auch einzelne Komponenten und Systeme beziehen. Damit grenzt sich diese Normenreihe auch von der ISO/IEC 27001 ab, die Anforderungen an eine Organisation und deren Managementsystem beschreibt. Die sogenannten Common Criteria (2018) stellen im Gegensatz zu den beiden vorher genannten Normenfamilien ferner keine technische

Anforderungen für die Bewertung von Produkteigenschaften fest, sondern Kriterien auf der Ebene der Prüfverfahren zur Bewertung von Informationstechnik und unterscheiden streng nach Funktionalität und Vertrauenswürdigkeit. Die Normenreihe gliedert sich in drei Teile: Während der erste Teil Begriffe erläutert sowie allgemeine Prinzipien (Introduction and general model), beschreibt der zweite Teil funktionale Sicherheitsanforderungen (Security functional components) und der dritte Teil Anforderungen an die Vertrauenswürdigkeit (Security assurance components). Die Prüfungsintensität kann nach sogenannten Vertrauenswürdigkeitsstufen (Evaluation Assurance Levels, EAL) angepasst werden. Der Prüfumfang sowie die Prüfmethode ergeben sich aus der angestrebten EAL-Stufe für das jeweilige zu prüfende Produkt (TÜV Nord 2017a). Die Common Criteria werden vorwiegend für behördliche Produkte (wie z. B. Smart Cards, Zugangsberechtigungssysteme oder biometrische Systeme) verwendet. Ausgewählte europäische Sicherheitsbehörden haben im Rahmen des sogenannten SOG-IS-Abkommens (Senior Officials Group – Information Systems Security) festgelegt, dass auf Basis der gemeinsamen Kriterien erstellte Zertifikate bis zur EAL-Stufe 4 anerkannt werden. Für bestimmte technische Bereiche wie z. B. Smart Cards, ist auch eine höherwertige Anerkennung möglich. Jedoch sind bisher lediglich 14 der europäischen Mitgliedstaaten dem SOG-IS Abkommen beigetreten (SOGIS 2017). Weltweit werden Zertifikate nur mit EAL 1 und 2 im Rahmen des Common Criteria Recognition Arrangements (CCRA) gegenseitig anerkannt (Bundesrat 2017).

Während die ISO/IEC 27001 und IEC 62443 Anforderungen an Unternehmen bzw. Produkte/Systeme definieren (Gegenstand der Bewertung), beschreiben die Common Criteria bzw. die ISO/IEC 15408 die Anforderungen, Prüfung und Bewertung selbst, sprich für die Konformitätsbewertung an eine Konformitätsbewertungsstelle (Normen zur Evaluierung), und legen fest, mit welchem Prüfaufwand welche Vertrauenswürdigkeitsstufe hinsichtlich der Prüfung erreicht werden kann. Damit legen die Common Criteria keine Anforderungen an das Produkt bzw. die Prozesse fest, tragen jedoch insbesondere im internationalen behördlichen Kontext zu gemeinsamen Prüfungskriterien und zur gegenseitigen Anerkennung bei.

Der regulative Rahmen und das System der Konformitätsbewertung

Produkte und Dienstleistungen, die auf dem europäischen Binnenmarkt angeboten werden, müssen Anforderungen in Bezug auf Sicherheit, Gesundheit, Umwelt- und Verbraucherschutz einhalten. Im sogenannten alten Konzept (Old Approach) wurden die notwendigen technischen und administrativen Anforderungen an Produkte und Dienstleistungen detailliert in Rechtsvorschriften beschrieben (Europäische Kommission 2016). Seit der Einführung des sogenannten neuen Konzepts (New Approach) im Jahr 1985 (Official Journal of the European Communities 1985) müssen die auf dem EU-Markt in Verkehr gebrachten Produkte harmonisierten „wesentlichen Anforderungen“ in Bezug auf Sicherheit, Gesundheit, Umwelt- und Verbraucherschutz entsprechen

(Europäische Kommission 2016). Die wesentlichen Anforderungen werden gemäß dem Vertrag über die Arbeitsweise der Europäischen Union in Form von Verordnungen, Richtlinien und Beschlüssen definiert (Art. 288 AEUV). Diese betreffen große Produktfamilien (wie z. B. Spielzeug, Bauprodukte oder Maschinen) bzw. horizontale Risiken (wie z. B. elektromagnetische Verträglichkeit) (CEN 2018). Die spezifischen Anforderungen an die Produkte werden in harmonisierten Normen festgeschrieben (Europäische Kommission 2016). Dazu kann die Europäische Kommission die Europäischen Normungs- und Standardisierungsorganisationen (CEN/CENELEC bzw. ETSI) auffordern, technische Normen und Spezifikationen zu entwickeln, falls diese noch nicht verfügbar sind. Die Verwendung der harmonierten Normen ist nicht gesetzlich erforderlich – allerdings löst deren Anwendung die Vermutungswirkung gegenüber Dritten aus, dass der Hersteller durch die Beachtung der Normen die gesetzlich vorgeschriebenen Anforderungen erfüllt (DIN 2018). Falls ein Hersteller beschließt, andere technische Spezifikationen zu nutzen, obliegt es ihm (in den meisten Fällen durch die unabhängige Bestätigung eines Dritten) nachzuweisen, dass wesentliche Anforderungen erfüllt wurden (Europäische Kommission 2016). Das CE-Zeichen (Conformité Européenne, d. h. europäisches Konformitätszeichen) kennzeichnet als Herstellererklärung, dass das Produkt den Anforderungen der geltenden europäischen Richtlinien bzw. Verordnungen entspricht. Dies richtet sich jedoch nicht (wie fälschlicherweise oftmals angenommen) an die Verbraucher (ANEC 2012), sondern an Marktüberwachungsbehörden.

Die Art der Konformitätsbewertung ergibt sich mit dem Gesamtkonzept zur Konformitätsbewertung (Global Approach) aus dem Jahr 1990 aus der Zuordnung in sogenannte Module (A bis H) der jeweiligen Richtlinien und Verordnungen und bewegt sich zwischen Herstellererklärungen und einer Konformitätsbewertung durch eine sogenannte Notifizierte Stelle (Europäische Kommission 2016). Als Erweiterung des neuen Ansatzes wurde im Jahr 2008 der „neue Rechtsrahmen“ (New Legislative Framework, NLF) eingeführt. Dieser umfasst neben der Verordnung (EG) Nr. 765/2008 zur Schaffung einer rechtlichen Grundlage der Akkreditierung und der Marktüberwachung die Verordnung (EG) Nr. 764/2008 über Verfahren im Zusammenhang mit der gegenseitigen Anerkennung in der EU und den Beschluss Nr. 768/2008 über einen gemeinsamen Rechtsrahmen für die Vermarktung von Produkten (Europäische Kommission 2016).

Der Konformitätsbewertung, definiert nach ISO als „Darlegung, dass festgelegte Anforderungen bezogen auf ein Produkt, einen Prozess, ein System, eine Person oder eine Stelle erfüllt sind“ (ISO/IEC 2004), kommt demnach eine wesentliche Rolle zum Nachweis der Einhaltung wesentlicher Anforderungen an Produkten und Dienstleistungen sowie dem Abbau von Handelshemmnissen (durch die gegenseitige Anerkennung von Konformitätsbewertungen) im internationalen Handel zu. Das System der Konformitätsbewertung besteht gemäß Teichler et al. (2013) aus den folgenden drei Bestandteilen:

- die Anforderungen an Produkte bzw. Dienstleistungen: definiert bspw. durch harmonisierte europäische Normen und Standards
- Aktivitäten der Konformitätsbewertung: Diese beinhalten neben der Prüfung, Inspektion und Zertifizierung (ISO/IEC 2004) auch weitere Tätigkeiten wie die Kalibrierung, Verifikation, Anbieten von Eignungsprüfungen und Herstellen von Referenzmaterialien.
- die Bestätigung der Kompetenz der Konformitätsbewertungsstelle. Dies erfolgt gemäß der Verordnung (EG) Nr. 765/2008 durch eine nationale Akkreditierungsstelle.

Im Hinblick auf den Bedarf an Konformitätsbewertung werden in Deutschland die folgenden drei Bereiche unterschieden:

Im freiwilligen Bereich erfolgt die Konformitätsbewertung auf Initiative der Marktteilnehmer hin. Im Zuge von Marktkräften können Marktteilnehmer beispielsweise ein Interesse haben, als vertrauensbildende Maßnahme Konformitätsnachweise, wie Zertifikate, zu nutzen. Der Staat gibt hier keine Vorgaben vor, kann diese Initiativen jedoch unterstützen, z. B. durch Mitarbeiten in Normenausschüssen oder Nachfrage von Konformitätsbewertungsdienstleistungen (z. B. freiwillige Zertifizierung von Managementsystemen von Behörden). Konformitätsbewertungen können dazu beitragen, bestehende Informationsasymmetrien zwischen Marktteilnehmern zu verringern. Viscusi (1978) beschreibt mit Hilfe der Signaling Theorie, dass Hersteller den Verbrauchern beispielsweise Produkteigenschaften mit Hilfe von Zertifizierungen signalisieren, um sie in die Lage zu versetzen, sich für Produkte mit hoher Qualität zu entscheiden. Damit trägt ein Zertifikat oder die Verwendung eines Labels zur Vertrauensbildung bei.

Im gesetzlich geregelten Bereich gibt der Staat in seiner Rolle als Regulierer Vorgaben und kann damit sowohl bei der Festlegung der Anforderungen, bei Vorgaben zur Konformitätsbewertung als auch bei der Kompetenzbestätigung aktiv eingreifen. Dies erfolgt im Zuge des New Approachs und des NLF durch die Festlegung von wesentlichen Anforderungen in EU-Richtlinien und EU-Verordnungen, wobei die Konformitätsbewertung in der Regel durch sogenannte Notifizierte Stellen (wie der Bundesanstalt für Materialforschung und -prüfung, BAM) erfolgt. Die Akkreditierung (als eine Art der Konformitätsbewertung) hat zum Ziel, die Kompetenz der Konformitätsbewertungsstelle unparteilich zu bestätigen und damit das Vertrauen zu erhöhen. Darüber hinaus wird eine Akkreditierungen durch Anerkennungsabkommen der Akkreditierungsorganisationen gefördert. Auf europäischer Ebene wird die von der European co-operation for Accreditation (EA) im Rahmen des Multilateral Agreement (EA MLA) erreicht. International sind derzeit zwei Abkommen in Kraft: Zum einen wird die Anerkennung der Akkreditierungen von Laboratorien und Inspektionsstellen durch die International Laboratory Accreditation Cooperation (ILAC) in Form von Mutual Recognition Arrangements (MRA) gewährleistet. Zum anderen wird die globale Anerkennung von Akkreditierungen von Zertifizierungsstellen vom International Accreditation Forum (IAF) in Form von Multilateral Agreements (MLA) ermöglicht (Deutsche Akkreditierungsstelle 2018).

Im hoheitlichen Bereich obliegt es dem Staat, die Rahmenbedingungen für Konformitätsbewertung festzulegen, diese ggf. selbst zu übernehmen bzw. die Grundlagen dafür selbst festzulegen. Dies ist beispielweise im Schutzbereich der inneren Sicherheit, wie z. B. der Justiz und der Polizei, der Fall. Ein konkretes Beispiel umfasst die Konformitätsbewertung von Metalldetektoren und Scannern für Gepäck und Passagiere, die z. B. am Flughafen eingesetzt werden. Der Staat legt in diesem Bereich die Anforderungen fest (z. B. mit eigenen Spezifikationen oder durch Bezug auf Normen), führt die Konformitätsbewertung eigenständig durch oder lässt diese durch von ihm zugelassene bzw. zertifizierte Konformitätsbewertungsstellen überprüfen und übernimmt auch die Kompetenzüberprüfung dieser Konformitätsbewertungsstellen, beispielsweise durch die Zertifizierung der Auditoren (Teichler et al. 2013). Das Hauptargument für eine Konformitätsbewertung im hoheitlichen Bereich liegt darin, dass es möglich ist, sowohl die Prüfanforderungen als auch die Prüfmethoden vertraulich zu halten. Ein negativer Effekt dabei ist, dass Unternehmen ihre Produkte und Systeme aufgrund national unterschiedlicher Anforderungen mehrfachen Prüfung unterziehen müssen, falls die Zertifikate international nicht gegenseitig anerkannt werden (Wurster und Murphy 2014).

Die Konformitätsbewertung soll dazu beitragen, Marktunvollkommenheiten zu internalisieren. Die Informationsasymmetrie beispielsweise beschreibt den Zustand, wenn Käufer und Verkäufer über unterschiedliche Wissensstände verfügen (Stiglitz 2000). Der amerikanische Wissenschaftler Akerlof (1970) hat am Beispiel des Gebrauchtwagenmarktes beschrieben, wie ein Markt scheitern kann. Anderson und Moore (2006) beschreiben in ihrem Aufsatz über die Ökonomie der Informationssicherheit, dass es sich im Bereich von Sicherheit von Software auch um einen Markt handelt, in dem Verbraucher Signale brauchen, um die Qualität von IT-Sicherheitssoftware zu erkennen. Die folgende Abbildung 9.3 stellt das System der Konformitätsbewertung mit den drei Bereichen und Elementen grafisch als Zusammenfassung dar.

Als der New Approach und der NLF in Europa eingeführt wurden, beschränkten sich die zu harmonisierenden Aspekte auf die Bereiche Sicherheit, Gesundheit, Umwelt- und Verbraucherschutz (Europäische Kommission 2016). Da aus Sicht verschiedener Akteure (ANEC und BEUC 2018; IFIA/CEOC 2017; VdTÜV 2017) Cybersicherheit eine Voraussetzung für die Sicherheit von Produkten, Dienstleistungen und Prozessen ist, kann es nun einen grundsätzlichen Bedarf geben, die grundlegenden Anforderungen an Produkte und Dienstleistungen zu überarbeiten sowie regulative Maßnahmen zur Erhöhung der Cybersicherheit in Europa zu ergreifen.

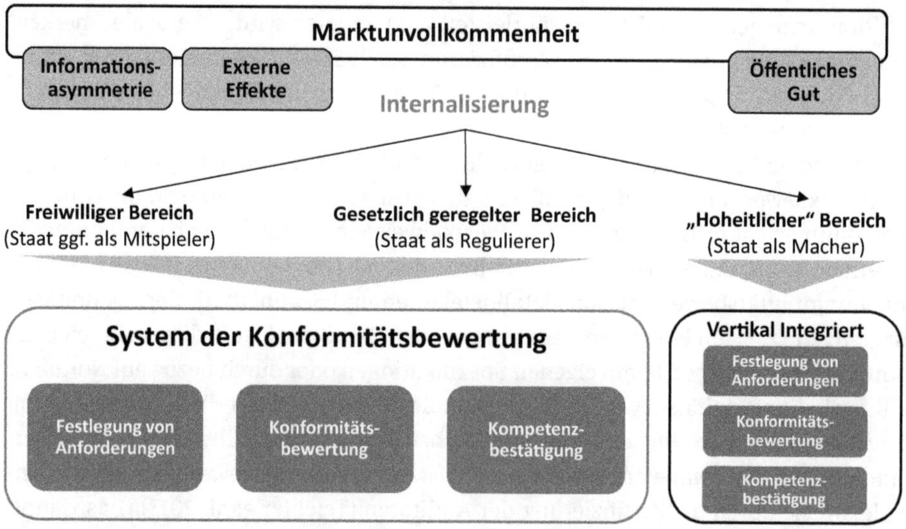

Abb. 9.3: Das System der Konformitätsbewertung und Formen der Internalisierung (Quelle: Eigene Darstellung basierend auf Teichler et al. (2013)).

Europäische Initiativen zur Erhöhung der Cybersicherheit: Cybersicherheitsplan der EU und Richtlinie über die Sicherheit von Netz- und Informationssystemen

Im Jahr 2013 veröffentlichte die EU einen „Cybersicherheitsplan der EU für ein offenes, freies und chancenreiches Internet" (Europäische Kommission 2013). Der Cybersicherheitsplan beinhaltet die Rolle von Sicherheitsnormen, Sicherheitssiegeln sowie EU-weiten Zertifizierungssystemen. Die Richtlinie über die Sicherheit von Netz- und Informationssystemen (NIS-Richtlinie) ist der erste Teil einer EU-weiten Gesetzgebung zur Erhöhung der Cybersicherheit. Sie zielt auf Dienste ab, die für Gesellschaft und Wirtschaft wesentlich sind und zunehmend auf IKT angewiesen sind und schließt Betreiber wesentlicher Dienste in den Bereichen Energie, Verkehr, Wasser, Banken, Finanzmarktinfrastrukturen, Gesundheitswesen und digitale Infrastruktur sowie Anbieter digitaler Dienste, wie Suchmaschinen, Cloud-Computing und Online-Marktplätze, ein. Um diese Richtlinie zu verabschieden, mussten die EU-Mitgliedstaaten spätestens bis Mai 2018 nationale Gesetze einführen und die Betreiber wesentlicher Dienste bis spätestens November 2018 ermitteln (European Commission 2016). Die nationale Umsetzung der NIS-Richtlinie erfolgte jedoch nicht fristgerecht in allen Ländern, wobei der aktuelle Stand auf der Website der Europäischen Kommission einzusehen ist (European Commission 2018). In Deutschland wurde das Gesetz zur Umsetzung der Richtlinie (EU) 2016/1148 in der Union bereits am 23.06.2017 beschlossen, welches auf dem IT-Sicherheitsgesetz aus dem Jahr 2015 aufbaut (BSI 2016). Dieses Gesetz änderte das bislang gültige BSI-Gesetz und gibt nunmehr den von dem Gesetz betroffenen Unternehmen vor, Maßnahmen zur Bewältigung von Sicherheitsrisiken nach dem „Stand der Technik“ zur Gewährleistung eines hohen Sicherheitsniveaus umzusetzen.

In diesem Zusammenhang fordert die zuständige Behörde, dass Betreiber wesentlicher Dienste mit dem Inkrafttreten der NIS-Richtlinie mit Hilfe einer Zertifizierung einer akkreditieren Konformitätsbewertungsstelle nachzuweisen haben, dass die Anforderungen an ein ISMS im Sinne der ISO/IEC 27001 und zusätzlicher, branchenspezifischer Normen, wie z. B. DIN SPEC 27019, für Energieversorger (Bundesnetzagentur für Elektrizität 2016) erfüllt werden. Diese Forderung bestand für Energieversorger bzw. Akteure in den Sektoren Wasser, Ernährung und Informationstechnik und Telekommunikation bereits bis zum Stichtag 31.01.2018 bzw. 03.05.2018. Für die Sektoren Transport und Verkehr, Gesundheit, Finanz- und Versicherungswesen gilt die Frist von Juni 2019 zur Erbringung des Nachweises (TÜV Nord 2018). Dieser Nachweis ist für Anbieter digitaler Dienste zwar nicht gefordert, jedoch müssen diese Anbieter seit dem 10.05.2018 auch Maßnahmen nach dem Stand der Technik in Bezug auf IT-Sicherheit ergreifen und Sicherheitsvorfälle melden (BSI 2017).

Es bleibt anzumerken, dass von der NIS-Richtlinie nur ein Bruchteil der Unternehmen in Deutschland, z. B. im Bereich der kritischen Infrastrukturen gemäß dem BSI nur 2.000 der ca. 3,5 Millionen (Stand 2016), betroffen sein werden (BSI 2016). Eine sehr viel größere potentielle Tragweite in Bezug auf die Konformitätsbewertung im Zusammenhang mit der Erhöhung von Cybersicherheit stellt der im Folgenden dargestellte Verordnungsentwurf zum Cybersecurity Act dar.

Case Study: Vorschlag eines Rechtsakts zur Cybersicherheit (Cybersecurity Act)

Im September 2017 legte die Europäische Kommission einen „Vorschlag für eine Verordnung des Europäischen Parlaments und des Rates über die ‚EU Cybersicherheitsagentur, (ENISA) […]“ sowie über die Zertifizierung der Cybersicherheit von Informations- und Kommunikationstechnik („Rechtsakt zur Cybersicherheit“) vor (Bundesrat 2017). In der vorherigen Folgenabschätzung wurden mehrere Probleme im Zusammenhang mit der zunehmenden Anzahl von Cyber-Vorfällen in Europa identifiziert:

- „Unterschiedliche, nebeneinander bestehende Konzepte und Ansätze im Bereich der Cybersicherheit in den Mitgliedstaaten,
- verstreute Ressourcen und uneinheitliche Ansätze aller Organe, Einrichtungen und sonstigen Stellen der EU im Bereich der Cybersicherheit und
- unzureichende Sensibilisierung und Aufklärung der Bürger und Unternehmen in Verbindung mit dem zunehmenden Aufkommen zahlreicher nationaler und sektorspezifischer Zertifizierungssysteme“ (Bundesrat, 2017)

Der vorgeschlagene Cybersecurity Act verfolgt zwei Ziele: erstens die aktuelle Marktfragmentierung von Cybersecurity-Zertifikaten zu beheben und zweitens die Sicherheit und das Vertrauen von IKT-Produkten und -Dienstleistungen zu erhöhen.

Zur Folgenabschätzung hat die Europäische Kommission gemeinsam mit ENISA im Jahr 2017 eine europaweite Umfrage durchgeführt, die sich an Behörden der Mitgliedsstaaten, Unternehmen und Verbraucherverbände richtete. Im Rahmen dieser quantitativen Erhebung wurden u. a. vier Optionen zum Umgang mit nationalen Cybersicherheitssystemen abgefragt:
- Option 0: Nichts tun: Keine politische Initiative oder Maßnahme der EU
- Option 1: Soft-Law-Ansatz: Kommission würde nationale oder branchenspezifische Initiativen fördern und unterstützen
- Option 2: Ausweitung des SOG-IS-Abkommens (Abkommen ausgewählter Sicherheitsbehörden im Zusammenhang mit den Common Criteria): Legislativer Vorschlag, der die Teilnahme der Mitgliederstaaten an dem SOG-IS-Abkommen verbindlich vorschreibt
- Option 3: Europäisches Zertifizierungssystem: EU-weiter Zertifizierungsrahmen mit eigenem Geltungsbereich, Regeln für die Arbeitsweise und deren Überwachung (ENISA 2017)

Die Rückmeldung von 33 Teilnehmern der Befragung (von denen 14 Teilnehmer nationalen Behörden der Mitgliedstaaten angehörten) hatte das Ergebnis, dass Option 3 mit 33 % die höchste Zustimmung hatte. Dieses Ergebnis bildete neben weiteren Erhebungen und Workshops im Rahmen der Folgenabschätzung die Grundlage für die Ausarbeitung des Rechtsakts zur Cybersicherheit (European Commission 2017b).

Die Zertifizierung, definiert im Rahmen des Vorschlages als „förmliche Evaluierung von Produkten, Diensten, Prozessen durch eine unabhängige und akkreditierte Stelle anhand bestimmter definierten Kriterien und Normen“ (Bundesrat 2017. S. 10), soll demnach dazu beitragen, die Sicherheit zu erhöhen und das Vertrauen zu stärken, indem Nutzer und Käufer über die sicherheitsrelevanten Eigenschaften der Produkte und Dienste informiert werden.

Dazu soll die europäische Agentur ENISA beauftragt werden, einen europäischen Rahmen „für die Ausarbeitung spezifischer Zertifizierungssysteme für bestimmte IKT Produkte/-Dienste für europäische Cybersicherheitssysteme“ (Bundesrat 2017) zu schaffen. Dementsprechend würden mit dem Cybersecurity Akt keine operativen Zertifizierungssysteme geschaffen bzw. eingeführt werden, sondern zunächst ein Rahmen. Dieser Rahmen soll folgende Elemente beinhalten (Bundesrat 2017):
- Produktkategorien und -art der betroffenen IKT-Produkte und Dienste: Allgemein wurden vernetzte Geräte (IoT) als Ausgangpunkt für die Idee eines Zertifizierungssystems genannt. Der vorgeschlagene Rahmen sollte jedoch nicht auf bestimmte Produkte, Systeme oder Dienstleistungen beschränkt sein. Bestimmte Technologien, wie industrielle Automatisierungssysteme, vernetzte und selbstfahrende Fahrzeuge, elektronische Gesundheitssysteme und intelligente Netze

(Smart Grids) wurden konkret genannt, da sie ein hohes Maß an Cybersicherheit erfordern.

- Kriterien für die Zertifizierung: Die Zertifizierung besteht hierbei in der „förmlichen Evaluierung von Produkten, Diensten und Prozessen durch eine unabhängige und akkreditierte Stelle anhand bestimmter definierter Kriterien und Normen". Dabei können existierende Normen verwendet werden oder bei Bedarf neue Normen entwickelt werden.
- Vorgesehene Vertrauenswürdigkeitsstufe: Die Zertifizierung sollte unterschiedliche Vertrauenswürdigkeitsstufen enthalten, z. B. niedrig, mittel oder hoch, wobei sich die Vertrauenswürdigkeitsstufe auf ein begrenzten, mittleres Maß oder hohes Maß an Vertrauen, bezieht, dass das Zertifikat „in die beanspruchten oder behaupteten Cybersicherheitseigenschaften eines IKT-Produktes oder -Dienstes" vermitteln soll. Dabei kann ein europäisches System für die Sicherheitszertifizierung je nach Produkt- bzw. Dienst eine oder mehrere Vertrauenswürdigkeitsstufen beinhalten, wobei eine Einordnung von Produkt- bzw. Dienstleistungsgruppen in die drei vorgesehenen Vertrauenswürdigkeitsstufen noch zu erfolgen hat.

Darüber hinaus soll eine Europäische Gruppe für die Cybersicherheitszertifizierung eingerichtet werden, die aus „nationalen Zertifizierungsaufsichtsbehörden aller Mitgliedstaaten" besteht (Bundesrat 2017). Diese Gruppe würde die ENISA bei der Erstellung der von der Europäischen Kommissionen geforderten Zertifizierungssysteme für Cybersicherheit unterstützen.

In Bezug auf die Verbindlichkeit der Cybersicherheitszertifizierung, sollte „der Rückgriff auf eine europäische Cybersicherheitszertifizierung [...] daher weiterhin auf freiwilliger Basis erfolgen, sofern in den Rechtsvorschriften der Union zur Festlegung von Anforderungen an die Sicherheit von IKT-Produkten und -Diensten nicht etwas anderes bestimmt ist" (Bundesrat 2017). Aus diesem Passus ergibt sich, dass Unternehmen zunächst (bis weitere Rechtsvorschriften erlassen werden, die sich auf die Cybersicherheit Zertifizierungssysteme beziehen) frei wählen können, ob sie ihre Produkte und Dienstleistungen zertifizieren lassen. Allerdings sollen aufgrund des „Vorrang(s) der europäischen Systeme für die Cybersicherheitszertifizierung vor den nationalen Systemen" (Bundesrat 2017) nationale Cybersicherheits-Zertifizierungssysteme nicht mehr bestehen dürfen und neben den europäischen Systemen und keine nationalen Systeme für die gleichen IKT-Produkte bzw. -Dienste einer bestimmten Vertrauenswürdigkeitsstufe parallel betrieben werden. Bestehende Zertifikate wären jedoch bis zum Ablauf gültig. Dem Vorschlag zufolge könnten nationale Regelungen nur dann weiterhin bestehen, wenn IKT-Produkte und -Dienstleistungen nicht durch ein europäisches System zur Zertifizierung von Cybersicherheit abgedeckt sind (Bundesrat 2017).

9.3 Öffentliche Diskussionen zum Cybersecurity Act-Vorschlag

Der Cybersecurity Act-Vorschlag hat eine kontroverse Diskussion ausgelöst und dazu geführt, dass sich interessierte Kreise mit dem Thema Zertifizierung von Cybersicherheit auseinandergesetzt und sich dazu öffentlich umfassend geäußert haben. Mit Hilfe der umfangreichen Positionspapiere, Präsentationen und Beiträge in öffentlichen Diskussionsrunden konnte eine umfangreiche Datenbasis aufgebaut werden, die für die folgende Analyse genutzt wurde. Der Cybersecurity Act-Vorschlag wurde im September 2017 veröffentlicht. Hier werden folgende Datenquellen im Zeitraum zwischen September 2017 und März 2018 analysiert:

- Feedback an die Kommission, Vorschlag eines Rechtsakts zur Cybersicherheit während der öffentlichen Konsultationsphase (European Commission 2017b)
- Podiumsgruppenteilnehmer und veröffentlichte Präsentationen der öffentlichen Anhörung zum „Cybersecurity Act" des Europäischen Wirtschafts- und Sozialausschusses (European Economic and Social Committee 2018)
- Podiumsgruppenteilnehmer und veröffentlichte Präsentationen einer Konferenz der europäischen Normungsorganisationen und der ENISA mit dem Titel „Cybersecurity Act – Establishing the Link between Standardisation and Certification" (CEN/CENELEC 2018b)
- Schriftliche Stellungnahmen, die außerhalb der öffentlichen Konsultationsphase veröffentlicht wurden

Die veröffentlichten Positionspapiere/Presseveröffentlichungen sowie Präsentationen wurden systematisch auf Aussagen hinsichtlich eines europäischen Rahmens für die Cybersicherheitszertifizierung analysiert. Aus den insgesamt 74 Dokumenten wurden insgesamt 343 Aussagen identifiziert und zu übergreifenden Themen zusammengefasst. In einem folgenden Schritt wurden die zuvor identifizierten übergeordneten Themen innerhalb der einzelnen Interessengruppen verglichen und Unterschiede zwischen den einzelnen Interessengruppen identifiziert.

9.4 Einschätzungen durch die Interessengruppen

Übergreifende Analyse der Aussagen von Interessengruppen zum Cybersicherheit-Zertifizierungsrahmen

Im Rahmen der folgenden Analyse wurden die Interessengruppen näher betrachtet, die sich nach de Vries et al. (2003) in der Regel auch an Projekten zur Normung in IT-relevanten Bereichen beteiligen. Abbildung 9.4 zeigt auf, dass Unternehmensverbände und Unternehmen die aktivsten Akteure im Betrachtungszeitraum in Bezug auf die Anzahl der Beiträge waren, gefolgt von Standardisierungsorganisationen und Kon-

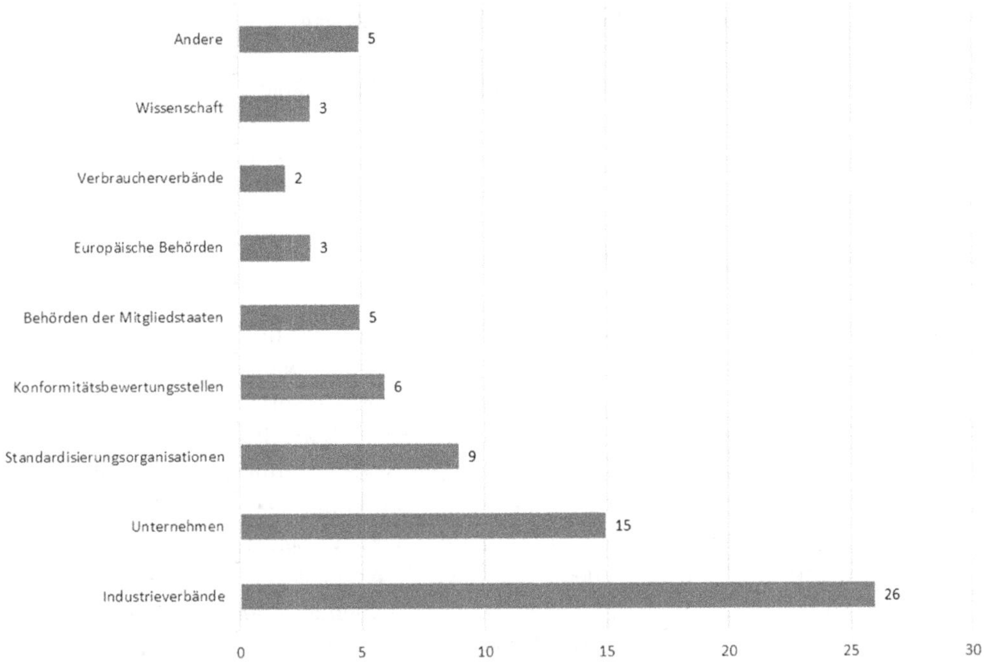

Abb. 9.4: Anzahl der Beiträge von interessierten Kreisen (Quelle: Eigene Darstellung).

formitätsbewertungsstellen. Die Mitgliedstaaten bzw. deren Behördenvertreter haben nach Kenntnis der Autorin im Betrachtungszeitraum keine offiziellen Stellungnahmen veröffentlicht, jedoch ihre Ansichten auf einer von der Kommission und der ENISA (ENISA conference 2018) organisierten Konferenz zum Ausdruck gebracht.

Die Diskussion zu dem im Verordnungsvorschlag geplanten Rahmen für die Zertifizierung zur Cybersicherheit betraf vier übergreifende Themenfeldern mit den jeweils identifizierten Ausgestaltungsmöglichkeiten (Bundesrat 2017):

- Ausgestaltung des Rahmens für die Konformitätsbewertung: Sollten der Rahmen bzw. die Konformitätsbewertung freiwillig oder verpflichtend sein (also in den freiwilligen, gesetzlich geregelten oder hoheitlichen Bereich fallen)?
- Art der Konformitätsbewertung: Durch wen darf die Konformitätsbewertung durchgeführt werden (wird eine dritte Partei stets notwendig sein oder wird eine Herstellererklärung auch zulässig sein)?
- Zugrundeliegenden Anforderungen für die Konformitätsbewertung: Gegen welche Kriterien soll die Konformitätsbewertung erfolgen (nationale versus europäische versus globale Normen)?
- Rollen und Verantwortlichkeiten: Wer wird den Rahmen und später die Grundlagen der Konformitätsbewertung (z. B. Zertifizierungssysteme) weiterentwickeln und durch wen erfolgt die Überwachung der relevanten Akteure?

Analyse der Gruppen der einzelnen interessierten Kreise

Um zu einem tieferen Verständnis zu den Ausgestaltungsmöglichkeiten eines europäischen Cybersicherheit-Zertifizierungssystems zu kommen, werden im folgenden Abschnitt die zusammenfassten Positionen je Interessengruppe vorgestellt:

Industrie (Unternehmen und Wirtschaftsverbände)

Freiwillige versus verpflichtende Konformitätsbewertungen: Unternehmen und Unternehmensverbände sprechen sich grundsätzlich für freiwillige Systeme im B2C- und B2B-Bereich aus. Dies wird damit erklärt, dass Unternehmen ein intrinsisches Interesse haben, sichere Produkte auf den Markt zu bringen. Es wurden ferner alternative Mechanismen vorgeschlagen, die sich auf die Eigenverantwortung der Industrie stützen würden, wobei das Programm der EU zur Registrierung, Bewertung, Zulassung und Beschränkung chemischer Stoffe (REACH) als konkretes Beispiel diente (LEET Security 2017). Im B2B-Bereich wurde darauf hingewiesen, dass der Zweck der Vertrauensbildung durch Zertifikate und Labels aufgrund fehlender Informationsasymmetrien zwischen Unternehmen in einigen Branchen nicht besteht (Bähr 2017; VDMA 2017).

Art der Konformitätsbewertung: Unternehmen und Unternehmensverbände befürchten, dass die Einführung verpflichtender Konformitätsbewertungen durch eine externe dritte Partei die europäische Wirtschaft zusätzlich belasten und damit schwächen könnten. Um eine umfassende Konformitätsbewertung (einschließlich aller relevanten Schnittstellen) durchführen zu können, benötigen Dritte zudem Zugriff auf alle relevanten Daten. Hierbei zögert die Industrie, da sie hierfür sensible Unternehmensdaten offenbaren müsste. Unternehmen weisen darauf hin, dass Selbsteinschätzungen (z. B. durch unternehmensinterne Konformitätsbewertungsstellen) und eine darauf basierende Herstellererklärung ein angemessenes oder sogar höheres Maß an Sicherheit bieten können als Konformitätsbewertungen durch eine externe dritte Partei (Friedrich 2018). Da die Zertifizierung immer von einer dritten Partei durchgeführt wird, verursacht sie ggf. zusätzliche Kosten und die Einbindung eines Externen könnte unter Umständen auch zeitintensiver sein. Dies könnte die Zeit bis zur Markteinführung verlängern, was in einer durch sehr kurze Innovationszyklen gekennzeichneten Branche erhebliche Nachteile mit sich bringen kann. Des Weiteren würden kleine und mittelständische Unternehmen (KMU) überdurchschnittlich belastet. Vertreter von Unternehmensverbänden weisen deshalb darauf hin, dass der vorliegende Vorschlag dem etablierten neuen Rechtsrahmen (New Legislative Framework) nicht stringent folgt. Der Gesetzgeber sollte lediglich die grundlegenden Anforderungen festlegen und eine Einteilung in die Module vornehmen. Als Alternative wird eine risikobasierte, horizontale Regulierung von Cybersicherheit statt einer regulatorischen Konformitätsbewertung vorgeschlagen (VDMA 2017).

Rolle der zugrundeliegenden Anforderungen und Normen: Unternehmen und Unternehmensverbände betonen die Rolle von Normen als Anforderungsdokumente. Da die Unternehmen, die Feedbacks eingereicht oder an Podiumsdiskussionen teilgenommen haben, auf internationalen Märkten tätig sind, bevorzugen sie internationale Normen gegenüber europäischen Normen. Dies gilt insbesondere im Zusammenhang mit Unternehmen, die in globale Wertschöpfungsketten integriert sind (European Commission 2017b).

Rollen und Verantwortlichkeiten: Unternehmensverbände und Unternehmen stellen die Rolle und Legitimität der „Europäischen Gruppe für die Cybersicherheitszertifizierung" in Frage, die für die Empfehlung der neuer oder weiterentwickelter Konformitätsbewertungssysteme an die Europäische Kommission verantwortlich sein soll. Neue Systeme sollten vielmehr gemeinsam mit der Industrie entwickelt werden. Eine Konsultation, wie sie derzeit vorgeschlagen wird, ist aus Sicht der Unternehmen nicht ausreichend. Lediglich Angelegenheiten der nationalen Sicherheit sollten nach breiter Auffassung der Industrie den nationalen Behörden, beispielsweise im Rahmen von dem SOG-IS-Abkommen, vorbehalten bleiben (European Commission 2017b).

Private Konformitätsbewertungsstellen

Freiwillige versus verpflichtende Konformitätsbewertungen: Private Konformitätsbewertungsstellen, die sich zu dem Cybersecurity Act-Vorschlag geäußert haben, befürworten grundsätzlich eine verpflichtende Zertifizierung. Da die geltende Richtlinie 2001/95/EG zur Produktsicherheit von einer „vernünftigerweise vorhersehbaren Verwendung" ausgeht (Europäisches Parlament und der Rat 2001), deckt sie, nach Auffassung eines Verbandes privater Konformitätsbewertungsstellen den potentiellen Missbrauch verbundener IoT-Geräte im Cyberraum möglicherweise nicht ab (VdTÜV 2017). Daher gäbe es nun einen Bedarf, die grundlegenden Anforderungen an Produkte und Dienstleistungen zu überarbeiten (CEN/CENELEC 2018a; IFIA/CEOC 2017; VdTÜV 2018). Da es einige Zeit dauern wird, Cybersicherheitsaspekte in alle sektoralen und produktspezifischen Richtlinien zu integrieren, können verpflichtende Zertifizierungssysteme als Übergangslösung sinnvoll sein (VdTÜV 2018). Diese sollten insbesondere bei Produkten mit höherem Risiko verpflichtend vorgeschrieben werden (IFIA/CEOC 2017).

Art der Konformitätsbewertung: Private Konformitätsbewertungsstellen betonen die Wichtigkeit einer unabhängigen Zertifizierung, um Vertrauen unter den Konsumenten aufzubauen und unabhängige Siegel vergeben zu können. Daher ist auch bei einer Regelung, die auf Freiwilligkeit setzt, eine Zertifizierung nur durch eine dritte Partei zu bevorzugen (IFIA/CEOC 2017). Da weder der Endnutzer die Cybersicherheit testen, noch der Hersteller unabhängig die Cybersicherheit bestätigen kann, ist eine Prüfung durch einen unabhängigen Dritten notwendig. Dazu ist es jedoch erforderlich, Zugang zu den betreffenden internen Daten der Unternehmen zu erhalten, um die

Konformitätsbewertungen (z. B. nach einer Softwareaktualisierung) vollständig und kontinuierlich durchführen zu können. In diesem Zusammenhang verweisen internationale Vereinigungen der Anbieter von Konformitätsbewertungsdienstleistungen jedoch darauf, dass öffentliche Behörden oftmals nicht über die notwendigen internen Ressourcen verfügen, um dieser Aufgabe gerecht zu werden, und betonen die Bedeutung von privaten Konformitätsbewertungsstellen (IFIA/CEOC 2017).

Rolle der zugrundeliegenden Anforderungen und Normen: Die Vereinigungen von internationalen Konformitätsbewertungsstellen betonen ebenfalls die Bedeutung von international akzeptierten Normen als Anforderungen der Konformitätsbewertung. Dies ist vor allem für global agierende Hersteller und Dienstleistungsanbieter essentiell. In diesem Zusammenhang wird die Adaption von international anerkannten Zertifizierungssystemen als europäische Zertifizierungssysteme (analog der Adaption internationaler ISO Normen als europäische Normen) vorgeschlagen (IFIA/CEOC 2017). Bestehende Normenreihen, wie z. B. ISO/IEC 15408, sollten dabei als Benchmark gelten (VdTÜV 2018).

Rollen und Verantwortlichkeiten: Ein wesentlicher Kritikpunkt der privaten Konformitätsbewertungsstellen beinhaltet, dass die interessierten Kreise, wie z. B. der private Sektor (einschließlich den privaten Konformitätsbewertungsstellen oder Verbraucherorganisationen), nur konsultiert, aber nicht aktiv an der Entwicklung von Systemen beteiligt werden sollten (VdTÜV 2018). Vorgeschlagen wird vielmehr, dass Vertreter der Industrie, Konformitätsbewertungsstellen sowie nationaler Behörden gemeinsam für die Entwicklung der Systeme verantwortlich sein sollen (IFIA/CEOC 2017).

Behörden der Mitgliedstaaten

Freiwillige versus verpflichtende Konformitätsbewertungen: Ein wesentlicher Diskussionspunkt für Behörden der Mitgliedsstaaten ist die Frage, ob nationale Systeme im Bereich der nationalen Sicherheit aufgrund der Souveränität der Einzelstaaten in diesem Bereich von einem europäischen System abgekoppelt werden sollten. Der Grund liegt darin, dass es den Einzelstaaten obliegt, das verfassungsmäßige Recht der Bürger in Bezug auf Sicherheit zu schützen. Daher weisen die Mitgliedstaaten auf das Recht der Behörden hin, eigene Konformitätsbewertungen im Bereich der nationalen Sicherheit zu verlangen bzw. die Konformitätsbewertung selber durchzuführen.

Art der Konformitätsbewertung: Vertreter der Behörden der Mitgliedsstaaten differenzieren bei der Art der Konformitätsbewertung je nach Risiko der Produktgruppe. Für Produkte mit hohem Risiko verweisen die Vertreter der Behörden auf unabhängige Dritte in Form akkreditierter Konformitätsbewertungsstellen. Allerdings erkennen die Behörden bei Produkten und Diensten mit niedrigem Risiko auch die Vorteile von Herstellererklärungen für die Industrie an. Um Produkte und Dienstleistungen auf hoher

Sicherheitsstufe beurteilen zu können, verweisen Vertreter der Behörden der Mitgliedstaaten auf erforderliche behördliche Einbeziehung bei der Sicherheitsbewertung.

Rolle der zugrundeliegenden Anforderungen und Normen: Vertreter der Behörden betonen auch die Wichtigkeit internationaler Normung und betonen die Transparenz der zugrundeliegenden Anforderungen der Konformitätsbewertungen vor allem im Hinblick auf eine international angestrebte Akzeptanz. In diesem Zusammenhang kann europäischen gegenüber internationalen Normen Vorzug gewährt werden (z. B. wenn diese dem Cybersicherheitsbedürfnis eher entsprechen). Dies sollte jedoch transparent kommuniziert werden. Ein Positionspapier des ECSO fasst den Meinungsaustausch während der ECSO-Sitzungen und die Kommentare der Mitgliedstaaten zusammen. Demnach haben Frankreich und Deutschland als Einzelstaaten Bedenken bezüglich des derzeitigen Vorschlags für den Aufbau eines Cybersicherheit-Zertifizierungsrahmens und würden die bestehenden Systeme (z. B. SOG-IS, basierend auf den Common Criteria) erweitern, anstatt sie zu ersetzen (ENISA conference 2018).

Rollen und Verantwortlichkeiten: Nach Auffassung von Vertretern der Behörden von Mitgliedstaaten sollten die nationalen Behörden das Recht behalten, neue Konformitätsbewertungssysteme zu initiieren und die Kontinuität von Systemen, wie dem SOG-IS-Übereinkommen, zu gewährleisten. Des Weiteren soll die Industrie mit einbezogen werden, um diese sichere Produkte zu entwickeln (ENISA conference 2018).

Verbraucherorganisationen

Freiwillige versus verpflichtende Konformitätsbewertungen: Europäische Verbraucherverbände befürworten verpflichtende Zertifizierungssysteme für diejenigen Produkte, welche ein hohes Risiko für die Gesundheit und Sicherheit der Verbraucher darstellen können. Falls es den Unternehmen frei überlassen wäre, ihre Produkte und Dienstleistungen zertifizieren zu lassen oder nicht, würde dies zu einer weiteren Fragmentierung des Marktes führen. Da der aktuelle Vorschlag eines Rechtsaktes versucht, gerade dies zu verhindern, sollten nach der Auffassung von zwei europäischen Verbraucherorganisationen Zertifizierungen verpflichtend sein (ANEC und BEUC 2018).

Art der Konformitätsbewertung: Die europäischen Verbraucherorganisationen weisen darauf hin, dass das Vertrauen der Verbraucher auf der unabhängigen und unparteiischen Konformitätsbewertung beruht. Daher bevorzugen diese Interessengruppen die Durchführung der Konformitätsbewertung durch eine dritte Partei.

Rolle der zugrundeliegenden Anforderungen und Normen: Die europäischen Verbrauchervertretungen heben die Bedeutung von Normen als Anforderungen für Zertifikate hervor, um den Verbrauchern zuverlässige Informationen zu liefern (Openforum Europe 2017a). Darüber hinaus sehen sie die Notwendigkeit von Mindestsicherheitsanforderungen für alle verbundenen Produkte und Dienste, die in horizontale Richtlinien wie die über die allgemeine Produktsicherheit (2001/95/EG) integriert werden sollten (ANEC und BEUC 2018).

Rollen und Verantwortlichkeiten: Die europäischen Verbraucherverbände kritisieren, dass die Interessen der Verbraucher im vorliegenden Vorschlag nicht ausreichend vertreten sind, und fordern die Ernennung eines Verbraucherexperten für den ENISA-Verwaltungsrat. Darüber hinaus sollten Konsumenten regelmäßig konsultiert werden, wenn die „Europäische Gruppe für die Cybersicherheitszertifizierung" Zertifizierungssysteme erstellt (ANEC und BEUC 2018).

Europäische Standardisierungsorganisationen

Freiwillige versus verpflichtende Konformitätsbewertungen: Das Europäische Institut für Telekommunikationsnormen (ETSI) befürwortet, dass der aktuelle Vorschlag auch in Zukunft nur für freiwillige Zertifizierungen gelten soll, wobei für verpflichtende Konformitätsbewertungen im Bereich Cybersicherheit zukünftig der neue Rechtsrahmen (New Legislative Framework) gelten soll (ETSI 2018). Nationale Zertifizierungssysteme oder europäische Abkommen, wie z. B. SOG-IS, sollten nicht generell ausgeschlossen werden, insbesondere wenn die betroffenen Produkte und Dienstleistungen sich auf den Bereich der nationalen Sicherheit beziehen. Die Europäischen Komitees für Normung und für elektrotechnische Normung (CEN und CENELEC) empfehlen hingegen, den neuen Rechtsrahmen (New Legislative Framework) konsequent anzuwenden, anstatt ein paralleles Zertifizierungssystems zu etablieren, welches zur Verwirrung am Markt führen würde (CEN/CENELEC 2018a).

Art der Konformitätsbewertung: Europäische Standardisierungsorganisationen weisen darauf hin, dass der aktuelle Rechtsrahmen auch die Möglichkeit der Herstellererklärung vorsieht und dieses Prinzip beibehalten werden sollte. Dabei wird auf die Erfahrungen im gesetzlich geregelten Bereich, beispielsweise auf dem Gebiet der Produktsicherheit, verwiesen. Dies versetzt insbesondere KMUs in die Lage, sich im Wettbewerb mit großen Unternehmen zu behaupten (ETSI 2018).

Rolle der zugrundeliegenden Anforderungen und Normen: Die große Bedeutung von Normen im Zusammenhang mit Konformitätsbewertungssystemen wird von den europäischen Standardisierungsorganisationen hervorgehoben. ETSI und CEN/CENELEC empfehlen, wenn immer möglich, sich auf internationale Normen zu beziehen, um den Zugang der europäischen Industrie zu globalen Märkten nicht zu behindern. Dabei sollte der angestrebte Rahmen bestehende, weit verbreitete Normen, wie z. B. die Common Criteria (ISO/IEC 15408), Anforderungen an ISMS (ISO/IEC 27000ff) und Normen für industrielle Steuerungs- und Automatisierungstechnik (IEC 62443) sowie sektorspezifische Normen berücksichtigen (CEN/CENELEC 2018a). Des Weiteren besteht der Wunsch von CEN/CENELEC, dass die formell anerkannten europäischen und internationalen Standardisierungsorganisationen eingeladen werden, die zugrundeliegenden Anforderungen und Normen zu erstellen.

Hierbei sollten den international anerkannten Normen, die durch ISO, IEC oder ITU entwickelt wurden, Priorität eingeräumt werden.

Rollen und Verantwortlichkeiten: In Bezug auf Zuständigkeiten wird von CEN/CENLEC auf den Neuen Ansatz und dem NLF verwiesen, der eine Gewaltenteilung zwischen Legislative, Standardisierung und Konformitätsbewertung vorsieht (CEN/CENELEC 2018a). ETSI weist darauf hin, dass Interessengruppen, wie Konsumenten sowie die Industrie im Rahmen klarer Prozesse die Möglichkeit haben sollten, Feedback zu neuen und Änderungen an bestehenden Systemen vorzuschlagen (ETSI 2018).

9.5 Diskussion der Ergebnisse und Handlungsempfehlungen

Zusammenfassend lässt sich feststellen, dass die Meinungen innerhalb einer Interessensgruppe recht konsistent sind und die interessierten Kreise gemäß ihrer Stellung im System der Konformitätsbewertung argumentiert haben. Die kontroversen Diskussionen von Interessengruppen verdeutlichen jedoch, dass Initiativen zur Erhöhung der Cybersicherheit und Vertrauen von IKT Produkten und -Diensten zwar begrüßt werden, der aktuelle Vorschlag eines Rechtaktes zur Cybersicherheit viele, zurzeit noch unbeantwortete, offene Fragen aufwirft. Diese umfassen die diskutierten vier Fragen zur Ausgestaltung bzw. Entwicklung und Überwachung von Konformitätsbewertungssystemen.

In Bezug auf freiwillige versus verpflichtende Zertifizierungen, plädiert die Industrie für freiwillige Konformitätsbewertung und setzt auf die Mechanismen der wirtschaftlichen Selbstverwaltung. Während sie auf die langjährigen, guten Erfahrungen im Bereich der Herstellererklärung hinweist, sprechen sich private Konformitätsbewertungsstellen und Verbraucherverbände für eine verpflichtende Konformitätsbewertung durch eine dritte Seite aus (Art der Konformitätsbewertung), was wenig überrascht, wenn man sich die Rollenverhältnisse vor Augen ruft. In Bezug auf die zugrundeliegenden Anforderungen der Konformitätsbewertung wird die Rolle von internationalen Normen überwiegen hervorgehoben. Einigkeit besteht ferner in der bis dato unzureichenden Einbindung von allen relevanten Interessengruppen (insbesondere der Wirtschaft) bei der Entwicklung des Rahmens und zukünftigen Rollen und Verantwortlichkeiten der Europäischen Gruppe für die Cybersicherheitszertifizierung.

In der Gesamtschau der Positionen der verschiedenen Interessengruppen wird deutlich, dass eine Konsensfindung schwierig sein wird und eine differenziertere Betrachtung des Rahmens hilfreich wäre. Aus ordnungspolitischer Sicht kann das beschriebene System der Konformitätsbewertungssystem dazu beitragen, die richtige Einordnung von IKT-Produkten und -Dienste in die drei Sektoren freiwilliger Bereich, gesetzlich geregelter Bereich und hoheitlicher Bereich vorzunehmen. Daraus würde sich der Grad der Verbindlichkeit, die Art der Konformitätsbewertung sowie der Gegenstand der Konformitätsbewertung ableiten lassen.

Zertifizierungssysteme im freiwilligen Bereich können zur Erhöhung von Cybersicherheit von IKT Produkten und -Diensten beitragen, wenn diese im Sinne der Signaling-Theorie von den Anbietern selbst genutzt werden können bzw. aktiv von den Konsumenten eingefordert werden. In diesem Zusammenhang beinhaltet der Cybersecurity Act Vorschläge für die Einführung von Siegeln und Kennzeichnungen. Diese Siegel oder Kennzeichnungen wären dann erfolgreich, wenn sie in den Kaufentscheidungsprozessen der Konsumenten mitberücksichtigt würden. Dazu müssten die Kriterien für ein Zertifikat/Siegel jedoch risikobasiert, verwendungsorientiert und für den Konsumenten nachvollziehbar sein. Falls eine Abstufung (wie z. B. bei der Energieverbrauchskennzeichnung) vorgesehen wird, so sollte diese auf einer wissenschaftlich fundierten Bewertungsmethode basieren. In diesem Zusammenhang wird auf die Forschungs- und Entwicklungstätigkeiten des Joint Research Zentrums der Europäischen Kommission hingewiesen, das sich mit der Festlegung geeigneter Sicherheitskennzahlen und Vergleichswerten im Zuge einer quantitativen Bewertung von Produkten hinsichtlich der Cybersicherheit befasst. Falls Siegel und Kennzeichnungen eingesetzt würden, sollte der Konsument jedoch stets darüber informiert sein, dass es, ähnlich wie bei der Produktsicherheit, eine absolute Cybersicherheit nicht geben kann (European Economic and Social Committee 2018).

Nach dem Inkrafttreten des Cybersecurity Acts würde der Rahmen sowie spezifische Zertifizierungssysteme entwickelt werden, die nach dem jetzigen Verordnungsentwurf freiwilliger Natur sein würden. In diesem Zusammenhang würde der Überwachung der Einhaltung der zugrundeliegenden Kriterien eine besondere Rolle zukommen, insbesondere falls die Herstellererklärung ein mögliches Mittel der Konformitätsbewertung darstellt.

Die NIS-Richtlinie zum Schutz von kritischen Infrastrukturen und wesentlichen Diensten hat gezeigt, dass freiwillige Ansätze im Bereich der Cybersicherheit jedoch an Grenzen stoßen und somit die betroffenen Unternehmen verpflichtet werden mussten, Maßnahmen zur Netzwerk- und Informationssicherheit zu treffen und diese im Bereich der kritischen Infrastrukturen in Form von Zertifikaten nachzuweisen (Bendiek et al. 2017). Eine verpflichtende Zertifizierung aller Unternehmen, die im Bereich IoT Produkte und Dienste anbieten, würde jedoch Unternehmen und insbesondere KMUs aufgrund der zu erwartenden hohen Kosten in deren Wettbewerbsfähigkeit im globalen Markt benachteiligen. Die NIS-Richtlinie begegnet diesem Aspekt damit, dass Kleinstunternehmen und kleine Unternehmen im Bereich der Anbieter digitaler Dienste von Sicherheitsanforderungen und Meldung von Sicherheitsvorfällen ausgenommen sind (BSI 2017). Eine kostengünstige Variante stellt die Herstellererklärung dar.

Der jetzige Verordnungsentwurf gibt einen Hinweis darauf, dass Rechtsvorschriften folgen können, die mit einer Verbindlichkeit einer Zertifizierung einhergehen können (Bundesrat 2017). In Bezug auf die verpflichtenden Zertifizierungen im gesetzlich geregelten Bereich würden jedoch die langjährigen positiven Erfahrungen dafür sprechen, die bewährte Methodik des Neuen Ansatzes und des NLF dahingehend anzuwenden, dass der Staat wesentliche Anforderungen an die Cybersicherheit (entweder als Zusatz zu bestehenden Richtlinien/Verordnungen oder als neue horizontale Verordnung) festlegt und eine Einteilung in die Module vornimmt, woraus sich die Art der Konformitätsbewertung (einschließlich der Möglichkeit der Herstellererklärung) ergibt. Die Spezifizierung der grundlegenden Anforderungen würde durch harmonisierte (vorzugsweise international anerkannte) Normen erfolgen mit der zuvor beschriebenen Vermutungswirkung für Unternehmen, die diese Normen nutzen. Bei einer konsequenten Anwendung des neuen Ansatzes und des NLF würde folgen, dass sich eine eventuell verpflichtende Zertifizierung bzw. die verpflichtende Nutzung von Siegeln und Kennzeichnungen für Unternehmen nicht aus dem Cybersecurity Act sondern aus produktgruppenspezifischen bzw. horizontalen Verordnungen ergeben würden. Eine derzeit viel diskutierte, konkrete Möglichkeit stellt die Einbeziehung von IoT-Produkten und Diensten in die Funkanlagenrichtlinie 2014/53/EU (Radio Equipment Directive) im Kapitel 3(3) dar (ANEC und BEUC 2018). In den grundlegenden Anforderungen der Funkanlagenrichtline werden cybersicherheitsrelevante Schutzanforderungen (wie z. B. Schutz vor missbräuchlicher Nutzung personenbezogener Daten sowie vor Betrug) formuliert, wobei der Europäischen Kommission im Jahr 2014 die Befugnis übertragen wurde, delegierte Rechtsakte zur Zuordnung von Kategorien und Klassen von Funkanlagen zu den in der Funkanlagenrichtlinie genannten Anforderungen zu erlassen.

Für Produkte und Dienstleistungen, die ein hohes Risiko für die öffentliche Sicherheit darstellen, scheint es ratsam und auch für andere Akteure akzeptabel, diese in den hoheitlichen Bereich aufzunehmen und der nationalen Souveränität den Mitgliedsstaaten zu überlassen. Die Mitgliedstaaten dürften dann eigene Anforderungen festlegen (z. B. mit eigenen technischen Spezifikationen) und, falls gewünscht, die Konformitätsbewertung auch eigenständig vornehmen. In diesem Zusammenhang wäre eine europaweit einheitliche Einordnung notwendig, welche Produkte und Dienste in diesen hoheitlichen Bereich fallen. Da jedoch Cybersicherheit keine Grenzen kennt und Unternehmen von einem europaweit gültigen Zertifikat aus Kosten- und Zeitgründen stets profitieren würden, ist demzufolge angemessen, auch im hoheitlichen Bereich eine weitestgehend Harmonisierung anzustreben. Dies sollte jedoch mit dem Ziel geschehen, das allgemeine europäische Cybersicherheitslevel auch im Bereich innere Sicherheit zu erhöhen anstelle eines vielfach befürchteten *race to the bottom* (ENISA conference 2018).

Zusammenfassend bestehen die größten Herausforderungen darin, zu definieren, welche Produkte, Dienste und Systeme in welchen Bereich der Konformitätsbewertung fallen, wobei ein risikobasierter Ansatz durchweg gefordert wird. Insbesondere für die Masse an IoT-Geräten im Bereich B2C werden gesetzlich vorgeschriebene Basissicherheitsanforderungen gefordert. Aus Standardisierungssicht besteht hier noch Handlungsbedarf bei der Erstellung von vorzugsweise international anerkannten Standards und Normen.

9.6 Ausblick

Nachdem mehrere Ausschüsse Änderungswünsche zum Verordnungsentwurf des Cybersecurity Acts eingereicht haben, wird das Europäische Parlament seine Position formulieren und voraussichtlich im Herbst 2018 die Trilog-Verhandlungen zwischen der Europäischen Kommission, dem Europäischen Rat und dem Europäischen Parlament beginnen (European Parliament Research Service Blog 2018). Der Vermerk vom Rat der Europäischen Union vom 29.05.2018 zur allgemeinen Ausrichtung des Verordnungsvorschlages des Cybersecurity Acts bezieht die Herstellererklärung neben der unabhängigen Prüfung durch Dritte als Möglichkeit der Konformitätsbewertung ein. Voraussetzung hierfür sei, dass die IKT-Prozesse, -Produkte- und -Dienste ein geringes Risiko darstellen und eine geringe Komplexität aufweisen und eine niedrige Vertrauenswürdigkeitsstufe aufweisen (Rat der Europäischen Union 2018).

In Bezug auf die Ausgestaltung eines europäischen Systems der Konformitätsbewertung im Bereich Cybersicherheit hat die Auswertung der Aussagen der Interessengruppen ergeben, dass das heutige Konformitätsbewertungssystem mit dem starken Fokus auf produktbasierte, statische Prüfung in der digitalen Transformation und insbesondere in Bezug auf Cybersicherheit einer Anpassung bedarf. Sehr dynamische Innovationszyklen mit sehr kurzen Markteinführungszeiten sowie die verstärkte Individualisierung durch Möglichkeiten der additiven Fertigungstechnologien verlangen nach einem Wandel der Systeme zur Konformitätsbewertung (Carl 2017). Die Nutzung großer Datenmengen (Big Data) sowie Techniken zur Modellierung und Simulation bieten beispielsweise Möglichkeiten für dynamische Zertifizierungen, wobei eine Überprüfung der Anforderungen auf Basis von Standards kontinuierlich und (teil)automatisiert erfolgen soll. Eine lebenszyklusorientierte Zertifizierung von IoT-Produkten würde ferner der Herausforderung begegnen, dass Produkte nach dem Inverkehrbringen möglichen Cyberangriffen ausgesetzt sind und ständigen Sicherheitswartungen (z. B. in Form von Softwareupdates) bedürfen, wozu es bereits erste Forschungs- und Entwicklungsaktivitäten für dynamische Zertifizierungen im Bereich Cloud-Dienstleistungen in Bezug auf Datensicherheit und Datenschutz gibt.

Literatur

3MF (2016): 3MF Consortium. 2016. Online verfügbar unter www.3mf.io, zuletzt geprüft am 07.08.2018.

Abdelkafi, N.; Makhotin, S. (2014): Seizing Opportunities for the Support of Innovation through Committee Standards and Standardization: Insights from German Companies. In: *International Journal of IT Standards and Standardization Research* 12 (2), 38–56.

Abdelkafi, N.; Makhotin, S.; Thuns, M.; Pohle, A.; Blind, K. (2016): To Standardize or to Patent? Development of a Decision Making Tool and Recommendations for Young Companies. In: *International Journal of Innovation Management* 20, 1640020-1–1640020-30.

acatech (2016): Additive Fertigung – Deutsche Akademie der Technikwissenschaften, Union der deutschen Akademien der Wissenschaften.

Akerlof, G. A. (1970): The market for “lemons”: Quality uncertainty and the market mechanism. In: *The Quarterly Journal of Economics* 84 (3) (Aug., 1970), 488–500.

Allen, R. H.; Sriram, R. D. (2000): The role of standards in innovation. Technological Forecasting and Social Change (64(2)), 171–181.

Almeida, O.; Oliveira, J.; Cruz, J. (2011): Open standards and open source: Enabling interoperability.

AMSC (2017): Standardization Roadmap for Additive Manufacturing, Version 1.0.

Anderson, R.; Moore, T. (2006): The economics of information security. In: *Science* 314 (5799), 610–613.

ANEC (2012): CE Marking. Online verfügbar unter https://www.anec.eu/images/Publications/position-papers/ANEC-SC-2012-G-026final.pdf, zuletzt geprüft am 10.08.2018.

ANEC; BEUC (2018): Cybersecurity for Connected Products: Position Paper. Online verfügbar unter https://www.anec.eu/images/Publications/position-papers/Digital/ANEC-DIGITAL-2018-G-001final.pdf, zuletzt geprüft am 10.08.2018.

ASTM (2016): ASTM International and ISO Unveil Framework for Global 3D Printing Standards.

AutomotoveGradeLinux (2018): Software. Online verfügbar unter https://www.automotivelinux.org/software, zuletzt geprüft am 07.08.2018.

Bähr, C. (2017): Nutzen von Labels im Maschinen- und Anlagenbau.

Baron, J.; Ménière, Y.; Pohlmann, T. (2014): Standards, Consortia and Innovation. In: *International Journal of Industrial Organization* (36), 22–35.

Baron, J.; Pohlmann, T. (2013): Who Cooperates in Standards Consortia: Rivals or Complementors? In: *Journal of Competition Law and Economics* 9 (4), 905–929.

Baron, J.; Pohlmann, T. (2018): Mapping Standards to Patents Using Declarations of Standard-Essential Patents. In: *Journal of Economics and Management Strategy* (Forthcoming).

Baron, J.; Pohlmann, T.; Blind, K. (2016): Essential patents and standard dynamics. In: *Research Policy* 45 (9).

Baron, J.; Spulber, D. F. (2018): Technology standards and standard setting organizations: Introduction to the searle center database. Hg. v. Northwestern Law & Econ Research Paper No. 17–16.

Bella, D. (2015): 3D printing file format cage match: AMF vs. 3MF. 2015. Online verfügbar unter https://blog.grabcad.com/blog/2015/07/21/amf-vs-3mf/, zuletzt geprüft am 07.08.2018.

Bendiek, A.; Bossong, R.; Schulze, M. (2017): The EU's revised cybersecurity strategy: half-hearted progress on far-reaching challenges.

Benkler, Y. (2002): Coase's penguin, or, linux and "the nature of the firm". In: *The Yale Law Journal* 112 (3), 369 f.

Berman, B. (2012): 3-D printing: The new industrial revolution. In: *Business Horizons* 55 (2), 155–162.

Blind, K. (2002): Driving forces for standardization at standardization development organizations. In: *Applied Economics* 34 (16), 1985–1998.

https://doi.org/10.1515/9783110629057-010

Blind, K. (2010): Patente und Standards: eine integrative Strategieoption für innovative Unternehmen und die Standardisierung. DIN-Mitteilungen. In: *DIN-Mitteilungen* 11, 7–11.

Blind, K.; Gauch, S. (2009): Research and standardisation in nanotechnology: evidence from Germany. In: *The Journal of Technology Transfer* 34 (3), 320–342.

Blind, K.; Mangelsdorf, A. (2013): Alliance Formation of SMEs: Empirical Evidence From Standardization Committees. In: *IEEE Transactions on Engineering Management* 60 (1), 148–156.

Blind, K.; Mangelsdorf, A. (2016): Motives to standardize – Empirical evidence from Germany. In: *Technovation* 48–49, 13–24.

Blind, K.; Pohlmann, T. (2014): Patente in Technologiestandards: Innovation oder Blockade für die IKT-Industrie? In: *GRUR Zeitschrift für gewerblichen Rechtschutz und Urheberrecht* (8/2014), 713–719.

Blind, K.; Thumm, N. (2004): Interrelation between patenting and standardisation strategies. Empirical evidence and policy implications. In: *Research Policy* 33 (10), 1583–1598.

BMWi (2016): Industrie 4.0-Security in der Aus- und Weiterbildung. Neue Aspekte für Unternehmensorganisation und Kompetenzen. Bundesministerium für Wirtschaft und Energie.

BMWi (2018a): I4.0-Sprache. Vokabular, Nachrichtenstruktur und semantische Interaktionsprotokolle der I4.0-Sprache. Bundesministerium für Wirtschaft und Energie.

BMWi (2018b): Sichere Implementierung von OPC UA für Betreiber, Integratoren und Hersteller. Bundesministerium für Wirtschaft und Energie.

Bourell, D. L.; Leu, M. C.; Rosen, D. W. (2009): Roadmap for additive manufacturing: identifying the future of freeform processing. The University of Texas at Austin, Austin, TX.

Brock, M.; Blind, K. (2018): Patentierung und Standardisierung – Leitfaden für modernes Innovationsmanagement.

BSI (2016): Das IT-Sicherheitsgesetz: Kritische Infrastrukturen schützen.

BSI (2017): Die Lage der IT-Sicherheit in Deutschland 2017. Online verfügbar unter https://www.bsi.bund.de/SharedDocs/Downloads/DE/BSI/Publikationen/Lageberichte/Lagebericht2017.pdf;jsessionid=6F075F2A180291B866AC55D6A4E7A753.2_cid351?__blob=publicationFile&v=4, zuletzt geprüft am 10.08.2018.

Bundesministerium der Justiz und für Verbraucherschutz (2018): Patentgesetz. Online verfügbar unter https://www.gesetze-im-internet.de/patg/__1.html, zuletzt geprüft am 08.08.2018.

Bundesministerium des Innern (2016): Cyber-Sicherheitsstrategie für Deutschland 2016. Online verfügbar unter https://www.bmi.bund.de/cybersicherheitsstrategie/BMI_CyberSicherheitsStrategie.pdf, zuletzt geprüft am 10.08.2018.

Bundesnetzagentur für Elektrizität (2016): Konformitätsbewertungsprogramm zur Akkreditierung von Zertifizierungsstellen für den IT-Sicherheitskatalog gemäß § 11 Absatz 1a Energiewirtschaftsgesetz auf der Grundlage der ISO/IEC 27006. Online verfügbar unter https://www.bundesnetzagentur.de/SharedDocs/Downloads/DE/Sachgebiete/Energie/Unternehmen_Institutionen/Versorgungssicherheit/IT_Sicherheit/Konformitaetsbewertungsprogramm.pdf?__blob=publicationFile&v=1, zuletzt geprüft am 07.08.2018.

Bundesrat (2017): Unterrichtung durch die Europäische Kommission: Vorschlag für eine Verordnung des Europäischen Parlaments und des Rates über die „EUCybersicherheitsagentur" (ENISA) und zur Aufhebung der Verordnung (EU) Nr. 526/2013 sowie über die Zertifizierung der Cybersicherheit von Informations- und Kommunikationstechnik („Rechtsakt zur Cybersicherheit") COM.

Burns, M. (2015): International Technical Work on Smart Cities Architectures. Online verfügbar unter https://www.slideshare.net/US-Ignite/day1-marty-burns, zuletzt geprüft am 07.08.2018.

Campbell, I.; Bourell, D.; Gibson, I. (2012): Additive manufacturing: rapid prototyping comes of age. In: *Rapid Prototyping Journal* (18(4)), 255–258.

Carl, M. G. (2017): Sicherheit 2027: Konformitätsbewertung in einer digitalisierten und adaptiven Welt.

CEN (2015): CEN/TC 438 Business Plan.

CEN (2018): New Approach and other Directives. Online verfügbar unter https://www.cen.eu/work/supportLegislation/Directives/Pages/default.aspx, zuletzt geprüft am 07.08.2018.

CEN, CENELEC, ETSI (2012): Smart Grid Coordination Group: Smart Grid Reference Architecture. Online verfügbar unter http://gridscientific.com/images/Smart_Grid_Reference_Artichtecture.pdf, zuletzt geprüft am 07.08.2018.

CEN/CENELEC (2017): Cyber Security Focus Group (CSCG) / Rec#2 – Definition of Cybersecurity. Online verfügbar unter ftp://ftp.cencenelec.eu/EN/EuropeanStandardization/Fields/Security/CybersecurityDefinition%20v1.1.pdf, zuletzt geprüft am 10.08.2018.

CEN/CENELEC (2018a): CEN and CENELEC Position Paper on the draft regulation "Cybersecurity Act". Online verfügbar unter https://www.cencenelec.eu/News/Policy_Opinions/PolicyOpinions/CybersecurityAct.pdf, zuletzt geprüft am 10.08.2018.

CEN/CENELEC (2018b): Conference on: Cybersecurity Act – Establishing the link between Standardization and Certification. Online verfügbar unter https://www.cencenelec.eu/News/Events/Pages/EV-2018-001.aspx, zuletzt geprüft am 10.08.2018.

CEN/ISSS (2009): CEN/ISSS survey of standards-related fora and consortia, 15th edition, Brussels, October.

Common Criteria (2018): Certified Products List – Statistics. Online verfügbar unter https://www.commoncriteriaportal.org/products/stats/, zuletzt geprüft am 10.08.2018.

Corbet, J.; Kroah-Hartman, G. (2018): 2017 linux kernel development report.

Core Infrastructure Initiative (2018): Core Infrastructure Initiative. Fortifying our future. Online verfügbar unter https://www.coreinfrastructure.org/, zuletzt geprüft am 07.08.2018.

Deutsche Akkreditierungsstelle (2018): Akkreditierungsanforderungen für Konformitätsbewertungsstellen im Bereich der Informationssicherheit/Cyber-Security für industrielle Automatisierungssysteme gemäß IEC 62443. Online verfügbar unter https://www.dakks.de/sites/default/files/dokumente/71_sd_2_019_informationssicherheit_20180305_v1.0_0.pdf, zuletzt geprüft am 07.08.2018.

DIN (2017): DIN EN ISO/IEC 27000. Informationstechnik – Sicherheitsverfahren – Informationssicherheits-Managementsysteme – Überblick und Terminologie.

DIN (2018): Förderprogramme. Online verfügbar unter https://www.din.de/de/forschung-und-innovation/foerdervorhaben, zuletzt geprüft am 07.08.2018.

DIN SPEC 91345 (2016): Referenzarchitekturmodell Industrie 4.0 (RAMI4.0).

DIN SPEC 91357 (2017): Reference Architecture Model Open Urban Platform (OUP).

DIN/DKE (2018): DEUTSCHE NORMUNGSROADMAP Industrie 4.0 (Version 3). Online verfügbar unter https://www.din.de/blob/95954/.../aktualisierte-roadmap-i40-data.pdf, zuletzt geprüft am 07.08.2018.

DNP (2017): Deutsches Normungspanel 2017. Online verfügbar unter http://projects.inno.tu-berlin.de/DNP/pdf/de/2016/DNP_Indikatorenbericht_2017_de.pdf, zuletzt geprüft am 07.08.2018.

DSK (2018): Konferenz der unabhängigen Datenschutzbehörden des Bundes und der Länder. Das Standard-Datenschutzmodell: Eine Methode zur Datenschutzberatung und -prüfung auf der Basis einheitlicher Gewährleistungsziele.

EFI (2015): Gutachten zu Forschung, Innovation und technologischer Leistungsfähigkeit Deutschlands Expertenkommission Forschung und Innovation.

Egyedi, T. M.; Sherif, M. H. (2010): Standards dynamics through an innovation lens: next generation ethernet networks. In: *IEEE Communications Magazine* 48 (10), 166–171.

Engels, B. (2017): Bedeutung von Standards für die digitale Transformation. Befunde auf Basis des IW-Zukunftspanels. Online verfügbar unter https://www.iwkoeln.de/.../2017/.../IW-Trends_2017-02_Standards_Digitalisierung.pdf, zuletzt geprüft am 07.08.2018.

ENISA (2017): Considerations on ICT security certification in EU. Online verfügbar unter https://www.enisa.europa.eu/publications/certification_survey, zuletzt geprüft am 07.08.2018.
ENISA conference (2018): Towards the EU Cybersecurity Certification Framework for Products and Services. Online verfügbar unter https://www.enisa.europa.eu/events/towards_security_framework/towards_security_framework, zuletzt geprüft am 07.08.2018.
ESA (2018): LEON2-FT. Online verfügbar unter http://www.esa.int/Our_Activities/Space_Engineering_Technology/Microelectronics/LEON2-FT, zuletzt geprüft am 07.08.2018.
ETSI (2012): Open Source NFV management and orchestration (MANO). Online verfügbar unter http://www.etsi.org/technologies-clusters/technologies/nfv/open- source-mano, zuletzt geprüft am 07.08.2018.
ETSI (2018): Draft ETSI GS CIM 004 V0.0.11. Online verfügbar unter https://www.etsi.org/deliver/etsi_gs/CIM/001_099/004/01.01.01_60/gs_CIM004v010101p.pdf, zuletzt geprüft am 07.08.2018.
Europäische Kommission (2013): Pressemitteilung: Cybersicherheitsplan der EU für ein offenes, freies und chancenreiches Internet.
Europäische Kommission (2016): 2016/C 272/01, Bekanntmachung der Kommission – Leitfaden für die Umsetzung der Produktvorschriften der EU 2016 („Blue Guide").
Europäisches Parlament und der Rat (2001): Richtlinie 2001/95/EG über die allgemeine Produktsicherheit. Brüssel: Amtsblatt der Europäischen Gemeinschaften.
European Commission (2016): The Directive on security of network and information systems (NIS Directive). Online verfügbar unter https://ec.europa.eu/digital-single-market/en/network-and-information-security-nis-directive, zuletzt geprüft am 07.08.2018.
European Commission (2017a): European Interoperability Framework.
European Commission (2017b): Proposal for a regulation: Cybersecurity Package. Online verfügbar unter https://ec.europa.eu/info/law/better-regulation/initiatives/com-2017-477_en, zuletzt geprüft am 07.08.2018.
European Commission (2018): State-of-play of the transposition of the NIS Directive. Online verfügbar unter https://ec.europa.eu/digital-single-market/en/state-play-transposition-nis-directive, zuletzt geprüft am 07.08.2018.
European Commission (2017c): Communication from the commission to the European parliament, the council and the European economic and social committee: Setting out the EU approach to standard essential patents.
European Cyber Security Organisation (2017): Elements from ECSO members on the EU Certification Framework. Online verfügbar unter http://www.ecs-org.eu/documents/uploads/elements-from-ecso-members-on-the-eu-certification-framework.pdf, zuletzt geprüft am 07.08.2018.
European Economic and Social Committee (2018): Public hearing on the „Cybersecurity act". Online verfügbar unter https://www.eesc.europa.eu/en/agenda/our-events/events/public-hearing-cybersecurity-act/presentations, zuletzt geprüft am 07.08.2018.
European Parliament Research Service Blog (2018): ENISA and a new cybersecurity act.
Featherston, C. R., et al. (2016): Mediating and catalysing innovation: A framework for anticipating the standardisation needs of emerging technologies. In: *Technovation* (48–49), 25–40.
Folmer, E.; van Bekkum, M.; Verhoosel, J. (2009): Strategies for using international domain standards within a national context: The case of the Dutch temporary staffing industry. In: Innovations for Digital Inclusions, 2009. IEEE, September 2009.
Foray, D. (2004): The Economics of Knowledge.
Ford, S. J. (2014): The industrial emergence of commercial inkjet printing. In: *European Journal of Innovation Management* 17 (2), 126–143.
Fornea, D.; van Laere, H. (2015): Living tomorrow. 3D printing – a tool to empower the European economy – Opinion of the European Economic and Social Committee (own-initiative opinion).

Free Software Foundation Europe (2018): Public money, public code. Online verfügbar unter https://publiccode.eu/, zuletzt geprüft am 07.08.2018.

Friedel, R.; Spindler, E. (Hg.) (2016): Zertifizierung als Erfolgsfaktor. Fluthwedel, A. (2016): Die Rolle von DIN – wie entstehen DIN-Normen? Wiesbaden: Springer Gabler.

Friedrich, J. (2018): Some Proposals around the Draft Regulation on the Cybersecurity Act / Paper presented at the Cybersecurity Act – Establishing the link between Standardization and Certification Brussels. OpenForum Europe (OFE). Online verfügbar unter https://docbox.etsi.org/Workshop/2018/201802_CYBERSECURITY_ACT/Jochen_FRIEDRICH_OpenForumEurope.pdf, zuletzt geprüft am 07.08.2018.

Fuchsberger, A. (2018): Cyber Standardization for product and services: prospects for European and international standards within the European Cybersecurity Act. Paper presented at the Cybersecurity Act – Establishing the link between Standardization and Certification.

Gao, W. (2015): The status, challenges, and future of additive manufacturing in engineering. In: *Computer-Aided Design* (69), 65–89.

Gasser, Urs; Palfrey, J. (2007): When and how ICT interoperability drives innovation.

Gay, Joshua (2015): The Principles of Community-Oriented GPL Enforcement. Online verfügbar unter https://www.fsf.org/licensing/enforcement-principles, zuletzt geprüft am 07.08.2018.

Gebhardt, A.; Hötter, J.-S. (2016): Additive manufacturing: 3D printing for prototyping and manufacturing.

Ghosh, Rishab A. (2005): An economic basis for open standards.

Gibson, I.; Rosen, D.; Stucker, B. (2014): Additive manufacturing technologies: 3D printing, rapid prototyping, and direct digital manufacturing.

Guo, N.; Leu, M. C. (2013): Additive manufacturing: technology, applications and research needs. In: *Frontiers of Mechanical Engineering* 8 (3), 215–243.

Hansen, R. (2015): Building the future: Modeling and uncertainty quantification for accelerated certification. in Science and Technology Review. 2015, Lawrence Livermore National Laboratory.

Hartlieb, B.; Hövel, A.; Müller, N. (2016): Normung und Standardisierung: Grundlagen, 2. Aufl.

Harvard Business Essentials: Strategy (2005): Create and Implement the Best Strategy for Your Business. Boston, Massachusetts: Harvard Business School.

Heller, M. A. (1998): The tragedy of the anticommons: Property in the transition from marx to markets. In: *Harvard Law Review* 111 (3), 621–688.

Hirschman, A. O. (1970): Exit, Voice, and Loyalty: Responses to Decline in Firms, Organizations, and States. Harvard University Press, new edition, July 1970.

Ho, J.-Y.; O'Sullivan, E. (2013): Evolving Roles of Standards in Technological Innovation-Evidence from Photovoltaic Technology.

Ho, J.-Y.; O'Sullivan, E. (2016): Strategic standardisation of smart systems: A roadmapping process in support of innovation. Technological Forecasting and Social Change.

Houben, G.; Lenie, K.; Vanhoof, K. (1999): A knowledge-based SWOT-analysis system as an instrument for strategic planning in small and medium sized enterprises. In: *Decision Support Systems* (26(2)), 125–135.

ICT Proposers' Day 2017: Calls for Proposals of the Horizon 2020 Work Programme in the field of Information & Communication Technologies and Future and Emerging Technologies (FET). Online verfügbar unter https://ec.europa.eu/digital-single-market/en/events/ict-proposers-day-2017, zuletzt geprüft am 07.08.2018.

IDSA (2018): International Data Spaces Association. Online verfügbar unter https://www.internationaldataspaces.org/, zuletzt geprüft am 07.08.2018.

IEC (2017): IEC PAS 63088:2017 Smart manufacturing – Reference architecture model industry 4.0 (RAMI4.0).

IFIA/CEOC (2017): The international TIC Sector welcomes the proposed measure by the European Commission as a positive step towards securing the cyberspace. Online verfügbar unter http://www.ceoc.com/publications/positionpapers/IFIA%20and%20CEOC%20Position%20Paper%20on%20the%20Cybersecurity%20Act.pdf, zuletzt geprüft am 07.08.2018.

IIC (2017a): The Industrial Internet of Things. Volume G1: Reference Architecture. Version 1.8.

IIC, Plattform Industrie 4.0 (2017b): Architecture Alignment and Interoperability. An Industrial Internet Consortium and Plattform Industrie 4.0 Joint Whitepaper.

IOT-T (2018): IOT-Projekt: Zertifizierung. Online verfügbar unter http://www.iot-t.de/zertifizierung/, zuletzt geprüft am 07.08.2018.

IPlytics (2018): IPlytics Platform. Das IP Intelligence Tool. Online verfügbar unter www.iplytics.com, zuletzt geprüft am 07.08.2018.

ISO (2015): International Classification for Standards. 7th Edition. Online verfügbar unter https://www.iso.org/iso/international_classification_for_standards.pdf, zuletzt geprüft am 07.08.2018.

ISO (2017): The ISO Survey of Management System Standard Certifications 2016. Online verfügbar unter https://www.iso.org/the-iso-survey.html, zuletzt geprüft am 07.08.2018.

ISO (2018a): ISO 9000 family – Quality management. Online verfügbar unter https://www.iso.org/iso-9001-quality-management.html, zuletzt geprüft am 07.08.2018.

ISO (2018b): ISO/IEC 27000 family – Information security management systems. Online verfügbar unter https://www.iso.org/isoiec-27001-information-security.html, zuletzt geprüft am 07.08.2018.

ISO (2018c): Protecting our planet ISO standards for the environment. Online verfügbar unter https://www.iso.org/protecting-our-planet.html, zuletzt geprüft am 07.08.2018.

ISO/ASTM (2013): Joint Plan for Additive Manufacturing Standards Development – Version 2.

ISO/ASTM 52900 (2015): Additive Manufacturing – General Principles, Terminology.

ISO/IEC (1994): ISO/IEC 74981-1:1994 Information technology – Open Systems Interconnection – Basic Reference Model: The Basic Model. Genf: International Organization for Standardization (ISO).

ISO/IEC (2004): EN ISO/IEC 17000:2004. In Conformity assessment. Vocabulary and general principles.

ISO/IEC (2013): ISO/IEC 17067:2013 In Conformity assessment – Fundamentals of product certification and guidelines for product certification schemes.

ISO/IEC (2017): ISO/IEC JTC 1/SC 27 Corporate Presentation. Online verfügbar unter https://www.din.de/blob/90496/4744b3c9db568794a1811a167120723f/sc27-corporate-presentation-data.pdf, zuletzt geprüft am 07.08.2018.

ISO/IEC/IEEE (2011): ISO/IEC/IEEE 42010:2011 Systems and software engineering — Architecture description.

itsOWL (2015): Auf dem Weg zu Industrie 4.0: Erfolgsfaktor. Online verfügbar unter https://www.its-owl.de/fileadmin/PDF/Publikationen/2017_Broschuere_Arbeit40.pdf, zuletzt geprüft am 07.08.2018.

ITU-T. V.24 (2000): List of definitions for interchange circuits between data terminal equipment (DTE) and data circuit-terminating equipment (DCE). Online verfügbar unter https://www.itu.int/rec/T-REC-V.24-200002-I/en, zuletzt geprüft am 07.08.2018.

Jakobs, K. (2000): Standardization processes in IT: Impact, problems and benefits of user participation.

Jakobs, K. (2014): The (future) role of China in ICT standardisation–A European perspective. In: *Telecommunications Policy* (38(10)), 863–877.

Jurrens, K. K. (1999): Standards for the rapid prototyping industry. In: *Rapid Prototyping Journal* (5(4)), 169–178.

Katz, M. L.; Shapiro, C. (1986): Technology adoption in the presence of network externalities. In: *The Journal of Political Economy* (94(4)), 822–841.

Kaumanns, R.; Siegenheim, V. (2009): Die Google-Ökonomie – Wie der Gigant das Internet beherrschen will, Düsseldorf: Books on Demand GmbH, 1. Aufl.

Kotrba, J. (2015): 3d Printers and Additive Manufacturing Machinery – Global Conformity Assessment.

Lakhani, K.; Wolf, R. G. (2003): Why hackers do what they do: Understanding motivation and effort in Free/Open source software projects. Social Science Research Network Working Paper Series.

Layne-Farrar, A.; Padilla, A. J.; Schmalensee, R. (2007): Pricing Patents for Licensing in Standard-Setting Organizations: Making Sense of Fraud Commitments. In: *Antitrust Law Journal 74(6025).*

LEET Security (2017): Comments to cyber security package. Online verfügbar unter https://ec.europa.eu/info/law/better-regulation/initiatives/com-2017-477_en, zuletzt geprüft am 07.08.2018.

Leiponen, A. (2008): Competing Through Cooperation: The Organization of Standard Setting in Wireless Telecommunications. In: *Management Science* (54-11), 1904–1919.

Lemley, M. A. (2002): Intellectual Property Rights and Standard-Setting Organizations. In: *California Law Review* (90), 1889–1980.

Lemley, M. A.; Shapiro, C. (2006): Patent Holdup and Royalty Stacking. In: *Texas Law Review* (85).

Liu, K.; Lin, H. (2014): A study on the relationship between technical development and fundamental patents based on US granted patents. In: *European International Journal of Science and Technology* (2(7)), 314–327.

Lundell, B.; Gamalielsson, J.; Katz, A. (2015): On implementation of open standards in software: To what extent can ISO standards be implemented in open source software? In: *International Journal of Standardization Research* (13 (1)), 47–73.

Meuser, M.; Nagel, U. (1989): Experteninterviews – vielfach erprobt, wenig bedacht: Ein Beitrag zur qualitativen Methodendiskussion, Volume 6. University of Bremen.

Moldaschl, M.; Stehr, N. (2010): Eine kurze Geschichte der Wissensökonomie.

Monzón, M., et al. (2015): Standardization in additive manufacturing: activities carried out by international organizations and projects. In: *The international journal of advanced manufacturing technology* (76(5–8)), 1111–1121.

Neumann, J. (1947): The Future Role of Rapid Computing in Meteorology. In: *Aeronautical Engineering Review* 6 (4), 30.

O'Sullivan, E.; Brévignon-Dodin, L. (2012): Role of Standardisation In support of Emerging Technologies – A Study for the Department of Business, Innovation & Skills (BIS) and the British Standards Institution (BSI). 2012.

OASIS (2015): OASIS Open Document Format for office applications. Online verfügbar unter. https://www.oasis-open.org/committees/tc_home.php?wg_abbrev=office, zuletzt geprüft am 09.08.2018.

OAuth (2018): Industry-standard protocol for authorization. Online verfügbar unter https://oauth.net/2/, zuletzt geprüft am 07.08.2018.

Official Journal of the European Communities (1985): Council Resolution of 7 May 1985 on a new approach to technical harmonization and standards, (85/C 136/01).

OIN (2018): Open Invention Network. Online verfügbar unter https://www.openinventionnetwork.com/, zuletzt geprüft am 07.08.2018.

Open Container Initiative (2018): Mission. Online verfügbar unter https://www.opencontainers.org/about/, zuletzt geprüft am 07.08.2018.

OpenChain (2018): OpenChain Project. Online verfügbar unter https://www.openchainproject.org, zuletzt geprüft am 07.08.2018.

Openforum Europe (2017a): Cybersecurity and Certification – leveraging international standards to build trust in the Digital Single Market. Online verfügbar unter http://www.openforumeurope.org/library/ofe-position-paper-cybersecurity-standards/, zuletzt geprüft am 07.08.2018.

Openforum Europe (2017b): Standards and open source – bringing them together. November 2017.

Parker-Johnson, P.; Doiron, T. (2018): Succeeding on an open field: The impact of open source technologies on the communication service provider ecosystem.

Perens, B. (2017): On usage of the phrase öpen source. Online verfügbar unter https://perens.com/2017/09/26/on-usage-of-the-phrase-open-source/, zuletzt geprüft am 07.08.2018.

Perinorm (2018): Referenz-Datenbank zur Suche und Verwaltung von Normen und technischen Regeln. Online verfügbar unter www.perinorm.com, zuletzt geprüft am 07.08.2018.

Phaal, R. (2011): A framework for mapping industrial emergence. In: *Technological Forecasting and Social Change* (78(2)), 217–230.

Phipps, S. (2011): Open source procurement: Copyrights. Online verfügbar unter https://opensource.com/law/11/2/open-source-procurement-copyrights, zuletzt geprüft am 07.08.2018.

Pohlmann, T. (2013): Attributes and dynamic development phases of informal ICT standards consortia. Social Science Research Network Working Paper Series, March 2013.

Pohlmann, T. (2014): The Evolution of ICT Standards Consortia. In: *COMMUNICATIONS & STRATEGIES* 9 (95).

Pohlmann, T. (2016): Landscaping Standard Essential Patents. In: *Intellectual Asset Management* (January 2016), 27–34.

Pohlmann, T. (2017): Patents and standards in the auto industry. In: *Intellectual Asset Management* (June 2017), 22–27.

Pohlmann, T.; Neuhäusler, P.; Blind, K. (2015): Standard essential patents to boost financial returns. In: *R&D Management* (2015 June).

Pohlmann, T.; Opitz, M. (2013): Typology of the Patent Troll Business. In: *R&D Management* (Volume 43, Issue 2, March 2013), 103–120.

Rat der Europäischen Union (2018): Vorschlag für eine VERORDNUNG DES EUROPÄISCHEN PARLAMENTS UND DES RATES über die „EU-Cybersicherheitsagentur" (ENISA) und zur Aufhebung der Verordnung (EU) Nr. 526/2013 sowie über die Zertifizierung der Cybersicherheit von Informations- und Kommunikationstechnik („Rechtsakt zur Cybersicherheit") – Allgemeine Ausrichtung. Brüssel.

Rayna, T.; Striukova, L. (2016): From rapid prototyping to home fabrication: How 3D printing is changing business model innovation. In: *Technological Forecasting and Social Change* (102), 214–224.

RedHat (2017): Increasing stability and predictability in Open Source license compliance: Providing a fair chance to correct mistakes. Online verfügbar unter https://www.redhat.com/en/about/gplv3-enforcement-statement, zuletzt geprüft am 07.08.2018.

Richter, S.; Wischmann, S. (2016): Additive Fertigungsmethoden – Entwicklungsstand, Marktperspektiven für den industriellen Einsatz und IKT-spezifische Herausforderungen bei Forschung und Entwicklung, in Marktperspektiven für den industriellen Einsatz und IKT-spezifische Herausforderungen bei Forschung und Entwicklung, Begleitforschung AUTONOMIK für Industrie 4.0; Institut für Innovation und Technik (iit) (Herausgeber).

Roland Berger (2017): Additive Manufacturing in Aerospace and Defense.

Rusche, C. (2017): Potenziale von Standards für die deutsche Wirtschaft. IW policy paper 2/2017 (2). Online verfügbar unter https://www.iwkoeln.de/fileadmin/publikationen/2017/323185/IW-policy_paper_2017_2__Potenziale_von_Standards.pdf, zuletzt geprüft am 07.08.2018.

Rysman, M.; Simcoe. T. (2008): Patents and the Performance of Voluntary Standard Setting Organizations. In: *Management Science* (54-11), 1920–1934.

SAGA (2018): SAGA 5 für die Bundesverwaltung. Online verfügbar unter https://www.cio.bund.de/Web/DE/Architekturen-und-Standards/SAGA/saga_node.html, zuletzt geprüft am 07.08.2018.

SASAM (2015): Additive Manufacturing: SASAM Standardisation Roadmap.

Schallmo, D.; Rusnjak, A.; Anzengruber, J.; Werani, T.; Jünger, M. (Hg.) (2017): Digitale Transformation von Geschäftsmodellen. Grundlagen, Instrumente und Best Practices.

Schmoch, U. (2008): Konzept einer Technologieklassifikation für Ländervergleiche. Abschlussbericht an die Weltorganisation für geistiges Eigentum (WIPO).

Schulz, T. (2017): Industrie 4.0: Potenziale erkennen und umsetzen. Hg. v. T. Schulz.

Scott, J. (2012): Additive Manufacturing: Status and Opportunities. In: *Science and Technology Policy Institute, Washington, DC*, 1–29.

Shapiro, C.; Varian, H. R. (1998): Information Rules: A Strategic Guide to the Network Economy. Harvard Business Review Press, 1st edition, November 1998.

Shapiro, C.; Varian, H. R. (1999): The Art of Standards Wars. In: *California Management Review* (41(2)), 8–32.

Sherif, M. H. (2001): A framework for standardization in telecommunications and information technology. In: *IEEE Communications Magazine* (39(4)), 94–100.

Shin, D.-H.; Kim, H.; Hwang, J. (2015): Standardization revisited: A critical literature review on standards and innovation. In: *Computer Standards & Interfaces* (38), 152–157.

Simcoe, T. (2007): Explaining the Increase in Intellectual Property Disclosure. In: Sheri Bolin (Eds), The Standards Edge: Golden Mean. Ann Arbor: Bolin Communications.

Simcoe, T. (2012): Standard Setting Committees: Consensus Governance for Shared Technology Platforms. In: *American Economic Review* (102-1), 305–336.

Simcoe, T. S.; Graham, S. J. H.; Feldman, M. P. (2009): Competing on Standards? Entrepreneurship, Intellectual Property, and Platform Technologies. In: *Journal of Economics & Management Strategy* (18), 775–816.

SmartMaaS (2018): Smart Mobility Service Plattform – MaaS (Mobility as a Service). Smart Service Welt II Projekt gefördert durch das Bundesministerium für Wirtschaft und Energie. Online verfügbar unter https://www.digitale-technologien.de/DT/Redaktion/DE/Standardartikel/SmartServiceWelt2Projekte/projekte_SmartMaaS.html, zuletzt geprüft am 07.08.2018.

SME (2009): SME Partners with ASTM to Create New Additive Manufacturing Standards.

SME (2017): Standards, Specifications, and Guidelines for use in additive manufacturing/3D printing database 2017. Online verfügbar unter http://www.sme.org/am3dp, zuletzt geprüft am 07.08.2018.

SOGIS (2017): Senior Officials Group Information Systems Security: Introduction. Online verfügbar unter https://www.sogis.org/, zuletzt geprüft am 07.08.2018.

Solms, R. von; van Niekerk, J. (2013): From information security to cyber security. In: *Computers & Security* (38), 97–102.

Spulber, D. F. (2008): Consumer coordination in the small and in the large: Implications for anti-trust in markets with network effects. In: *Journal of Competition Law & Economics* (4(2)), 207–262.

Stallman, R. M.; Lessig, L. (2010): Free software, free society: selected essays of Richard M. Stallman.

Stamm, B. von (2008): Managing Innovation, Design and Creativity.

Stiglitz, J. E. (2000): The contributions of the economics of information to twentieth century economics. In: *The Quarterly Journal of Economics* (115(4)), 1441–1478.

Suarez, F. F. (2004): Battles for technological dominance: an integrative Framework. In: *Research Policy* 33, 271–286.

Suurs, R. A.A.; Hekkert, M. P. (2009): Cumulative causation in the formation of a technological innovation system: The case of biofuels in the Netherlands. In: *Technological Forecasting and Social Change* (76(8)), 1003–1020.

Swann, P. (2010): International Standards and Trade: A Review of the Empirical Literature.

SynchroniCity (2018): The SynchroniCity IoT Large-Scale Pilot for smart cities. Online verfügbar unter https://synchronicity-iot.eu/, zuletzt geprüft am 07.08.2018.

Tassey, G. (2000): Standardization in technology-based markets. In: *Research Policy* (29(4–5)), 587–602.

Teece, D. J. (1986): Profiting from technological innovation – Implications for integration, collaboration, licensing and public policy. In: *Research Policy* 15, 285–305.

Teichler, T. B.; Heimer, T.; Stroyan, J.; Schlüter, I. (2013): Entwicklungsperspektiven der Konformitätsbewertung und Akkreditierung in Deutschland. Online verfügbar unter https://www.bmwi.de/Redaktion/DE/Publikationen/Studien/entwicklungsperspektiven-der-konformitaetsbewertung-und-akkreditierung-in-deutschland.pdf?__blob=publicationFile&v=5, zuletzt geprüft am 07.08.2018.

Thomas, O.; Kammler, F.; Sossna, D. (2015): Smart Services: Geschäftsmodell-innovationen durch 3D-Druck. In: *Wirtschaftsinformatik & Management* (7(6)), 18–29.

Tidd, J.; Bessant, J. R. (2013): Managing innovation: Integrating technological, market and organizational change, 5. Auflage.

Tirole, J. (2016): Economics for the common good. Princeton Univers. Press.

Torti, V. (2015): Intellectual Property Rights and Competition in Standard Setting: Objectives and Tensions. Routledge.

TÜV Nord (2017a): Was sind die Common Criteria? Online verfügbar unter https://www.tuev-nord.de/explore/de/erklaert/was-sind-die-common-criteria/, zuletzt geprüft am 07.08.2018.

TÜV Nord (2017b): Zertifizierung nach IEC 62443. Online verfügbar unter https://www.tuev-nord.de/fileadmin/Content/TUEV_NORD_DE/pdf/PDB_Zertifizierung_nach_IEC_62443_DE_WEB.pdf, zuletzt geprüft am 07.08.2018.

TÜV Nord (2018): KRITIS – Nachweis nach §8a BSIG. Online verfügbar unter https://www.tuev-sued.de/management-systeme/it-dienstleistungen/kritis, zuletzt geprüft am 07.08.2018.

UK Intellectual Property Office (2013): 3D Printing: A Patent Overview.

Ullrich, P. (2006): Das explorative ExpertInneninterview: Modifikationen und konkrete Umsetzung der Auswertung von ExpertInneninterviews nach Meuser/Nagel. Die Transformation des Politischen: Analysen, Deutungen und Perspektiven; siebentes und achtes DoktorandInnenseminar der Rosa-Luxemburg-Stiftung, (66):100–109.

Updegrove, A. (2013): The Essential Guide to Standards, Handbook of Consortium Info. Online verfügbar unter http://www.consortiuminfo.org, zuletzt geprüft am 07.08.2018.

van Riel, R.; Khan, S.; Kroah-Hartman, G.; Mason, C.; Likely, G. (2017): Linux kernel community enforcement statement. Online verfügbar unter http://kroah.com/log/blog/2017/10/16/linux-kernel-community-enforcement-statement, zuletzt geprüft am 07.08.2018.

Varian, H. R. (1995): Pricing information goods. Online verfügbar unter people.ischool.berkeley.edu/~hal/Papers/price-info-goods.pdf, zuletzt geprüft am 07.08.2015.

VDE (2016): The German Standardization Roadmap for Industry 4.0 – Version 2.

VDI (2016): Additive Fertigungsverfahren.

VDMA (2017): Cybersecurity: integrated part of a Single European Market. VDMA discussion paper on shaping a European framework for Industrial Security Registration. Online verfügbar unter https://www.vdma.org/documents/106103/19391983/VDMA%20Cybersecurity-%20integrated%20part%20of%20a%20Single%20European%20Market_1502355756082.pdf/536904e3-5815-4ca3-8041-d853d6e1c9a4, zuletzt geprüft am 07.08.2018.

VDMA, ZVEI, Bitkom (2015): Umsetzungsstrategie Industrie 4.0: Ergebnisbericht der Plattform Industrie 4.0.

VdTÜV (2017): VdTÜV-Position: Regulativer Nachbesserungsbedarf für sichere IoT-Produkte in Europa. Online verfügbar unter https://www.vdtuev.de/dok_view?oid=679604, zuletzt geprüft am 07.08.2018.

VdTÜV (2018): VdTÜV-Position zum Verordnungsentwurf eines europäischen „Cybersecurity Acts" vom 13. September 2017. Online verfügbar unter https://www.vdtuev.de/dok_view?oid=694020, zuletzt geprüft am 07.08.2018.

Viscusi, W. K. (1978): A note on "lemons" markets with quality certification. In: *The Bell Journal of Economics*, 277–279.

Vries, H. de; Oshri, I. (2008): Standards Battles in Open Source Software: The Case of Firefox.

Vries, H. de; Verheul, H.; Willemse, H. (2003): Stakeholder identification in IT standardization processes. Paper presented at the Proceedings of the Workshop on Standard Making: A Critical Research Frontier for Information Systems.

W3C (2018): XML technology. Online verfügbar unter https://www.w3.org/standards/xml, zuletzt geprüft am 07.08.2018.

Weber, C. (2013): The Role of the National Science Foundation in the Origin and Evolution of Additive Manufacturing in the United States.

Weber, Steven (2004): The Success of Open Source. Harvard University Press, April 2004.

WEC (2016): World Economic Forum White Paper. Digital Transformation of Industries: Digital Enterprise.

Whitehurst, Jim (2015): The Open Organization: Igniting Passion and Performance. Harvard Business Review Press, 2015.

Wiegmann, P. M.; Vries, H. de; Blind, K. (2017): Multi-mode standardisation: A critical review and a research agenda. In: *Research Policy* 46, 1370–1386.

Wohlers (2014): Wohlers Report 2014 Uncovers Annual Growth of 34.9 % for 3D Printing and Additive Manufacturing Industry. 2014.

Wurster, S. P.; Murphy, Patrick (2014): Evaluation and Certification Schemes for Security Products. Online verfügbar unter http://www.crispproject.eu/, zuletzt geprüft am 07.08.2018.

Yin, R. K. (2003): Case Study Research: Design and Methods, Applied Social Research Methods Series, 3 Aufl.

Yin, R. K. (2013): Case study research: Design and methods.

Zaleski, A. (2016): Why These Big Companies Want a New 3D File Format.

ZVEI (2017): Orientierungsleitfaden für Hersteller zur IEC 62443. Online verfügbar unter https://www.zvei.org/fileadmin/user_upload/Presse_und_Medien/Publikationen/2017/April/Orientierungsleitfaden_fuer_Hersteller_IEC_62443/Orientierungsleitfaden_fuer_Hersteller_IEC_62443.pdf, zuletzt geprüft am 07.08.2018.

www.ingramcontent.com/pod-product-compliance
Lightning Source LLC
LaVergne TN
LVHW081336011026
849161LV00013BB/2937

9783110608113